·河大百年 法学论丛·

社会主义法治理念教育研究

马丽丽 陈润生 著

實事求是

知识产权出版社
全国百佳图书出版单位
—北京—

图书在版编目（CIP）数据

社会主义法治理念教育研究/马丽丽，陈润生著. —北京：知识产权出版社，2023.9
ISBN 978-7-5130-8888-6

Ⅰ.①社… Ⅱ.①马… ②陈… Ⅲ.①社会主义法制—法制教育—研究—中国 Ⅳ.①D920.4

中国国家版本馆CIP数据核字（2023）第169462号

责任编辑：韩婷婷　　　　　　　　责任校对：王　岩
封面设计：乾达文化　　　　　　　责任印制：孙婷婷

社会主义法治理念教育研究
马丽丽　陈润生　著

出版发行：	知识产权出版社有限责任公司	网　　址：	http://www.ipph.cn
社　　址：	北京市海淀区气象路50号院	邮　　编：	100081
责编电话：	010-82000860 转 8359	责编邮箱：	176245578@qq.com
发行电话：	010-82000860 转 8101/8102	发行传真：	010-82000893/82005070/82000270
印　　刷：	北京中献拓方科技发展有限公司	经　　销：	新华书店、各大网上书店及相关专业书店
开　　本：	720mm×1000mm　1/16	印　　张：	16
版　　次：	2023年9月第1版	印　　次：	2023年9月第1次印刷
字　　数：	272千字	定　　价：	89.00元
ISBN 978-7-5130-8888-6			

出版权专有　侵权必究
如有印装质量问题，本社负责调换。

"河大百年·法学论丛"编委会

编委会主任 孟庆瑜　陈玉忠

编委会成员（按姓氏笔画排序）

刘志松　苏永生　何秉群　宋慧献

周　英　郑尚元　赵树堂　袁　刚

甄树清　阚　珂

"河大百年·法学论丛"总序

一座城池,北控三关,南达九省;一段城垣,开满热血浇灌的民族之花;一座桃园,成就千古兄弟情谊。保定曾是中国北方的一座地标城市,长期因与京津呈三足鼎立之势而蜚声四海,在这片人杰地灵的土地之上,有一所建校已达百年的著名高等学府——河北大学。河北大学始建于1921年,经历了天津工商大学、天津工商学院、津沽大学、天津师范学院、天津师范大学等时期,在天津办学期间,赢得了"煌煌北国望学府,巍巍工商独称尊"的美誉。学校于1960年正式定名为河北大学,1970年迁至保定市,接续发展到今天。

立校报国守初心,百年求实担使命。河北大学从成立之初就以科学救国为使命,在百年的接续传承中,吮吸着燕赵山川之灵气,汲取着京畿重地之底蕴,育就了"实事求是"的校训传统,"博学、求真、惟恒、创新"的校风精神。所谓大学者,非谓有大楼之谓也,有大师之谓也。在建校百年的历史中,一大批以德立身、以德立学、以德施教的学术大师在校执教,成为河大校史中闪亮的名片;满含青春的笑脸、奋力拼搏的精神、奔放且细腻的情感涌现在河大每位学子身上,掩映在河大每一个角落中,演绎着无尽的活力。百年来共有近40万名优秀学子在河大求学,努力向学、蔚为国用。不忘来时路,奋斗新百年,今天的河北大学,站在"部省合建"新平台上,全校师生齐心协力,攻坚克难,正向着一流大学的建设目标阔步前行!

世纪风华,法学展示,明法崇德,追求卓越。河北大学法学院的前身为创建于1980年的河北大学法律系,1981年法律系法学专业开始招收本科生,这是河北省最早创办的法学专业，也是改革开放后全国第一批创办的法学专业之一。今年是河北大学法学专业创办 41 周年，招生 40 周年。

恰逢其时，春风拂面，何其幸也！河北大学法学专业的发展与我国的法治建设始终同向同行。自 1978 年党的十一届三中全会提出"发展社会主义民主、健全社会主义法制"以来，特别是 1997 年党的十五大提出"依法治国、建设社会主义法治国家"以来，我国的法治建设进入了快车道，河北大学法学专业的发展也进入了快车道，在 2000 年、2003 年、2005 年、2006 年、2007 年连续获批诉讼法学、民商法学、宪法学与行政法学、刑法学、经济法学、法学理论二级学科硕士学位授予权；2010 年获批法学一级学科硕士学位授权点；2018 年获批法学一级学科博士点；2019 年获批法学一级学科博士后科研流动站，获批国家一流本科专业建设点。

国之肱股，法界栋才！40 多年来，在"教学立院、科研兴院、人才强院、特色树院"的办学理念下，法学院师生在燕山山脉和太行山山脉合围成的千里沃野上，将自己的价值追求融入绵延不绝的燕赵文化之中，致力于京津冀区域生态环境治理、区域刑事法治与环境犯罪治理、冬奥会法治保障、公益诉讼等特色领域研究。同时，配合部省合建"燕赵文化学科群"，深度挖掘燕赵法治文化，产出一批高质量研究成果，生动诠释了河北大学法学院师生"立足中国特色，解决现实问题"的家国情怀，将成果奉献在祖国的大地上，让研究扎根在这片热土中。

今年恰逢中国共产党成立 100 周年和河北大学建校 100 周年"双重大喜"，生逢盛世，何其有幸！我们组织出版这套丛书，就是为了纪念和庆祝这一重要时刻，并希冀为我国的法治建设贡献绵薄之力！

"河大百年·法学论丛"编委会
2021 年 7 月

目录 contents

绪　论 / 001
　　第一节　社会主义法治理念教育研究的意义 / 003
　　　　一、社会主义法治理念教育研究的理论意义 / 003
　　　　二、社会主义法治理念教育研究的现实意义 / 008
　　第二节　本选题国内外研究现状综述 / 012
　　　　一、国内社会主义法治理念教育研究现状 / 012
　　　　二、国外社会主义法治理念教育研究现状 / 019
　　　　三、国内外社会主义法治理念教育研究现状简评 / 021
　　第三节　社会主义法治理念教育研究的方法和创新 / 022
　　　　一、社会主义法治理念教育研究的方法 / 022
　　　　二、社会主义法治理念教育研究的创新 / 024

第一章　社会主义法治理念教育的概念解读和目标要求 / 025
　　第一节　社会主义法治理念教育的相关概念解读 / 025
　　　　一、法治 / 026
　　　　二、理念 / 031
　　　　三、法治理念 / 034
　　　　四、社会主义法治理念 / 041
　　　　五、社会主义法治理念教育 / 047
　　第二节　社会主义法治理念教育的目标要求 / 053
　　　　一、提高公民的社会主义法治素养 / 053

二、培育公民的社会主义法律人格 / 060
　　三、造就社会主义法治理念的践行者 / 066

第二章　社会主义法治理念教育的时代背景和理论基础 / 072
　第一节　社会主义法治理念教育的时代背景 / 072
　　一、全面推进依法治国的时代要求 / 073
　　二、实现国家治理体系现代化的客观需要 / 079
　　三、培育社会主义核心价值观的内在要求 / 084
　　四、深入开展社会主义法治教育的必然要求 / 090
　第二节　社会主义法治理念教育的理论基础 / 096
　　一、马克思、恩格斯和列宁的社会主义法治建设思想 / 096
　　二、中国共产党的社会主义法治建设思想 / 103

第三章　社会主义法治理念教育的主要内容 / 119
　第一节　法治理想信念教育 / 120
　　一、法治理想信念教育的丰富内涵 / 121
　　二、法治理想信念教育的基本要求 / 127
　第二节　习近平法治思想教育 / 136
　　一、习近平法治思想的丰富内涵 / 136
　　二、习近平法治理念的创新发展 / 143
　　三、习近平法治思想教育的基本要求 / 151
　第三节　法治职业道德教育 / 157
　　一、执业为民的职业道德教育 / 157
　　二、忠于法律的职业道德教育 / 164
　　三、公平正义的职业道德教育 / 172

第四章　社会主义法治理念教育的实施方略 / 179
　第一节　社会主义法治理念教育实施的现状分析 / 179
　　一、社会主义法治理念教育实施的主要成效 / 179
　　二、社会主义法治理念教育实施的问题诊断 / 182

第二节　社会主义法治理念教育实施的原则 / 187
　　一、坚持法治理念教育的政治性原则 / 188
　　二、坚持法治理念教育的系统性 / 194
　　三、坚持法治理念教育的实践性 / 200
第三节　社会主义法治理念教育实施的路径 / 206
　　一、融入党员干部教育培训制度 / 207
　　二、融入高等院校教育教学体系 / 212
　　三、融入中国特色普法宣传教育 / 218

结　论 / 225

参考文献 / 228

绪 论

依法治国是党治国理政的基本方略，党的领导是依法治国的根本保证。2005年，在中共中央政法委的报告中出现"社会主义法治理念"一词，这是"社会主义法治理念"的第一次出现。之后，经过专家多方论证，初步确立了社会主义法治理念的"五要素结构论"，即依法治国、执法为民、公平正义、服务大局、党的领导。2006年，中共中央正式提出"社会主义法治理念"教育任务，要求全国政法系统率先试点，深入开展社会主义法治理念教育。为保障社会主义法治理念教育有效实施，中共中央政法委组织编写了《社会主义法治理念教育读本》《社会主义法治理念教育辅导》等，组织举办了为期三年的"百名法学家百场报告会"。全国各级政法机关通过专题讲座、分组讨论、演讲比赛、知识竞赛、论文评比等开展了形式多样、丰富多彩的教育活动，成效显著。开展社会主义法治理念教育要求我们在意识形态领域明辨是非、区别善恶、分清美丑、划清界限，要求我们在继续推进社会主义市场经济建设的过程中，更加注重法治理念培育，加快社会主义法治建设，彻底清除西方各种非马克思主义法治思想的影响，坚定马克思主义在意识形态领域的指导地位，牢牢把握全面推进依法治国的正确政治方向。

2007年，党的十七大报告强调，在全体公民中"树立社会主义民主法治、自由平等、公平正义理念""坚持依法治国基本方略""建设社会主义法治国家""树立社会主义法治理念"。[1] 2012年，党的十八大报告突出强调，要

---

[1] 胡锦涛. 高举中国特色社会主义伟大旗帜 为夺取全面建设小康社会新胜利而奋斗：在中国共产党第十七次全国代表大会上的报告 [M]. 北京：人民出版社，2007：29.

"树立社会主义法治理念"。❶ 为实现这一目标，必须加大宣传力度，推进法治建设，弘扬法治精神，培植法治信仰。2014年10月，党的十八届四中全会首次专题讨论依法治国问题，通过了《中共中央关于全面推进依法治国若干重大问题的决定》。会议强调，要弘扬社会主义法治精神，形成守法光荣、违法可耻的社会氛围，要求加强法治政府建设，提高司法公信力，推进法治社会建设，加强法治人才培养，普及现代法治精神，落实依法治国方略。之后，针对法治队伍存在的问题，广泛开展了法治教育活动。2017年，党的十九大报告多次提到"法治"问题，"法治"一词在报告中出现了53次，报告突出强调了"树立宪法法律至上、法律面前人人平等的法治理念"❷。2018年8月24日，习近平总书记在中央全面依法治国委员会第一次会议上讲话指出："全面推进依法治国，必须着力建设一支忠于党、忠于国家、忠于人民、忠于法律的社会主义法治工作队伍。要加强理想信念教育，深入开展社会主义核心价值观和社会主义法治理念教育，推进法治专门队伍正规化、专业化、职业化，提高职业素养和专业水平。"❸ 全面推进依法治国，建设社会主义法治国家，必须坚持社会主义法治理念教育先行。在新时代，贯彻落实习近平法治思想，建设法治中国，加强社会主义法治理念教育研究，具有重要的理论和现实意义。

《社会主义法治理念教育研究》是在本人博士学位论文基础上进一步丰富发展而成。之所以把《社会主义法治理念教育研究》作为自己博士学位论文选题，主要基于以下考虑：一是切合自己的专业基础。本人本科和硕士研究生所学专业都是法学，因此，研究社会主义法治理念教育问题符合自己的专业基础和专业优势。二是切合自己的专业方向。本人博士所学专业属于思想政治教育，社会主义法治理念教育是思想政治教育的特殊领域和特殊形式。按照马克思主义哲学原理，普遍性寓于特殊性之中。通过对社会主义法治理念教育的研究可以加强对思想政治教育一般规律的理解。三是切合时代需要。从社会主义法治理念教育提出到现在已经十几年的时间了，其间，我国社会主义法治

---

❶ 胡锦涛. 坚定不移沿着中国特色社会主义道路前进 为全面建成小康社会而奋斗：在中国共产党第十八次全国代表大会上的报告 [J]. 求是，2012（22）：3-25.

❷ 习近平. 决胜全面建成小康社会 夺取新时代中国特色社会主义伟大胜利：在中国共产党第十九次全国代表大会上的报告 [J]. 党建，2017（11）：15-34.

❸ 习近平. 习近平谈治国理政：第3卷 [M]. 北京：外文出版社，2020：286.

建设的步伐不断加快，先后提出了"法治中国建设""全面推进依法治国"等任务。本选题的研究，既要总结我国开展社会主义法治理念教育以来的经验教训，又要结合现实探讨社会主义法治理念教育的有效路径和方式方法。

第一节　社会主义法治理念教育研究的意义

法治理念是建设法治国家的灵魂。作为观念上层建筑，法治理念能够巩固和发展社会主义的经济基础。社会主义法治理念是马克思主义与中国具体实际相结合的产物，经过实践检验，已经成为我国法治实践的理论指南和价值追求。对法治理念进行梳理以及探索社会主义法治理念教育的原则和路径，可以帮助我们建构对法治中国建设的统一认识，从而凝聚社会共识，为实现中国特色社会主义法治现代化提供强劲动力。因为，只有公民自觉接受了社会主义法治理念，达到内化于心、外化于行，才能自觉指导社会生活实践，真正成为遵纪守法的自觉践行者。公民法治素养的普遍提升是整个社会营造良好法治环境、法治氛围的前提条件。用社会主义法治理念武装起来的合格公民是法治中国建设的坚实基础。

一、社会主义法治理念教育研究的理论意义

（一）能够创新思想政治教育的研究领域

加强和创新社会主义法治理念教育不仅是推进依法治国的现实需要，而且是实现国家治理现代化的必然举措。为了提高社会主义法治理念教育的成效就必须创新教育理念和教育方法，高度重视社会主义法治理念教育。为了增强全社会学法尊法守法用法的意识，党的十八大提出了"树立社会主义法治理念"的教育宣传任务，把"遵法"提升到了"尊法"的高度，要求我们必须大力加强社会主义法治理念教育的理论研究和实践探索。从教育理念看，要实现社会主义法治理念教育管理到法治理念教育服务的飞跃，就要逐步形成开放、多元、共享、协作的法治教育理念。从教育策略看，要提高社会主义法治理念教育的针对性和实效性就必须科学定位教育目的、明确教育对象和教育主体，优化教育内容结构，概括法治理念教育的一般规律。要对

社会主义法治理念教育的内涵、类型、意义、发展方向进行实践探索，同时，探索新媒体传播背景下传统法治理念教育向现代法治理念教育的转型，探索运用"互联网+"，加强社会主义法治理念教育的实现方式。从理论和实践两个方面分析研究"互联网+"推进社会主义法治理念教育的路径和方法。

社会主义法治理念教育属于马克思主义思想政治教育范畴。对社会主义法治理念教育的理论和实践进行探讨，有利于丰富和发展思想政治教育的研究领域和一般规律。一方面，思想政治教育是法治国家建设的重要手段，它通过作用于法治国家的方式营造良好的法治文化以及培养具有法治素养的公民。法治理念教育是我们党的思想政治教育的一种特殊性教育，是思想政治教育作用于全面依法治国的直接方式。社会主义法治理念教育能够引导公民运用法律武器解决现实利益冲突，从而有效化解社会矛盾，维护我们党执政的合法性。另一方面，社会主义法治国家建设又是思想政治教育的坚强后盾。法治国家的良性建设是思想政治教育取得实效的必要条件。通过社会主义法治建设，营造良好的社会秩序和市场经济环境，就能够增强人民群众对于思想政治教育的认同度和接受性。在我们党的领导下，思想政治教育形成了许多的科学理论和教育方法。这些理论方法是思想政治教育规律的反映，为我们系统研究思想政治教育奠定了基础。思想政治教育是我们党从事社会主义法治建设的生命线。法治理念教育能够把思想政治教育的目标要求、任务重点和实现方式等具体化、现实化。法治理念教育不仅可以丰富思想政治教育的内容，而且可以丰富思想政治教育的研究领域。社会主义法治理念教育研究能够为新时代马克思主义思想政治教育的发展提供鲜活的实践材料和理论资源。

（二）能够拓宽社会主义法治理念的研究视域

社会主义法治理念是一个庞大的思想体系。法治理念是社会主义法治理念教育的内容，研究社会主义法治理念教育应当从概念出发，追本溯源，从最基础的发展历程中寻找其理论渊源。通过分析社会主义法治理念教育的理论依据，从马列主义和中国共产党领导人的法治思想探讨法治理念的来源。弄清为什么社会主义法治理念是有效开展法治理念教育的前提。我国法治理念的最初提出，比较公认的是"五要素结构论"，即包括"依法治国、执法为民、公平正义、服务大局、党的领导"五大法治理念。[1]但是，在新时代全面推进依法治国的背景下，习近平总书记系统阐发了社会主义法治思想，丰富了法治理念的时代内涵，研究这些法治理念并且把它们纳入社会主义法治理念教育，有着极为重要的理论和现实意义。习近平总书记深刻认识到社会主义法治理念的重要性和时代性，在人民民主、宪法法律至上、公平正义、人权保障、权力监督、法律平等等法治理念方面作出了深层思考和理论凝练，创新发展了中国特色社会主义法治理念。法治理念的内涵是随着我国社会主义法治建设的推进不断丰富的。为打造共建共治共享的社会治理格局，党的十九届四中全会提出"建设人人有责、人人尽责、人人享有的社会治理体系"[2]。这样，法治扩展到社会治理格局之中，治理主体和客体的关系实现了交互作用，即"人人参与、人人尽责、人人享有"的全员法治理念得以形成。在中共中央印发的《法治中国建设规划（2020—2025年）》中，更是突出完善了群众参与基层社会治理的制度化渠道，从而推动了社会治理规范体系建设。法治理念教育的实施能够促进法治理念研究，反过来说，法治理念研究又能够丰富法治理念教育的内容。法治理念教育的内容构成和路径方法研究，能够为现代法治理念研究提供新的出场方式。法治建设的完善最终要落实到每个公民，针对公民的社会主义法治理念教育是法治建设的基础工程。当前，我国法治理念教育仍然存在各种问题和弊端，直接影响着教育的实效性，为此，要找到问题的症结所在，提出切实可行的解决思路和方法路径。法治理念是马克思主义法治思想中国化的最新成果。法治理念教育事关人民利益的保障，事关党的执政地位的巩固，事关全面依法治国方略的落实。社会主义法治理念教育研究能够从理论和实践相结合的维度拓宽法治理念研究的视域，从而为社会主义法治国家建设作出积极的贡献。

(三) 能够拓宽"四史"教育研究的理论视角

"四史"教育的任务是习近平总书记在"不忘初心、牢记使命"主题教育总结大会上提出的，是指加强"党史、新中国史、改革开放史、社会主义发展史"的教育。"四史"教育的根本旨趣就在于达到一种高度的历史自觉。我们党

---

[1] 本书编写组. 公务员法律知识学习读本 [M]. 北京：新华出版社，2016：24-25.
[2] 本书编写组. 党的十九届四中全会《决定》学习辅导百问 [M]. 北京：党建读物出版社、学习出版社，2019：21-22.

历来重视历史教育，善于用历史提振士气，懂得向历史资政询策。加强"四史"教育，是新时代社会主义意识形态建设的重要举措，有利于形成对中国共产党的革命文化和社会主义先进文化的认知认同，从而统一思想、凝聚力量，共同推进中华民族的伟大复兴。加强社会主义法治理念教育，能够拓宽"四史"教育的研究视角，"四史"之中蕴含着我们党加强社会主义民主与法治建设的丰富内涵。社会主义法治理念教育是实现国家治理现代化的重要方面。把社会主义法治理念教育与"四史"教育相结合，能够丰富其教育内容，增强历史底蕴。加强"四史"教育，可以从根本上认清我们是谁，从哪里来，到哪里去，从而更加坚持党的领导、人民当家作主和依法治国的信念。

"四史"之中蕴含着我们党民主与法治建设的丰富内容。一方面，可以从"四史"教育视角探讨我们党开展社会主义民主和法治建设的历程。中华人民共和国成立以来，在党的领导下，人民群众第一次获得平等的政治权利，真正成为社会的主人。另一方面，也可以从我们党法治建设的视角研究"四史"。一部党史就是我们党领导人民加强法治建设的历史，一部新中国的历史就是一部社会主义民主法治建设发展的历史，一部改革开放史就是一部我们党推进依法治国的历史。全面推进依法治国的提出，为社会主义法治建设提供了根本遵循。法治建设和法治教育是研究"四史"的一个重要视角，从这一研究视角出发，可以厘清我国社会主义民主与法治同党和人民进行艰苦奋斗和创造辉煌的历史关系。

提高社会主义法治理念教育的针对性和实效性，需要系统梳理和总结我们党法治教育的历史经验。社会主义法治理念教育的历史研究是中共党史研究的一个独特方面。因此，社会主义法治理念教育研究能够拓宽中共党史研究领域。法治理念的形成发展体现了我们党领导人民推进国家治理现代化的历程。加强公民的法治理念教育是中国共产党践行全心全意为人民服务宗旨的体现，是中国共产党贯彻以人民为中心发展理念的体现。社会主义法治理念不断完善的过程也是中国共产党自身不断学习进步的过程。考察中国共产党在法治理念教育方面的理论贡献和实践过程，有助于把握马克思主义法治思想与中国社会国情、民情、党情、社情相结合的历史过程。从法治理念发展史的角度考量"四史"，有助于拓展"四史"教育的研究领域，创新"四史"教育的研究视角。

(四) 能够增强法治中国建设的法治理论支撑

社会主义法治理念是法治中国建设的指导思想和理论指南,它明确了法治中国建设的领导力量、主体依托、价值取向和目标要求等。加强法治理念教育有助于法治中国建设任务的完成。法治中国建设的任务是多方面的社会工程,包括完善以宪法为核心的法律体系建设;依法行政水平大幅度提高;促进司法公正;"法治国家、法治政府、法治社会"的一体建设;深入开展法治宣传教育等。法治中国建设是全面推进依法治国的重要内容,是实现中华民族伟大复兴的重要方面。提出法治中国建设是基于中国法治进程面临的现实问题。对于现实的中国而言,法治建设面临着"思想观念的价值撕裂""体制内与体制外的错位运行""社会冲突的随机性迸发""拜金功利心态下的'丛林秩序'"等问题。[1] 思想观念问题,归根结底属于社会主义意识形态建设的问题。破解道德失范、信仰迷失、信任瓦解等问题,仅仅加强思想道德建设是不够的,必须坚持德治与法治相结合,正是基于此,我们党提出了社会主义法治理念教育的任务。

社会主义法治理念教育通过培育法治信仰、法治精神和法治思维,能够为法治中国建设提供法治的理论支撑,它有利于法治中国建设的推进,有利于法治理论体系的完善。公民的法治理念是法治发展的推动力量,也是制约因素。法治政府建设需要全体公职人员的共同努力,然而,政府机关的公职人员只有具备了法治信仰、法治精神和法治思维,才能保证他们依法行政、依法用权,否则,他们违法行政会造成严重的危害。法治社会建设需要各级社会组织和全体公民广泛且普遍的参与,然而实现全社会的尊法学法用法守法并非一件简单的事情,它需要一个长期的过程。社会主义法治理念教育是法学理论研究的重要视角。社会主义法治理念的理论研究能够奠定我国法治建设的理论基础。找到法治理念教育困境就找到了法治建设的不足,从而查漏补缺、补充短板,大力推动我国社会主义法治建设的进程。社会主义法治理念教育要强化问题意识,着力解决法治建设中的思想观念问题、法治信仰信念问题。法治理念教育离不开法学研究的理论支撑。一方面,法治理念教育开辟了法学研究和法治教育的一个新领域;另一方面,法学研究的最新理

---

[1] 马长山. "法治中国"建设的问题与出路 [J]. 法制与社会发展, 2014 (3): 7-20.

论成果能够丰富社会主义法治理念教育的内容。

二、社会主义法治理念教育研究的现实意义

(一) 提高社会主义法治宣传教育实效性的有益尝试

实效性是衡量法治理念教育效果的指标，决定着法治理念教育目标能否达成。法治理念教育通过法治理论的讲授、法治文化的传播而实现全体公民尊法学法守法用法的目的。社会主义法治理念教育是法治教育的重要方面，对于法治中国建设具有重要的现实意义。树立社会主义法治理念不仅是对政法机关公职人员的要求，也是对每一个公民的普遍要求。在党的十七大报告中，既提出了"树立社会主义法治理念，实现国家各项工作法治化"的法治建设要求，又提出了"深入开展法制宣传教育，弘扬法治精神"的法治教育要求。在法治中国建设背景下，弘扬法治精神、培育法治文化、坚定法治信仰等都必须围绕法治理念教育这一核心展开。因此，法治理念教育是我们法治宣传教育的重中之重。

法治宣传教育是培育社会主义法治理念的重要途径和基本方式。因此必须通过深入的法治宣传教育使社会主义法治理念入脑入心，进而发挥全体公民在依法治国中的积极作用。法治理念作为社会主义立法工作的思想先导、严格执法的思想基础、公正执法的思想保障、全民普法的价值指南，在社会主义法治建设中发挥着极为重要的作用。法治宣传教育和社会主义法治理念教育是相互促进、相辅相成的关系，在教育实践中，要坚决避免出现把二者割裂开来的"两张皮"倾向。法治宣传教育和社会主义法治理念教育统一于中国特色社会主义法治文化建设之中。

当然，从严格意义上说，法治宣传教育要比社会主义法治理念教育的概念更加广泛，它们之间有着密切的关联，但强调的重点不同。法治宣传教育是法治理念教育的重要平台和阵地，法治理念是法治宣传教育的核心内容。要结合法治宣传教育规划，采取扎实有效的措施，推动社会主义法治理念教育的实施。法治宣传教育是中国特色的法治实践活动，社会主义法治理念是法治宣传教育实践的根本指导思想。要把社会主义法治理念创造性地贯穿到法治宣传教育全过程、全方位，以社会主义法治理念教育推动法治宣传教育迈上新的台阶，在社会主义法治理念指导下不断提高法治宣传教育的实效性。

为了提高法治宣传教育的针对性、实效性和吸引力、感染力,必须以改革创新精神推动社会主义法治理念教育的内容形式和方式方法的创新,坚持贴近实际、贴近生活、贴近群众,坚持求真务实、真抓实干,把工作往深里细里实里做,不做表面文章、不搞形式主义,努力提高宣传教育的实效。在法治中国建设的实践中,提高法治教育的实效性是一个必须面对和解决的问题。法治理念教育的研究和探索,为社会主义法治宣传教育提供了可资借鉴的经验。

(二) 加强社会主义法治文化建设的实践探索

法治理念教育是深化群众性精神文明创新的重要环节,是社会主义文化建设的必然选择。社会主义法治理念教育是新时代我国公民的必修课。党的十九大提出了"建设社会主义法治文化"的重大任务,并且为社会主义法治文化建设指明了发展方向。我国社会主义法治文化建设集政治性、法律性和文化性于一身,重在培育公民的法治精神,清除公民中的非法治文化。要重点加强各级领导干部的法治理念教育,培养各级领导干部的公仆意识、服务意识、法治意识、民主意识和责任意识,牢固树立执政为民、依法行政的思想观念,从而为社会主义法治国家建设营造良好的文化环境。我们党领导建设的社会主义法治文化是具有社会主义性质的先进文化。中国共产党对于法治文化建设的领导是由其领导地位决定的,中国共产党的执政地位是由宪法明确规定的。在中国共产党的领导下,社会主义法治文化建设取得了明显成效,推动了社会主义先进文化的发展。法治理念教育能够增强人民群众的现代公民意识,形成公民依法维护个人权利、尊重他人合法权利的观念和行为。

从实践历程来看,我国社会主义法治建设大体经历了制度建设、理念建设和文化建设三个阶段。在每一阶段,社会主义法治理念教育都发挥着重要作用,尤其在社会主义法治文化建设阶段更是发挥着无以替代的作用。为此,只有通过全面系统的社会主义法治理念教育,在全社会形成良好的法治教育氛围,促进社会主义法治文化的传播、发展与完善,才能够为社会主义法治建设营造良好的文化环境。"从世界法治建设的实践来看,一个法治国家的形成不在于看这个国家有多少部法律,而在于看这个国家的法治文化如何。因此,我国目前的法治建设关键在于法治文化建设,而法治文化建设的根本在于要发挥好法治教育的基础性作用。"❶ 社会主义法治文化建设是一项需要全民参与的伟大事业。法治文化的塑造离不开广大人民群众的普遍参与。人民群众通过参与法治实践活动，才能明白法律和其他规则的异同，从而在法律与其他"潜规则"之间作出正确的选择，进而实现法治观念的更新。所以，社会主义法治文化建设需要公民的广泛参与，而公民的参与意识是他们接受社会主义法治理念教育的基础，有助于培养公民知法懂法守法用法的思想和习惯。法治理念教育研究的加强能够促进法治文化建设。要深入开展以社会主义法治理念为核心的法治文化宣传教育，努力提高全体公民的法治素养，培育全社会自由、民主、平等、公正的现代法治理念和自觉、自愿的守法精神。

（三）落实全面推进依法治国方略的基础工作

全面推进依法治国的总目标，既包括法治体系建设的内容又包括法治国家建设的内容。从依法治国的性质和方向来看，是坚定不移地坚持社会主义法治国家，走社会主义法治道路。构建法治体系是依法治国的总抓手和工作重点。这个法治体系涉及立法、执法、司法、守法等各个方面。全面推进依法治国必须把宪法法律作为最高行为准则，切实树立宪法法律权威，营造人人信仰法律、人人遵守法律的良好氛围。"法律的权威源自人民的内心拥护和真诚信仰。"❷ 然而，人民对于法治的拥护和信仰不是天生的，而必须经过系统的教育，社会主义法治理念教育就担当着培育法治信仰、维护宪法法律权威的使命。通过社会主义法治理念教育，使公民能够自觉地遵守、崇尚和捍卫法治，从而奠定全面依法治国的群众基础。法治的力量源自人民的真诚信仰。人民群众信仰法律，不越法律红线、不碰法律底线，便能够形成遇事找法、解难用法、化怨靠法的社会环境。法治理念教育是培育公民法治精神的关键环节。在我国，法治理念教育已经被纳入国民教育体系，其根本目的是提高公民法治素养。在新媒体时代，应当充分发挥新媒体传播宣传社会主义法治理念的作用，打造网络社会主义法治理念宣传教育阵地和平台，同时，不断实现法治宣传手段的通俗化、大众化和生活化。

---

❶ 王东. 新媒体生活环境下的法治教育研究 [M]. 西安：陕西人民出版社，2019：8.
❷ 中共十八届四中全会在京举行 [N]. 人民日报，2014-10-24（1）.

开展社会主义法治理念教育是实施依法治国的重要方式。人民群众是全面推进依法治国的主体。依法治国要抓好实际落实中的各项问题，保证实践效果，还要从全体公民的思想层面出发，通过深入持久的法治理念教育，解决好全体公民的遵纪守法意识问题。社会主义法治建设必须坚持一切为了人民、一切依靠人民的以人民为中心的发展思想，真正实现公民当家作主的权利，保障公民的各项利益不受侵犯。为此，必须加强公民对于依法治国的广泛参与，提高公民的法治素养和守法用法的自觉意识。对公民进行社会主义法治理念教育能够从基层改善人们的观念和态度，有利于从公民层面贯彻依法治国的基本方略。加强领导层面的社会主义法治理念教育可以在依法治国落实的各个环节中保证其效果不打折扣，进而从上至下保证依法治国的力度和质量。中华人民共和国成立后的30年时间里，我国的法治建设没有得到足够重视，公民的法律意识较为淡薄。改革开放以后，党和政府高度重视法治建设，在推进依法治国的进程中，对社会主义法治理念教育的研究日益重视。而社会主义法治理念教育的研究，则为依法治国提供了思想基础。

（四）切实维护宪法法律权威的现实要求

我国宪法规定，任何人都没有超越宪法法律的特权。维护宪法法律的权威是社会主义法治建设的基本原则，是法治国家建设的前提条件。培育社会主义法治理念，增强公民的法治信仰，是保障法律实施和维护法律权威的必然要求。社会主义法治理念教育是切实维护宪法法律权威的现实要求。法律权威需要在立法、执法、司法、守法的各个环节得以确立。一是立法环节。只有得到人民认可的客观公正的法律条文才能被确定下来，并当作需要一切公民遵守的法律存在于法治社会中。如果内容出现偏颇就无法得到公众认可，法律就不能对全体社会成员生效，就会失去应有的公信力和权威性。如果法律的内容和执行因人因时而异，就更加失去了法律存在的意义，那么这个国家也就不是法治国家。二是执法环节。公职人员要秉公执法，坚持执法必严、违法必究，便会有助于树立法律权威。如果人们的合法权益受到侵害而不能通过法律伸张正义，那么一切法律条文就会形同虚设，失去约束力，导致更多违法行为发生。三是司法环节。独立于执法机关之外的司法机关具有公正客观的属性，对执法过程的严格监督也是体现法律权威性的方式。对执法不当的严厉处罚让全体社会成员了解法律的一视同仁，对不恰当的执法行为的惩罚也是维护其他公民权益的体现。司法环节的公正保障了执法环节的质量和效率。四是守法环节。知法守法需要从公民个人出发，只要在前三个环节中公权力不被滥用，公民便会相信法律，愿意遵守法律。加强社会主义法治理念教育，让法治思想在公民心中生根，便能够维护法治的权威性。

我国宪法法律的根本价值在于实现社会的公平正义。公平正义需要依法治国来保障。法治具有令人信服的约束力。法治是国家治理中最能保证个人利益不被侵犯的手段和方式，是构建社会主义和谐社会必须长期坚持的治理方法。社会一旦缺少了公平正义，就会导致国家管理以及社会治理的主观化，凡事以个人意愿而不是人民意愿为出发点和落脚点，势必造成社会秩序混乱，这与我们中国共产党建党、建国的初衷背道而驰。因此，只有公职人员受到法治的约束，客观对待个人和国家事务，才能秉公行使自己的权力，才能实现社会的公平和正义。为此，必须始终坚持社会主义法治理念教育，培育法治工作队伍的执法为民观念和公民的遵纪守法意识。公平正义问题是当前需要引起社会重视的问题。许多学者在维护社会公平正义方面进行了研究，但基本上都停留在领导或执行环节，对于普遍公民的法治理念教育关注度不高。法治理念教育是社会建设的奠基工程，其根本旨趣在于培育公民特别是法治工作队伍的社会主义法治理念，弘扬法治精神。

第二节 本选题国内外研究现状综述

一、国内社会主义法治理念教育研究现状

（一）关于社会主义法治理念教育研究的相关学术著作

2022年2月20日，从读秀学术搜索按照书名"社会主义法治理念"检索，共有图书84部，代表性著作有：刘佑生等主编《社会主义法治理念与中国检察制度》（2007年），刘江江主编《深化社会主义法治理念与实践》（2007年），魏胜强、张玫瑰著《社会主义法治理念解读》（2008年），武树帜主编《践行社会主义法治理念创新与实践（上中下）》（2009年），《社会主义法治理念问答》编写组编《社会主义法治理念问答》（2009年），中共中央政法委员会（以下简称中央政法委）编《社会主义法治理念读本》（2009年），

许兵著《社会主义法治理念读本》（2011年），喻中著《社会主义法治理念概论》（2012年），中央政法委编《社会主义法治理念学习问答》（2012年），郑自文主编《社会主义法治理念与法治建设》（2013年），曲广娣、叶晓川主编《国家司法考试一本通：社会主义法治理念·法理学·法制史（全新改版）》（2014年），武飞等著《社会主义法治理念与法律方法研究》（2015年），米小蓉著《社会主义法治理念与反腐建设新探》（2018年），黄丽云著《初心：新时代的社会主义法治文化建设》（2018年）等。按照书名"社会主义法治理念教育"检索，共有11部著作。例如，《求是》杂志社政治编辑部主编《社会主义法治理念教育学习问答》（2006年），《求是》杂志社政治编辑部主编《社会主义法治理念教育学习读本》（2006年），中央政法委编《社会主义法治理念教育读本》（2006年），中央政法委编《社会主义法治理念教育读本（简编版）》（2006年），中央政法委政法队伍建设指导室编《社会主义法治理念教育辅导》（2006年），《社会主义法治理念教育干部读本》编写组编《社会主义法治理念教育干部读本》（2006年），公安部社会主义法治理念教育领导小组办公室编《公安民警社会主义法治理念教育一百问》（2006年），罗茂智、张强主编《社会主义法治理念教育学生读本》（2008年），邢国忠著《社会主义法治理念教育研究》（2011年）。这几部著作大都是中央提出社会主义法治理念教育任务之后，中央政法委和有关部门组织编写的培训教材或辅导资料，知识性强、学术性弱。只有邢国忠的《社会主义法治理念教育研究》（2011年）是一部专门研究社会主义法治理念教育的著作，该书重点阐述了社会主义法治理念教育的提出、内涵、目标要求、主要内容、原则和路径。

（二）关于社会主义法治理念研究的相关学术论文

2022年2月20日，从中国知网期刊论文篇名检索"社会主义法治理念"，共有448篇论文，其中CSSCI论文92篇，这些论文主要围绕以下问题展开：

1. 对社会主义法治理念基本内涵的研究。王松苗的《彰显中国特色社会主义法治理念》一文，从"依法治国、党的领导、人民主体、人人平等、公平正义、良法善治"[1]几个方面概括总结了社会主义法治理念。喻中在《新

---

[1] 王松苗. 彰显中国特色社会主义法治理念[J]. 求是，2015（10）：42-44.

中国论：社会主义法治理念对"新中国"的诠释》一文中认为，社会主义法治理念的提出对"新中国"的本质内涵做了科学的阐释。他认为，新中国的"依法治国"不同于旧中国的"孝治天下"；新中国的"执法为民"不同于旧中国的"固本为君"；新中国的"公平正义"不同于旧中国的"尊卑贵贱"；新中国的"服务大局"和"党的领导"更是体现了"一种新的文明秩序"。[1] 谢鹏程的《论社会主义法治理念》一文对"监督制约与依法治国""基本人权与执法为民"等的辩证关系进行了深刻阐述。[2]

2. 对社会主义法治理念逻辑结构的研究。范进学、张玉洁的《社会主义法治理念内在逻辑的梳理》一文强调了社会主义法治理念的体系完备和严密逻辑，"在适用对象上它层层递进，在适用范围上与现有法治体系相辅相成"[3]。童之伟在《社会主义法治理念内涵之微观解说问题》一文中认为，科学解说社会主义法治理念的内涵"有助于提升法律从业人员乃至广大公民的社会主义法治意识"[4]。

3. 对社会主义法治理念基本特征的研究。朱志峰在《中国特色社会主义法治理念发展论纲》一文中分析了法治理念形成发展的中国特色，概括了社会主义法治理念的"全面性与针对性、整体性与层次性、阶段性与大局性"[5]的辩证统一。陈阳在《论社会主义法治理念的开放性》一文中，阐述了社会主义法治理念的"兼容并蓄、与时俱进"[6]以及开放性，强调它是法治建设的动力。丁慧在《社会主义法治理念的科学性》一文中认为，法治理念的科学性表现为"具有先进的指导思想及丰富的理论渊源""具备现实的实践基础和系统的内容构成"。[7] 李光宇、牛保忠的《论我国社会主义法治理念发展的时代特征》一文揭示了"发展性与实践性""普遍性与特殊性""一统性与多元性"等法治理念的时代特征。[8]

---

[1] 喻中. 新中国论：社会主义法治理念对"新中国"的诠释 [J]. 政法论丛, 2014 (2): 3-12.
[2] 谢鹏程. 论社会主义法治理念 [J]. 中国社会科学, 2007 (1): 76-88.
[3] 范进学, 张玉洁. 社会主义法治理念内在逻辑的梳理 [J]. 烟台大学学报：哲学社会科学版, 2012 (4): 6-10.
[4] 童之伟. 社会主义法治理念内涵之微观解说问题 [J]. 山东社会科学, 2011 (2): 5-11.
[5] 朱志峰. 中国特色社会主义法治理念发展论纲 [J]. 社会科学战线, 2012 (12): 197-199.
[6] 陈阳. 论社会主义法治理念的开放性 [J]. 求索, 2012 (2): 156-158.
[7] 丁慧. 社会主义法治理念的科学性 [J]. 辽宁大学学报：哲学社会科学版, 2011 (2): 122-129.
[8] 李光宇, 牛保忠. 论我国社会主义法治理念发展的时代特征 [J]. 社会科学研究, 2011 (4): 59-62.

绪　论

4. 对社会主义法治理念理论渊源的研究。王会军、李婧在《社会主义法治理念的理论溯源：对马克思主义经典作家法治思想的认识与思考》一文中认为，马克思主义经典作家揭示了法的本质及其发展规律，分析了法的职能与价值，初步思考了社会主义法治建设问题，为社会主义法治理念提供了世界观和方法论，提供了价值理论基础和确立思路。[1] 蒋传光在《论社会主义法治理念的文化基础》一文中认为，社会主义法治理念是中国共产党结合现实国情的理论创造，社会主义法治理念的文化基础在于"汲取中国传统法治营养"和"借鉴并吸收西方国家法治建设的经验和教训"。[2]

5. 对社会主义法治理念重要意义的研究。夏立安的《整体历史观下的社会主义法治理念的解读》一文中认为，法治理念的提出将"引发法律或司法的形式性与实质性关系之思"，"引发人们对法治发展的历史性与现实性之思"，"引起学界对法学学科的属性和法学教育之思"。[3] 廖奕在《论社会主义法治理念的功能》中认为，社会主义法治理念发挥着"摹写与型构、融凝与启蒙、引领与鉴别、认同与教化、统合与创新、传播与弥散等重要功能"[4]。卜晓颖在《试论社会主义法治理念的历史地位》中认为，社会主义法治理念的先进性体现为"彻底的人民性、科学的唯物性和鲜明的政治性"，"认清社会主义法治理念的历史地位具有重要的意义"。[5] 刘高林在《社会主义法治理念对社会主义法治实践作用初探》中认为，社会主义法治理念对于法治实践具有"定位、指引和评价三大作用"[6]，定位作用主要包括明辨上下古今的纵向历史定位和纵观世界的横向社会形态定位；指引作用是指社会主义法治理念作为法治国家的认识论、方法论和价值观对于法治建设实践具有指引作用；评价作用是指社会主义法治理念对法治建设中存在的认知、诉求和思潮进行评价，对人民是否满意司法实践给予评价，对法治建设是否符合国情和社情给予评价。

---

[1] 王会军，李婧. 社会主义法治理念的理论溯源：对马克思主义经典作家法治思想的认识与思考 [J]. 思想理论研究，2013（21）：39-43.
[2] 蒋传光. 论社会主义法治理念的文化基础 [J]. 山东社会科学，2011（3）：15-19.
[3] 夏立安. 整体历史观下的社会主义法治理念的解读 [J]. 山东社会科学，2011（3）：5-8.
[4] 廖奕. 论社会主义法治理念的功能 [J]. 北京交通大学学报：社会科学版，2010（1）：99-104.
[5] 卜晓颖. 试论社会主义法治理念的历史地位 [J]. 理论导刊，2011（7）：47-50.
[6] 刘高林. 社会主义法治理念对社会主义法治实践作用初探 [J]. 岭南学刊，2009（1）：44-47.

(三) 关于社会主义法治理念教育研究的相关学术论文

2022年2月20日，从中国知网期刊论文篇名检索"社会主义法治理念教育"，共有72篇论文。这些论文大多以高校大学生社会主义法治理念教育为主，其中，CSSCI论文6篇，主要包括：罗干的《深入开展社会主义法治理念教育 切实加强政法队伍思想政治建设》（2006年）、陈大文的《论大学生社会主义法治理念教育的目标定位》（2010年）、黄文艺的《论高校社会主义法治理念教育》（2010年）、吴一平的《高校应如何进行社会主义法治理念教育》（2011年）、李婧的《高校加强社会主义法治理念教育的思考与建议》（2011年）、徐敬灏的《公安院校社会主义法治理念教育研究——基于社会学习理论和建构主义认识论》（2016年）。

1. 关于社会主义法治理念教育的价值意义研究。尹蕾、王让新在《推动社会主义核心价值观融入法治建设的价值意蕴》中强调，实现良法善治这一改革总目标，必须坚持依法治国和以德治国相结合。[1] 顾肖荣在《论社会主义法治理念的普遍意义》中指出："社会主义法治理念的普遍意义，可以从其真理性、普适性以及具有的中国特色社会主义的特质上考虑。"[2] 社会主义法治理念是立法、司法、执法、守法实践的指导思想，它基于一定的社会经济条件，又具有相对独立性。

2. 关于社会主义法治理念教育的实现路径和方法研究。陈洪玲、柴佳伟在《习近平全面依法治国理念的生成逻辑》中指出："全面依法治国理念作为一种治国理政的新思维、新模式，有其内在的逻辑生成体系，全面建成小康社会是其逻辑起点，全面深化改革是其内生动力，党的领导则是其生成的根本保障。"[3] 赵雯在《践行社会主义法治观的路径分析》中指出，"司法者要坚持法律面前人人平等，将社会主义法治观融入司法活动中；民众要坚持法治信仰，营造良好的社会主义法治氛围"[4]。黄文艺在《论高校社会主义法治理念教育》一文中认为，社会主义法治理念教育的目标定位是"树立正确的

---

[1] 尹蕾，王让新. 推动社会主义核心价值观融入法治建设的价值意蕴 [J]. 学校党建与思想教育，2020（13）：89-93.
[2] 顾肖荣. 论社会主义法治理念的普遍意义 [J]. 社会科学，2007（2）：12-15.
[3] 陈洪玲，柴佳伟. 习近平全面依法治国理念的生成逻辑 [J]. 思想教育研究，2020（5）：12-16.
[4] 赵雯. 践行社会主义法治观的路径分析 [J]. 人民论坛·学术前沿，2020（12）：120-123.

法治观念""培养法律思维习惯""形成坚定的法律信仰""增强依法办事能力";社会主义法治理念教育方法包括"案例教学法""比较教学法""讨论教学法""实践教学法"。❶

3. 关于特定群体的社会主义法治理念教育研究。目前,关于特定群体社会主义法治理念教育研究主要集中在三大群体:公民、大学生和公务员群体(政法系统)。其中,陈融在《论社会主义法治促进和保障公民道德建设的使命》一文中指出,法治建设能够促进和保障道德建设,"法治从规则及文化层面为道德建设奠定基础"❷。罗干在《深入开展社会主义法治理念教育 切实加强政法队伍思想政治建设》一文中,对政法队伍的法治理念教育进行了阐发。他认为,法治理念"必须反映和坚持社会主义先进生产力的发展要求","必须反映和坚持人民民主专政的国体","必须反映和坚持党的领导","必须反映和坚持马克思主义的指导地位","必须反映和坚持从中国国情出发的原则要求","必须反映和坚持改革创新、与时俱进";开展社会主义法治理念教育要"紧密联系思想实际","紧密联系规范执法行为专项整改活动实际","紧密联系司法体制和工作机制改革的实际","紧密联系执法活动的实际"。❸ 谢来位在《党政领导干部民主法治意识现状及培养路径研究》中指出:"党政领导干部的民主法治意识是发展社会主义民主政治的重要内容、前提条件和根本动力。"❹ 陈大文在《论大学生社会主义法治理念教育的目标定位》一文中专题探讨了大学生群体的社会主义法治理念教育,强调认识"本质属性"、理解"基本内涵"、明确"基本要求"是大学生法治理念教育的重点。❺

4. 关于社会主义法治理念教育的困境研究。法治理念教育的现实困境表现为多个方面:法律体系的完善程度,法律主体的权责关系,与实体法配套的程序法及监督问责制度,法律被认知和运用的方式等。吴忠海、吴赫笛在《当代中国和谐法治建设的困境与出路:兼论公民意识与法治理念的培养》中认为,当前中国和谐法治建设的困境在于:公民法治理念淡薄,缺乏法律至上的法治精神;法律结构不够科学,法律体系尚不完善;缺乏法律实效,法

---

❶ 黄文艺. 论高校社会主义法治理念教育 [J]. 思想理论教育导刊, 2010 (5): 61-65.
❷ 陈融. 论社会主义法治促进和保障公民道德建设的使命 [J]. 思想理论教育, 2020 (3): 16-20.
❸ 罗干. 深入开展社会主义法治理念教育 切实加强政法队伍思想政治建设 [J]. 求是, 2006 (12): 3-10.
❹ 谢来位. 党政领导干部民主法治意识现状及培养路径研究 [J]. 探索, 2013 (5): 59-64.
❺ 陈大文. 论大学生社会主义法治理念教育的目标定位 [J]. 思想理论教育导刊, 2010 (4): 26-31.

律没有得到严格实施；有效的权力制约机制尚未建立，缺少实现权利的保障条件；司法制度缺乏独立性和公正性；政法队伍素质不高，不能完全适应法治建设的现实需要；法律监督机制还没有真正健全起来，不能有效地防治腐败。为此，他提出了相应的出路与对策，即弘扬法治精神，加强公民意识教育和法治理念培养；建立完善的法律体系，保证法律的有效实施；加强宪法和法律实施，切实推进依法行政；深化司法体制改革，建立公正高效权威的司法制度；加强政法队伍建设，培养高素质专业化的政法工作者；完善法律制约和监督机制，为保证权力正确行使创造和谐的法制条件。❶

（四）社会主义法治理念教育研究的相关学位论文

2022年2月20日，从中国知网博硕士论文"题名"检索"法治理念"，共有博硕士论文75篇，其中博士论文7篇，硕士论文68篇；"题名"检索"社会主义法治理念"，共有博硕士论文25篇，其中博士论文1篇，硕士论文24篇。博士论文中目前还没有以"社会主义法治理念教育"为题的研究。博士论文代表性的观点主要有：王会军在《中国特色社会主义法治理念研究》（2014年）一文中，从马克思主义法治思想、中国传统法治思想和西方资本主义法治思想几个方面阐述了中国特色社会主义法治理念的理论基础和思想来源。按照新民主主义革命、社会主义革命和建设、改革开放和社会主义现代化建设三个时期分析了社会主义法治理念的发展，揭示了法治理念的特征和价值，阐明了法治理念教育的环境、思路和重点群体。❷

2022年2月20日，从中国知网博硕士论文"题名"检索"社会主义法治理念教育"共有硕士论文2篇（曲阜师范大学梁宝宏的《新农村社会主义法治理念教育的困境与对策研究》（2009年）、西南政法大学全蕾的《我国农村的社会主义法治理念教育——以河南农村为例》（2011年）；"题名"检索"社会主义法治理念+培育"共有硕士论文1篇（湖南科技大学刘文林的《论社会主义法治理念的培育》（2012年）。代表性的观点主要有：梁宝宏的《新农村社会主义法治理念教育的困境与对策研究》一文，阐明了新农村社会主义法治理念教育的必要性和重要性，论述了新农村社会主义法治理念教育的

---

❶ 吴忠海，吴赫笛. 当代中国和谐法治建设的困境与出路：兼论公民意识与法治理念的培养[J]. 求实，2008（4）：80-83.
❷ 王会军. 中国特色社会主义法治理念研究[D]. 长春：东北师范大学，2014.

困境、原因和对策。❶ 全蕾的《我国农村的社会主义法治理念教育——以河南农村为例》一文，从法制教育、法治理念教育、社会主义法治理念教育的概念入手，分析了我国农村社会主义法制教育的现状，提出了加强农村法治理念教育的新思维，即将法律教育意识转变为法律服务意识，改革现行的农村法律服务体制。❷ 刘文林的《论社会主义法治理念的培育》一文，从中国传统法治思想、马克思主义法学思想、西方社会法治理论等方面论述了社会主义法治理念的理论渊源；从经济、政治、社会、文化四个方面阐明了社会主义法治理念培育的现实基础；从大陆法系和普通法系两个方面分析了社会主义法治理念培育的经验借鉴；从经济建设、政治建设、法制建设和法治文化培育四个方面阐发了社会主义法治理念培育的基本途径。❸

二、国外社会主义法治理念教育研究现状

（一）关于我党全面推进依法治国的评价

全面推进依法治国战略的提出引起了国外学者的广泛关注。大部分国外学者认为，过去几十年中国的法治建设成绩显著，应当给予充分肯定和正面评价。如有国外学者认为，中国过去几十年的法治建设重点是"法制建设"，做到了"法律的完备，有法可依"。❹ 德国学者孟文理分析了新中国的法律史，他对中国改革开放以后开始建立健全法治予以充分肯定。❺ 新加坡学者郑永年认为，中共十五大把法治定为政治改革的目标，标志着法治国家建设的新起点。❻ 美国学者黄宗智认为，"古代的、现代革命的和西方移植的三大传统"影响着今天中国的法制建设。❼ 美国学者安守廉认为，中国现在的法律制度比30年前更丰富、更复杂了，法学院比美国多了，教授和律师增加很多，他们的水平可与欧美媲美，这些是中国法治建设的成就。❽ 德国学者海贝勒认

---

❶ 梁宝宏. 新农村社会主义法治理念教育的困境与对策研究 [D]. 曲阜：曲阜师范大学，2009.
❷ 全蕾. 我国农村的社会主义法治理念教育：以河南农村为例 [D]. 重庆：西南政法大学，2011.
❸ 刘文林. 论社会主义法治理念的培育 [D]. 湘潭：湖南科技大学，2012.
❹ 中国法治建设的新蓝图 [N]. 联合早报，2014-10-25.
❺ 孟文理，曾见. 20世纪的中国法制建设和发展 [J]. 中德法学论坛，2003（1）：32-50.
❻ 郑永年. 中国重返法治国家建设 [N]. 联合早报，2014-08-19.
❼ 黄宗智. 过去和现在：中国民事法律实践的探索 [M]. 北京：法律出版社，2009：4.
❽ 张冠梓. 美国学者眼中的中国法制化：哈佛大学安守廉教授访谈 [J]. 国外社会科学，2010（3）：123-126.

为，中国"正在迈向一个自治、法治和参与程度更高的开放社会"。❶

（二）关于中国法治建设问题与挑战的研究

国外学者也对中国法治建设中存在的问题和挑战进行了较为深入的分析。例如，俄罗斯学者别尔格尔认为，基层行政机关工作人员普遍存在人治思维，因此法律法规难以彻底贯彻，人治思想是全面推进依法治国的现实困难，为此，应当加强专业法律干部的培训，使其树立法治理念。另外，中国公民对司法机关信任不足，自身也不懂依法办事，增强法治理念教育是当务之急。❷从中国法治建设面临的挑战看，新加坡学者郑永年认为，三大认知困境影响着中国法治体系的构建——文化传统之中缺乏法治精神土壤；法是社会工具的认知错误；中国要确立法治体系应当学会摒弃西方法治体系的不足，同时取长补短、为我所用。❸

（三）关于中国法治建设的对策与路径研究

推进全面依法治国就必须解决好对策和路径问题。国外学者提出了对中国法治建设未来前景的看法，对我们有重要启发。一是关于中国全面推进依法治国的前景。印度尼西亚学者乌玛尔·朱沃诺认为，坚持走自己的发展道路是中国成功的关键，中国加大党纪教育和政治问责力度，树立了惩治腐败和经济持续发展的典型，中国坚持党的领导、人民当家作主和依法治国的统一，不搞西式民主政治。❹芬兰学者诺提欧认为，中国非常重视价值理性和目标理性的法律关系，在解决法治与改革关系方面积累了经验。❺二是关于中国依法治国建设的实施路径问题。英国学者迪克教授认为，法治实践应当处理好本国国情和他国经验借鉴的关系，二者要保持统一平衡，为此，中国法治实践应当有效学习他国法治的经验，他国法治也理应学习中国法治的先进经验。❻新加坡

---

❶ 托马斯·海贝勒. 关于中国模式若干问题的研究 [J]. 当代世界与社会主义, 2005 (5)：9-11.
❷ 外国专家热议"法治中国" [J]. 新华月报, 2014 (11)：110-111.
❸ 郑永年. 中国重返法治国家建设 [N]. 联合早报, 2014-08-20.
❹ 老外如何理解习近平的"四个全面" [N]. 人民日报, 2015-04-10.
❺ 刘小妹. 外国专家学者眼中的四中全会："依法治国与法治中国"国际学术研讨会观点综述 [N]. 光明日报, 2014-11-10.
❻ 刘小妹. 外国专家学者眼中的四中全会："依法治国与法治中国"国际学术研讨会观点综述 [N]. 光明日报, 2014-11-10.

学者郑永年认为，执政党的政治意识、群众的法治观念等的不断成熟，使我们相信中国能够建成法治国家。❶ 美国学者李本认为，中共依法治国的关键是司法改革，法治意味着人民能够有效利用它保护自己的权益，司法系统既需要顶层设计也需要老百姓的信任，法律纠纷的公正解决是培养司法信任和权威的关键。❷

三、国内外社会主义法治理念教育研究现状简评

（一）国内社会主义法治理念教育研究简评

1. 历史研究的思路相对欠缺。从社会主义法治理念的研究群体看，主要集中于法学界的专家及从业人员，局限在了这个行业内部，从其他的领域或视角出发进行研究的较少，其结果是对社会主义法治理念的研究始终不够全面深入，缺乏历史支撑。虽然在法治理念的理论研究中存在一定的历史研究，但只是从其自身出发，也就是从法治的建立和发展史出发展开探讨，从中共党史出发研究法治理念教育问题的成果并不多见。采用历史研究方法，需要充分利用各领域的历史文献来佐证社会主义法治理念的研究。根据中共党史的发展历程来探索法治理念特点及历史变化，可以增加法治理念研究的深度，也有助于传播和弘扬中国共产党的法治精神。从中共党史研究视角探讨社会主义法治理念教育问题可以拓宽研究思路，以及为社会主义法治理念教育提供史料支撑。

2. 法治理念教育群体研究范围较窄。从研究内容来看，对社会主义法治理念教育的群体界定范围较窄，缺乏关注的普适性。对社会主义法治理念的研究侧重内涵，而忽视其构成要素之间的联系，另外对各部分之间的逻辑关系缺乏清晰认知，整个框架的组成比较零散，没有整合到一起形成一定的关联性。这就导致在社会主义法治理念教育中也存在其内容的各组成部分之间缺乏逻辑。法治理念教育研究需要把法治理念作为一个完整的体系来看待，理顺其结构层次和逻辑关系，从而使教育对象不仅"知其然"而且"知其所以然"。社会主义法治理念教育对象在普遍适用的程度上被区分开来，现有研究主要将受教

---

❶ 郑永年. 中国重返法治国家建设 [N]. 联合早报，2014-08-20.
❷ 刘小妹. 外国专家学者眼中的四中全会："依法治国与法治中国"国际学术研讨会观点综述 [N]. 光明日报，2014-11-10.

的对象局限于某几个特殊领域的群体，如政法队伍和大学生，而其他领域没有受到同等重视，导致公民社会主义法治素养参差不齐。社会主义法治理念教育是一个必须全员覆盖的问题，每一个公民都不能在教育中被忽视，否则就难以实现全面推进依法治国。同时，现有研究缺乏对社会主义法治理念教育模式的关注。在社会主义法治理念教育中，除了要重视内容的传播，还要做到行之有效，避免无效的教育。因此，其教育模式研究非常重要，但现有的教育模式研究还不足以满足社会主义法治理念教育目标的要求。

(二) 国外社会主义法治理念教育研究简评

1. 有褒有贬，感性之中有理性。国外学者对我们党依法治国有浓厚兴趣，从总体看，对中国法治前景持乐观态度，开始积极关注中国法治建设，由过去标签式的解读到现在的理性分析，说明中国法治的影响力在不断扩大。

2. 求同存异，异义之中有共识。国内学者与国外学者对中国法治的关注点有很大不同。国内学者关注法治内涵、党法关系以及法治的功能、教育和实施等，国外学者关注现状挑战、问题弊病、未来走向等。随着中国法治建设进程的加快，多数学者认同中国正走向法治国家，政治民主化进程正在加快。

第三节 社会主义法治理念教育研究的方法和创新

一、社会主义法治理念教育研究的方法

(一) 文献阅读方法

文献阅读是社会科学研究的基本方法。社会主义法治理念教育研究必须以全面掌握相关文献为前提。通过大量文献的阅读，为社会主义法治理念教育研究提供基础性资料。文献阅读方法重在借鉴前辈学者关于社会主义法治理念教育的有益成果，从已知中探求未知，为社会主义法治理念的创新提供知识理论储备。在文献阅读中要加强知识储备，为后续研究做铺垫，而文献研究是必不可少的研究方法。在研究社会主义法治理念教育前，要先对其研究程度及进展有明确的了解，进而发现前人研究的不足，找到研究的突破口和创新点。

（二）分析比较方法

没有比较就没有鉴别，分析比较方法是区别事物性质的重要方法。"一切认识、知识均可溯源于比较。"❶ 分析比较方法重在区分社会主义法治理念与资本主义法治理念的本质差别，进而与资本主义法治理念划清界限。社会主义法治理念研究要始终站在人民的立场上，坚决批判危害人民合法权益的错误法治观念。社会主义法治理念讲求真正的平等和自由，与资本主义法治理念中虚伪的承诺不同。通过对比，认清资本主义法治理念和社会主义法治理念的本质差别。社会主义法治理念是人民的选择，符合我国社会主义法治建设的规律。

（三）多学科综合研究方法

社会主义法治理念教育问题本身是多学科的交叉地带，这一现实特性决定对此问题必须给予多学科的综合性研究。专业化研究能够增加研究深度，综合性研究能够增加研究广度。社会主义法治理念教育研究要注重"打破知识体系壁垒分明的界限"❷，注重把多学科的理论方法运用于研究。社会主义法治理念教育借鉴了马克思主义哲学、法学、政治学、历史学、教育学、社会学等多学科的理论方法。对于多学科的运用不是简单的拿来主义，而是对多学科理论方法的综合运用。

（四）逻辑与历史相结合的方法

作为历史范畴，社会主义法治理念及法治理念教育有其酝酿、提出、确定和普及的过程，因此有必要运用历史研究方法，对社会主义法治理念及法治理念教育进行历史研究。社会主义法治理念教育研究需要理论反思和历史印证。社会主义法治理念教育研究应当把理论逻辑和历史逻辑有机结合起来，既要认真把握社会主义法治理念的本质内涵，又要深入了解社会主义法治理念教育的历史条件。

---

❶ 茨威格特，克茨. 比较法总论［M］. 潘汉典，等译. 北京：法律出版社，2004：序言.
❷ 弗里德里希·奥古斯特·冯·哈耶克. 致命的自负［M］. 冯克利，等译. 北京：中国社会科学出版社，2000：2.

二、社会主义法治理念教育研究的创新

本书以社会主义法治理念的命题提出和目标要求为指引,系统探索社会主义法治理念教育的内容、原则和途径,并注重总结我们党的十八大以来开展社会主义法治理念教育的成就。

（一）研究内容的创新

1. 注重把习近平法治思想融入法治理念教育。深入系统贯彻习近平法治思想,对社会主义法治理念教育的内容、特点以及对社会主义法治理念的贡献等进行了初步分析,强调习近平法治思想是今后社会主义法治理念教育的重点内容。把新时代开展社会主义法治理念教育的主要内容概括为法治理想信念教育、习近平法治思想教育及执业为民、忠于法律和公平正义的法治职业道德教育三个方面。

2. 系统梳理了社会主义法治理念教育的原则。结合实际,概括总结了社会主义法治理念教育的政治性原则、系统性原则、实践性原则。

3. 探讨了社会主义法治理念教育的实施路径。强调社会主义法治理念教育要加强规划,分类实施,强化运用教育、宣传、组织等手段。深入探索了社会主义法治理念教育融入党政干部教育培训制度的路径、融入高等院校教育教学体系的路径和融入中国特色普法宣传教育的路径。

（二）研究方法的创新

1. 把逻辑抽象与历史分析有机结合起来。注重我们党社会主义法治建设的历史研究,总结社会主义法治建设的成功经验和历史教训,把历史与逻辑、理论与实践、理想与现实结合起来,力求全面展现社会主义法治理念教育的本质、特征和规律。

2. 强调综合运用多学科研究方法。坚持多学科研究方法的综合运用,突破单一学科局限,综合运用马克思主义哲学、思想政治教育学、法学、政治学、历史学等多个学科理论与方法,尤其应注重对思想政治教育理论方法的运用。

第一章
社会主义法治理念教育的概念解读和目标要求

把握相关概念是社会主义法治理念教育的一项基础性工作。"社会主义法治理念教育研究"涉及"法治""理念""法治理念""社会主义法治理念""社会主义法治理念教育"等概念，准确解读这些概念，能够帮助我们更好地推进社会主义法治理念教育。法治理念教育是对全体公民的教育，它总是围绕一定的目标展开的，教育的目标要求不明确必然影响社会主义法治理念教育的效果。当然，法治理念教育也有重点对象，如法治工作队伍。总体看，我国法治理念教育的目标要求是提高公民的社会主义法治素质、培育法律人格，造就社会主义法治理念的自觉践行者。推进社会主义法治理念教育必须要明确目标要求，遵循教育的特点和规律，从而为社会主义法治国家建设作出应有的贡献。

第一节 社会主义法治理念教育的相关概念解读

法治理念是法治的灵魂，是法治实践的指导思想和价值取向。弄清什么是"法治""理念""法治理念""社会主义法治理念"等概念是深入研究社会主义法治理念教育的前提。对于这些概念的分析和解读，既要充分考虑从法治思想史之中探寻它们的本真内涵，又要充分考虑当今时代法治实践对它们的社会规定。对于"法治"概念，我们分析了古代中国和西方"法治"概念的渊源，以及改革开放以来"法治"概念的发展。对于"理念"概念，我们分析了西方哲学史和中国哲学史上"理念"概念的形成和演变。对于"法治理念"概念，我们强调应当从法治的理性认识、精神追求和价值理想三个方面给予把握。对于"社会主义法治理念"概念，我们分析了"五要素结构论"，即五大法治理念的提出过程，强调把握"社会主义法治理念"需要正确处理依法治国与监督制约的关系、执法为民和基本人权的关系、公平正义与司法公正的关系、服务大局与依法行使职权的关系、党的领导与法律权威的关系；强调"社会主义法治理念"具有全面性和针对性、整体性和层次性、阶段性和大局性的特点。在此基础上，把"社会主义法治理念教育"理解为以社会主义法治理念为主要内容的法治教育，以巩固马克思主义指导地位为核心的社会主义意识形态教育，以巩固社会主义意识形态为主旨的思想政治教育。对于这些概念，通过从法治的普适性和中国法治国家建设的特殊性相统一角度的分析，奠定了社会主义法治理念教育研究的学理基础。

一、法治

研究法治理念，首先应当弄清什么是法治？什么是理念？法治是一种治国理政的策略。法治主义的兴起源于破解现实社会问题。中国古代更加重视法治的形式要件，而西方古代的法治恰恰相反。此外，中国古代更加注重法治的权威。古希腊哲学家亚里士多德已经揭示了法治的两个基本特点，即良好的制度和法律的遵守。现代法治不过是在"良法"和"法律权威"之中注入了时代内涵。法治是一种历史悠久的治国理政策略。梁启超认为，我国法治主义之兴，"大盛于战国之末"❶。那么，为什么在战国之末会盛行法治呢？在梁启超看来，这是为了破解当时的社会弊端而作出的选择，当时有放任主义、人治主义、礼治主义和势治主义等不同的治理方案，但都不能解决问题，正是在这样的情形之下，法治主义应运而兴。

在现代法学之中，法治理念是形式要件和实质要件的综合反映。法治理念教育影响法治的外在形象和内在生命。现代法治不过是"在'良法'和'法律权威'两个方面注入了时代精神"。❷ 现代社会具有鲜明的阶级性。因此，现代法治大体有资本主义法治和社会主义法治两大类型。前者是基于资产阶级革命和专政，主张代议民主制、三权分立、多党竞争、司法独立等，

---

❶ 范忠信. 梁启超法学文集 [M]. 北京：中国政法大学出版社，2000：96.
❷ 谢鹏程. 论社会主义法治理念 [J]. 中国社会科学，2007 (1)：76-88.

追求自由、人权、正义，它的法治理念是分权制衡、法律至上、程序理性、司法审查、司法自治等。后者是基于无产阶级革命和专政，坚持共产党执政、人民代表大会制度、民主集中制，它的价值导向是共同富裕、人民主权和人的解放，它坚持社会主义法治理念。

(一) 古代的法治概念

法治是一个规范性概念。"法治之法"是理解法治的关键。在古代社会，东方与西方的历史文化不同，因此，人们对于法治的理解也就不同。对于东方古代社会而言，更加注重法治形式要件，强调法治实施和它的工具理性价值。古代西方社会则恰恰相反，存在着重视法治实质要件轻视法治形式要件的倾向，突出强调法治的公平正义，注重法治的价值理性追求。正因如此，东方和西方的法治从古代到现代是沿着两条不同路径发展的，它们各自都有自己的优劣并且都取得了法治文明的伟大成就，为人类法治建设积累了非常宝贵的精神财富和理论资源。

1. 古代西方的法治概念。从西方法治思想看，其源头和起点可以追溯到古希腊时期。苏格拉底把法律推定为人格化存在，赋予法律至上权威，人人必须遵守，无论法律本身或执行是否公正。因此，才有了他拒绝越狱的故事。西方古代法治的源头可以追溯到古希腊时期。西方思想史上最早使用"法治"一词的是毕达库斯，他坚持法治反对人治，强调"人治不如法治"。❶ 立法家梭伦也非常推崇法治，他把法治理解为实现正义的条件。柏拉图的《理想国》讲的是人治，《政治家》讲的是人治与法治的结合，《法律篇》讲的是法治。他认为，应当让那些"绝对服从已有法律的人"担任最高的职位，失去法治的权威便会导致共同体的毁灭，权力应当"成为法律驯服的奴仆"。❷ 他认为，公共权力的执掌者应当纳入法律权威之下，这是人民和国家幸福生活的根本。柏拉图的学生亚里士多德继承发展了他的法治思想。亚里士多德是"世界上第一个明确提出法治概念"的思想家。❸ 亚里士多德认为，法治有两

---

❶ 亚里士多德. 政治学 [M]. 吴寿彭, 译. 北京：商务印书馆，1996：142.
❷ 柏拉图. 柏拉图全集：第3卷 [M]. 王晓朝, 译. 北京：人民出版社，2003：475.
❸ 周永坤. 法治概念的历史性诠释与整体性建构：兼评"分离的法治概念" [J]. 甘肃社会科学，2020 (6)：94-102.

个最基本的含义,第一是"普遍的服从",第二是"良好的法律"。[1] 法治建设必须基于良好制度和良法遵守,这两点恰恰抓住了法治的核心内涵。亚里士多德首先回答了什么是法治之法的问题,也就是说,法治之法必须是"良法"。那么,什么是"良法"呢?他认为,"良法"作为一种制度设计,能够引导人民群众"进于正义和善德"。[2] 在他看来,法律制度的实施是一个"中道的权衡",是为了实行善政,是为了促进人民追求正义和善德。亚里士多德的法治之中蕴含着追求正义的旨趣。他是在讨论"什么是好的城邦政体"时提出法治概念的。好的城邦政体是正宗的,不好的城邦政体是变态的。好的城邦政体要照顾到公共利益、遵循公正的原则。他的法治理想在于追求一种保障法治处于至尊地位的分权的正义的政体。

2. 古代中国的法治概念。我国古代的《尚书·康诰》中记载:"汝陈时臬事罚。蔽殷彝,用其义刑义杀,勿庸以次汝封。"康诰作为诸侯也不能把自己的意志凌驾于法律之上,应当"慎乃宪"。这里,突出强调了法律的至上性、权威性。这是我国古代法治理念的早期萌芽。这种法治理念的萌芽已经包含了现代法治理念的重要成分和价值追求。在《四库全书》收录的秦汉至清代的典籍之中,有"以法治之""用法治之""依法治之""奉法治之""执法治民"等术语。这些大都是把"法"理解为治民治国的工具。《淮南子·泛论训》中有"欲以朴重之法,治既弊之民"。《史记·蒙恬列传》中有"高有大罪,秦王令蒙毅法治之。毅不敢阿法"。其中的"法治"并不是固定词语,而是"以法治之"之意。

中国古代所谓的"法治"概念,大体上有三种意思:其一,《商君书》中提出的"据法而治""缘法而治""垂法而治",意思是依据法律的规定进行社会治理。其二,《韩非子》中提出的"法不阿贵,绳不挠曲。法之所加,智者弗能辞,勇者弗敢争。刑过不避大臣,赏善不遗匹夫。"意思是在法律面前不分贫富贵贱、一律平等,法律的刑过和赏善也要一视同仁。《管子·任法》中更是明确提出,"君臣上下贵贱皆从法"。意思仍然是在强调法律面前一律平等,主张法治而反对人治。其三,《管子·明法》中提出,君主治国"不淫意于法之外,不为惠于法之内";《管子·明法解》提出,"当于法者赏

---

[1] 亚里士多德. 政治学 [M]. 吴寿彭,译. 北京:商务印书馆,1996:199.
[2] 亚里士多德. 政治学 [M]. 吴寿彭,译. 北京:商务印书馆,1996:138.

之，违于法者诛之"，强调反对法治之情，强调依法办事、严格执法。

(二) 改革开放以来我国"法治"概念的探索

改革开放以来，在党的领导下，对社会主义法治从理论和实践两个层面展开了深入的探讨。这种探讨大体分为三个阶段：一是围绕区别人治与法治这一核心，展开对"法治"概念的探讨；二是聚焦形式法制与实质法治区别，展开"法治"概念的探讨；三是新时代对"法治"概念的探讨。

1. 围绕区别人治与法治这一核心展开对"法治"概念的探讨。党的十一届三中全会提出了发展社会主义民主、健全社会主义法制的重大方针，使社会主义法制成为维护人民权利的强大武器。在1979年至1996年之间，我国法学界围绕什么是人治和法治、人治与法治的内在关系、人治与法治的博弈等展开讨论，由此拉开了基础性的法制建设和理论性的法治建设的序幕。经过讨论，人们厘清了权力与法律的关系，确立了"法大于权"的统一认识，延续了法制建设的关键所在是制度优势的思想，为社会主义民主法制建设增添了智性因素。

为了笃实法治正基，我国开展了持续深入的社会建设。在政治建设方面，实现了由"以阶级斗争为纲"向社会主义民主法制建设的转变，推动了我们社会由人治向法治的转型，强调建设社会主义现代化必须健全社会主义法制。邓小平同志提出了"有法可依，有法必依，执法必严，违法必究"的民主法制建设原则。在经济建设方面，实现了由计划经济向市场经济的转变。行政权力机制实行首长负责制，要求等级服从，赋予行政首长调控大权，极易导致"人治"经济。市场经济强调"市场"对于社会资源的配置，要求遵循价值规律、竞争原则和供求关系。市场经济要求限制权力经济，也就是通过法治规范调整，营造自由、平等、开放、有序的经济环境，从而推动了市场经济的法治化建设。在治国方略方面，实现了由政策主导向以法治国的转变。改革开放以来，我们党开展了前所未有的法制建设，立法成果丰硕。同时，干部选拔也实现了从"人治"向"法治"的发展。企业也由传统的人治管理模式转向法治的制度化管理模式。由此，"权法制衡"的实践探索为法治概念开拓了新的方向和增添了新的内涵。

2. 聚焦形式法制与实质法治区别展开"法治"概念的探讨。1997年至2011年之间，在我们党的领导下，我国法学界积极引领法治研究从理论向实践的转型,"从形式化法制的健全,进阶实质化法治的完善,为建设社会主义法治国家提供重要支力。"❶ 党的十一届三中全会之后,邓小平同志提出了"法律之治"的十六字方针,推动了我国社会治理由法制向法治的转变。党的十五大提出了"建设社会主义法治国家"的任务,开启了追求"形式法制"到兼顾"实质法治"建设的历程。党的十七大之后,我们党提出了坚持"以人为本"的社会治理模式,强调让人民生活更加幸福、更有尊严。2011 年,胡锦涛同志提出"科学立法、严格执法、公正司法、全民守法",推动了法制建设向法治建设的转型,实现了法治理论的重大创新。法制关注的是社会秩序,法治关注的是价值判断,强调法治的至上权威。法治强调的是制度秩序所表征的社会理想和价值追求,是一种宏观治国方略、理性办事原则和理想管理模式。法治的重要标志,不仅是一个国家要有完备的法律制度,而且强调国家机关的公职人员以及每一个公民都要遵守法律,坚持依法办事。

3. 新时代对"法治"概念的探讨。实践是理论之源,时代是思想之母。新时代,习近平总书记围绕全面依法治国提出了一系列新的思想。其内容大体包括以下三点:其一,突出强调法治对于中国特色社会主义国家治理的极端重要性。把法治从治国理政的基本方略的基础定位提升到本质要求的根本层位。法律成为立规矩、讲规矩、守规矩的第一蓝本,是国家治理最为重要的手段。"全面依法治国"是"四个全面"的关键环节,突出了"法兴民利,法昌国泰"的治理路径、核心关系和价值追求。其二,夯实基础法治,强调实践创新,积极探索中国特色社会主义法治建设道路。习近平总书记首次阐发"中国特色社会主义法治道路",系统回答了法治是什么、为什么和怎么办的问题。"是什么"就是阐明了法治中国建设的内涵和时代特征,强调法治思维、法德兼顾,突出法治实践以推动国家法治现代化,明确公平正义的价值导向。"为什么"就是阐明了全面依法治国旨在推动国家治理现代化。"怎么办"就是阐明了运用法律手段实现国家治理现代化的路径,即把国家治理转入法治轨道,以法治引领改革开放全过程。其三,以法治道路为主线,完善法治体系,增添了党内法规制度,这样一来,社会主义法治体系就囊括立法、执法、司法、法律监督、党内法规等,法治体系的内容得到了充实和优化。

---

❶ 卢博. 中国"法治"概念的流变:1949—2019 [J]. 河南财经政法大学学报, 2019, 34 (6):47-59.

二、理念

"理念"一词源于希腊毕达哥拉斯学派的数学,是由"idea"和"eidos"翻译而来。苏格拉底把理念拓展为普遍性概念的一般理论。柏拉图认为,理念是哲学的核心,是永恒的现实世界的根源。现实世界是理念的影子。理念是"纷然杂陈的感官知觉集纳成的一个统一体"[1]。对"理念"的研究大体有"本体论和价值论两个相关的研究视阈"[2]。中国古代哲学思想史上尚没有发现"理念"一词,与西方哲学史上"理念"范畴相似或相通的概念是"理"。虽然我国在战国时期就有了哲学意义上的"理"学,但出现"理念"这个概念却是20世纪20年代的事情了。中国哲学史语境中的"理念",是指基于理性认识、理想追求的观念体系。

(一)西方哲学史上的"理念"概念

西方哲学史上对于"理念"概念的诠释,是从本体论和价值论两个方面展开的。

1. "理念"的本体论内涵。《辞海》中,"理念"是指思想观念和思维活动的结果。"理念"是从希腊文翻译而来的,有着多重含义,包括观念、概念、原型、范型、模式等。"理念"翻译的多义性是"绝无仅有的"[3]。可见,"理念"作为一个非常复杂的范畴,把握起来有较大难度。在西方哲学发展史上,对于"理念"的反思和探讨可以追溯至苏格拉底和他的弟子柏拉图。苏格拉底初步论证了现实、知识和人类本性等范畴,提出了关于"共相"理论,创立了独具特色的关于"理念"的学说。苏格拉底认为,"每个理念只是我们心中的一个思想""理念作为模型存在于自然之中"[4]。柏拉图对于现实、知识、人类本性等问题进行了较为系统的分析,"理念"成为柏拉图的核心概念,他的哲学被人们称为"理念论"。柏拉图用"理念"来表达与个体相对立的"共相"。他认为,理念具有多种特性,如独立性、单一性、不可见性、

---

[1] 北京大学哲学系外国哲学史教研室. 西方哲学原理选读(上)[M]. 北京:商务印书馆,1982:75.
[2] 邢国忠. 社会主义法治理念教育研究[M]. 北京:中国社会科学出版社,2011:89.
[3] 俞宣孟. 本体论研究[M]. 上海:上海人民出版社,1999:204.
[4] 颜一. 流变、理念与实体:希腊本体论的三个方向[M]. 北京:中国人民大学出版社,1997:93-94.

不变性等，但是，最具可贵的性质是它的恒常不变。他认为，赫拉克利特所说的感官感知到的变动不居都是不真实的，巴门尼德主张的不动不变才是真实的。他说："理念不是别的，只是共相，而这种共相又不能被了解为形式的共相……共相只是事物的特质……共相是自在自为的真实存在，是本质，是唯一有真理性的东西。"[1] 理念世界是永恒的、规则的、有序的，表象世界是不断确定的、不规则的、无序多变的。柏拉图的"理念"主要表征事物永恒不变的本质，他从本体论角度把握理念，把理念理解为自在自为的共相。这种本体论视野奠定了西方哲学思维的基础。西方哲学的彼岸世界和此岸世界、基督教的天堂与现世等都与这种理念思想有关。之后，西方哲学的"理念"探讨大体延续了柏拉图的立意。然而，柏拉图所说的"理念"只是被假设存在的东西。法学的研究，应当运用自己的哲学和社会科学知识积淀，适时地提出理念假设。理念假设的论证往往有一个高起点。在苏格拉底和柏拉图的主张里，他们提出了"人是理性动物"的假设，因此，人们为了避免相互残杀而导致个体利益的落空，必须运用理性的力量协调彼此的利益关系，于是便有了最终的契约。现代的民主法治就是以契约观念为基础建构起来的。德国古典哲学的创始人康德把理性理解为超验的纯粹理性。他认为，理念"不能在任何经验中表现"，理性是理念的"根据"和"源泉"。[2] 黑格尔比较集中和系统地阐述了"理念"范畴，他认为，理念是"自在自为的真理"，是"永恒的精神"。[3]

2."理念"的价值论内涵。本体论关注的是"现实的本质是什么"的问题，价值论关注的是"现实的本质和人的关系"问题。柏拉图为什么把理念设定为永恒不变的绝对的真实存在呢？这种设定对于人类有何意义？柏拉图认为，理念的价值真实存在于现实世界，是内在固有的本质，不是人类的选择。他认为，可知世界中"善的理念"是需要花费很大力气才能最后看见的，到那时我们就会得出结论："它的确就是一切事物中一切正确者和美者的原因。"[4] 当能够给知识对象以真理、给知识主体以能力的时候，便是达到了

---

[1] 黑格尔. 哲学史讲演录：第2卷 [M]. 贺麟，王太庆，译. 北京：商务印书馆，1997：179.

[2] 北京大学哲学系外国哲学史教研室. 西方哲学原理选读（上）[M]. 北京：商务印书馆，1982：301.

[3] 北京大学哲学系外国哲学史教研室. 西方哲学原理选读（上）[M]. 北京：商务印书馆，1982：440-441.

[4] 柏拉图. 理想国 [M]. 郭斌和，张竹明，译. 北京：商务印书馆，1986：276.

"善良的理念",它是永恒不变的普遍的绝对的,它能够把人们在行为上作出错误选择的观点排除在外。柏拉图说:"真理和知识都是美的,但善的理念比这两者更美。"[1] "善的理念"是世界的灵性本质,是连续、不变、相关的世界的永恒部分。这种"善的理念"潜伏在人的心灵之内,但是,由潜伏到显现的转化,需要借助学习和教育的力量。柏拉图说:"每个人用以学习的器官就像眼睛。"[2] 眼睛有一种永远朝向光明的本能,眼睛总是趋于观看所有实在之中最为明亮者,也就是善者。柏拉图认为,灵魂必然转向善的真实存在,认识善的真实存在。学习和教育是使灵魂转向真实存在的艺术。总之,在西方哲学和宗教传统中,"理念"内含着真善美和正义等价值追求,并且可以通过学习和教育来认识和把握。

综上可见,理念是人们对于事物共性的理性认识,内在地包含着真善美和正义的价值追求。从唯物史观的角度看,理念是由一定时代的社会物质生活条件所决定的,是特定社会历史条件下人们的价值观、文化观的反映。理念对于人们的社会行为具有价值导向功能,有什么样的理念就会有什么样的社会行动。正因如此,加强社会主义法治理念教育才显得更为重要和更为迫切。

(二) 中国哲学史上的"理念"概念

中国古代哲学思想史上尚没有发现"理念"一词,但却有对"理"的阐发。"理"字最早出现在《诗经》,《小雅·信南山》载,"我疆我理"。意指治理疆界,后引申为遵守行为规范和自然法则。不仅《诗经》,《国语》《左传》中也有"理"字出现。但其本意是具体概念,还不是抽象意义上的哲学范畴。"理"有多种含义:其一,是琢磨之意。《说文·玉部》载,"理,治玉也"。理就是对玉石的打磨加工,没有经过打磨加工的玉称之为璞。其二,是治理之意。《吕氏春秋·劝学》载,"圣人之所在,则天下理焉"。天下能够得以治理是因为出现了圣人。其三,是整理、条理之意。《荀子·儒效》载,"井井兮其有理也"。"理"就是井井有条的意思。其四,是道德、事理之意。《易·系辞上》载:"易简而天下之理得矣。""易"之中包含着天下的

---

[1] 柏拉图. 理想国 [M]. 郭斌和,张竹明,译. 北京:商务印书馆,1986:276.
[2] 柏拉图. 理想国 [M]. 郭斌和,张竹明,译. 北京:商务印书馆,1986:277.

大道理。其五，是法律、法纪之意。《韩非子·安危》载，"先王寄理于竹帛"。先王把法律规范刻写在竹帛。其六，是和顺之意。《周易·说卦》载，"和顺于道德而理于义"。"理于义"就是要在义之中表现出理。战国中期，人们开始从哲学范畴解释"理"。《老子》《论语》等典籍中还没有谈到"理"字。但是，老子和孔子却提出了"道"。例如，老子的"道可道，非常道"，孔子的"本立而道生"。《韩非子·解老》说："万物各异理，而道尽稽万物之理。"在这里，"理"讲的是特殊规律，"道"讲的是普遍规律。西汉的董仲舒提出"天理"概念，强调"理"天所授。魏晋南北朝时期，理学与玄学相结合，形成了玄理。宋明时期，理学得以迅速发展。程颢和程颐提出理本论。朱熹把"理"视为天下万物的主宰，把"理"视为先于天地而存在的东西。王守仁、陆九渊把"理"纳入了他们的心学，强调"心外无理""心外无物"。王夫之、罗钦顺则明确反对理本论。到清代中后期，理学逐步走向没落。鸦片战争之后，中国先进的仁人志士，把"理"理解为公理和真理来追求。

虽然我国在战国时期就有了哲学意义上的"理"，但出现"理念"这个概念却是在20世纪20年代。中国共产党创始人之一李大钊是中国最早使用"理念"一词的人。他在《史观》一文中，谈到推动历史发展的动因时指出，"或曰，在精神，如圣神、德化、理念是"。他把"理念"理解为一种至真至善的精神力量或心灵境界。"理念"是人们对事物发展的指向性的理性认识。眭依凡教授强调，"理念"是一个反映事物共性的普遍概念，它是理性认识的集大成者，既包含认识、思想、信念、理性、思想、意识、理论等内涵，又包含与上述思维产品相关的目的、目标、原则、规范、追求等。❶ 我国台湾地区学者张光正先生认为，理念"是共同分享的价值观"，理念包含着一定的价值方向和价值原则。"理念"是"愿景及方向之指引原则"，是"组织之最高领导原则"。❷ 综上可见，"理念"是一种主观见之于客观的反映，是人们对某一事物的理性认识、理想追求所形成的观念体系。

三、法治理念

"法治"作为治国理政的政策源远流长。"法治"的基本含义是按照法律

---

❶ 眭依凡. 简论教育理念 [J]. 江西教育科研，2000（8）：6-9.
❷ 黄俊杰. 大学理念与校长遴选 [M]. 台北：通识教育学会，1997：122.

处理国家政务的一种治国理政方式。"法治"是人类所能找到的最科学最理想的治国理政方式，是现代社会文明进步的基本标志。"法治理念"是由法治和理念构成的复合概念，是对法治的理性认识、精神追求和价值理想。社会主义法治理念教育任务提出之后，我国法学界对法治理念进行了广泛探讨。主要观点有："内在规律"说，法治理念是指对法治"内在联系及其规律的理性的认识"❶；"法治理想"说，法治理念是"它追求的价值理想"❷；"精神精髓"说：法治理念"是主导、引导人们从事（法治）实践活动的高度抽象的精神原则"❸。结合专家们的不同观点，笔者认为，法治理念可以从三个方面来把握：其一，法治理念是对法治的理性认识。法治理念是对法治本质和规律的认识，是对法治的产生原因、构成要素的理性把握。其二，法治理念是对法治的精神追求。法治理念体现着人们对法律的理解与态度，是关于法治的理想信念，是法治精神的抽象化。法治理念作为一种精神追求，体现着公民尤其是执法者对于法治的信仰。其三，法治理念是对法治的价值理想。法治理念是法律与国家关系的正确认知及表达，涉及法律在国家中所处的地位、法律的本质、价值、控制对象等。

(一) 法治理念是对法治的理性认识

什么是法治理念？一般认为，它首先是一种认识模式。法治是在长期的历史发展中沉淀形成的，即便是在西方所谓的法治国家也没有公认的定义。有的学者认为，从渊源、规诫和价值视角看，可以将法治理解为历史成就、法制品德、道德价值和社会实践的综合。也有的学者认为，从人类起源发展角度来看，法治是一种经历了"神治的失据、德治的失灵和人治的失信"之后的"理性选择"。❹ "法治理念是人们关于法治的理性认识"❺，它从主观维度分析，是一种观念和意识，因为理念就是合乎理性的观念。法治理念是"对法治本质及其规律的理性认识"❻，这种认识要经历从法治初级本质到更深刻的本质，从法治的感性认识到理性认识的飞跃。人们对法治理念的认识，

---

❶ 骆孟炎. 用系统论方法把握法治理念 [J]. 当代法学，2000 (2)：1-3.
❷ 郭道晖. 法理学精义 [M]. 长沙：湖南人民出版社，2005：352.
❸ 张恒山. 略谈社会主义法治理念 [J]. 法学家，2006 (5)：24-28.
❹ 高鸿钧，等. 法治：理念与制度 [M] 北京. 中国政法大学出版社，2002：874.
❺ 江必新. 法治精神的属性、内涵与弘扬 [J]. 法学家，2013 (4)：1-10.
❻ 王爱军. 法治理念与形式正义 [J]. 齐鲁学刊，2011 (2)：93-97.

一般经过从思维的抽象到思维的具体过程，具体表现为：表象认识阶段（高级的感性认识）、抽象认识阶段（初级的理性认识）和具体认识阶段（高级的理性认识）。❶

我们比较认同"法治理念是人类对法治理性认识发展的结果"这一观点。其一，主体意识的产生和主体资格的确立，带来现实生活世界的多元化分割，一方面，人们认识到了你、我、他的利益区别，在资源相对匮乏的条件下，人们必然产生基于生存发展的竞争甚至是战争；另一方面，为了对抗外部恶劣的环境，人们又能够通过合作获取更多的生活资源。其二，私有制产生之后，你、我、他之间的利益和权利分割有了明显的界限，为在法律上判断你的、我的、他的提供了现实的依据。正是这种财富的私人占有"激起人们对私权的天然忠诚和用心"，法治在社会中得以发生发展，主要原因是社会主体"对私有的向往和守护"，❷ 因此，没有人们的私心，没有私有制，便没有可以维护的利益，也便没有法治。其三，借助契约或者说法律规范把人们对于私利及有限资源的占有和竞争合理化、理性化。法治的理性化意味着，人们彼此知道自己和别人是谁，知道自己和别人想做什么，能够判断自己和别人的行为后果进而作出对自身有利的选择，当自身的利益和权利受到损害时，通过非暴力的方式解决问题，由此，人们便从暴力竞争走向了法治。与暴力相比，通过契约行为获利成为更为可取的选择。因此，这种契约精神就是法治理念的起点。法治的源动力是人们对私利追求理性化的表现。要想保障契约为所有当事人遵从进而形成法治，需要权力的控制。权力是法治的支柱，不借助公共权力的力量便无法形成法治。公共权力的作用在于：当人们出现利益纠纷之时，公共权力负责裁决；当人们的正当利益受到侵害之时，公共权力负责救济；当某些人侵害他人利益或公共利益之时，公共权力负责惩治。公共权力是法治的基础，同时，公共权力反过来受法治的制约。

法治理念是对法治的理性认识，但是，不同的理性认识则代表着不同的法治理念。新时代，习近平总书记对于"法治"这一核心概念的阐释为我们把握社会主义法治理念提供了指南。习近平总书记对于"法治"的理性认识包括四个方面的内涵：其一，法治是法律之治，是"用法律的准绳去衡量、规范、引

---

❶ 谢鹏程. 论社会主义法治理念 [J]. 中国社会科学, 2007 (1): 76-88.
❷ 夏恿. 法治是什么：渊源、规诫与价值 [J]. 中国社会科学, 1999 (4): 117-148.

导社会生活"。❶ 法律之治包括规则治理、制度治理、程序治理等内容。其二，法治是良法善治。法治是形式法治和实质法治相结合的良法善治。习近平指出："法律是治国之重器，良法是善治之前提"，立法、执法、司法要"使社会主义法治成为良法善治"。❷ 其三，法治是和谐秩序。法治最终要落脚于构建一种和谐的社会生活状态，也就是习近平总书记提出的"法治秩序"，它包括良好的市场经济秩序、民主政治秩序、先进文化秩序、和谐社会秩序、生态环境秩序等。其四，法治是文明表征。法治是人类社会发展的文明成果。"法治文明是人类文明的重要成果之一"❸。法治文明是物质文明、精神文明、政治文明、社会文明、生态文明的制度表征。法治理念首先是对法治本质和法治发展规律的理性认识，是对法治产生原因、构成要素的理性把握。法治理念不仅是在人类历史发展过程中对于法治理性思考的结晶，还是世界各国从自身特定的社会经济文化条件出发，选择国家治理方式和创建民族精神的治国理政思想。习近平总书记深刻揭示了社会主义法治的本质内涵。

（二）法治理念是对法治的精神追求

法治精神是人类生活的终极意义与时代要求的结合，是在法治建设中普遍尊崇的法律至上、保障人权、公平正义、社会和谐等价值追求的总和。亚里士多德在《政治学》一书中，首次提出了法治学说，他把"良法是法治的前提"和"法律至上是法治的根本"作为法治的两大基本构成要素。孟德斯鸠在《论法的精神》中指出："从最广泛的意义上来说，法是由事物的性质产生出来的必然关系。"❹ 就是说，法的精神是独立存在的事物的自然理性，它先于并高于法律。黑格尔则认为："法就是作为理念的自由。"❺ 自由理念要转变成为普遍、有效和现实的东西，就必须转化为法律形式。他把法律理解为"形式"，把法理解为客观理念、绝对精神。马克思从历史唯物主义出发，对孟德斯鸠、黑格尔的客观唯物主义先验论进行了分析批判，揭示了法是由

---

❶ 中共中央文献研究室. 习近平关于全面依法治国论述摘编 [M]. 北京：中央文献出版社，2015：8-9.
❷ 习近平. 论坚持全面依法治国 [M]. 北京：中央文献出版社，2020：141.
❸ 中共中央文献研究室. 习近平关于全面依法治国论述摘编 [M]. 北京：中央文献出版社，2015：20.
❹ 孟德斯鸠. 论法的精神 [M]. 孙立坚，等译. 西安：陕西人民出版社，2001：5.
❺ 黑格尔. 法哲学原理 [M]. 范扬，张企泰，译. 北京：商务印书馆，1961：36.

经济关系所决定的社会共同体的意志。法治的旨趣是确认和保护公民的权利和自由，确立法律权威和法律至上的精神。法治精神是客观存在的共同意志的体现。马克思的突出贡献就在于把法治精神置于客观物质世界的根基之上，置于一定社会的经济基础之上。所谓的"良法之治"，其根本原因在于良法能够反映特定时代客观存在的社会共同意志，能够体现时代精神和理性追求。在中国古代，强调"以德为先"的教化，法治的精神追求是"无讼"，如《论语》有云："听讼，吾犹人也。必也使无讼乎！"当然，不同时代的法治总是体现着统治阶级的意志，但是，与时代精神和理性精神相背离的"法治"终究会被人们所抛弃。一定历史时代的法治只有当其符合生产力发展的要求，符合这一历史时代所提供的自由与人权的要求之时，才是符合时代精神的法治。

法治作为一种精神追求体现着法治运行主体的法治信仰和法治理想，没有规则至上的信念，没有执法为民的信仰，法治就会成为泡影。法治作为一种现代社会文明形态，已经成为现代人的基本生活方式。法治精神的核心要义在于恪守法律规则、遵从德性。法治精神既包含理性规则又内含温良德性，是法治与德性的完美结合，是法表德里，是心灵与行为的有机统一。法治精神更是全体公民对于国家法律和法治的理性认知和价值确信。对于我国而言，坚持依法治国是全面推进从严治党的重要方面。全面从严治党，要"树立高尚精神追求，筑牢思想道德防线"[1]。中国共产党肩负着全面推进依法治国的重任，培育法治精神是全面依法治国的重要内容。法治精神的培育是新时期党的执政能力建设的新要求。法治精神是衡量"党的执政能力建设的内在尺度"[2]。

法治理念体现着人们对法律的理解与态度。法治的旨归是保护人们的自由权利和物质利益。法治理念是关于法治的理想和信念。"法治精神是法治的灵魂"，"使法必行之法就是法治精神"[3]。法治理念作为一种精神追求，它体现了公民尤其是执法者对于法治的信仰，这种法治信仰是基于对法律的理性认识而形成的法治体验和法治情感。法律通过它的权威性和普遍性且借助一

---

[1] 王岐山. 坚持高标准　守住底线　推进全面从严治党制度创新 [N]. 人民日报，2015-10-23.

[2] 马兆明，王常柱. 法治精神：党的执政能力建设的内在尺度：全面从严治党视阈下党的执政能力建设探析 [J]. 东岳论丛，2016（8）：170-176.

[3] 习近平. 之江新语 [M]. 杭州：浙江人民出版社，2007：205.

定仪式唤醒人们对于法治的终极认识，从而"使法治成为人们的精神支柱和价值追求"❶。法治精神是法治的灵魂。法治建设过程对于法治追求与运用是题中应有之义。法治理念脱离了法治精神的追求就会变成冰冷的刑具。法治作为一种精神追求，是经历了漫长曲折的法治建设后的提升和超越。因此，法治不仅是一种治理方式、制度形态和法律秩序，还是一种精神追求。它是基于一定法律知识和具体法律评判的法律信仰。法治理念作为一种法治精神与法治实践是相对应的，它是法治的指导原则、目标要求的体现。没有法治精神，法治就会成为无根之花、无源之水。如果公民没有法治精神，法治实践便失去了根基。法治精神是铭刻在公民内心中的法律，积极培育公民的法治精神，公民便能够自觉地维护法治权威。

（三）法治理念是法治的价值理想

在从人治向法治迈进的过程中，我们不仅需要良法之治，而且需要良法之功。法治理念表征着对法治的价值理想。"理念"一词，具有应当信仰的思想观念之义，具有理想信念之义。在把握法治理念时，应当特别注意理念的本质内涵：其一，理念不是现实事物而是思想观念、理想信念；其二，理念总是表现为一种正确性的东西；其三，理念内含着理想性成分，是需要人们努力奋斗才能达到的一种境界；其四，要坚信不疑。价值是"客体对主体的用处和意义"❷。法律价值是法律对主体需要和利益的满足以及积极作用。法治价值是指作为一种社会治理方式或社会生活方式的法治对于社会主体生存发展的积极作用。在法治建设中，人们遵守法律对于自身生存发展具有积极影响。法治的发展源于主体意识的觉醒、私有权利的产生和契约秩序的形成。其中，主体意识觉醒最主要体现在人们对权利和幸福的追求方面。由于资源的紧缺，人们对权利的追求导致激烈的冲突，为了避免丛林法则带来的毁灭，人们从暴力争夺走向契约分配，于是便有了法治秩序。当这种契约分配符合当时社会共同意志之时，就能够带来社会和谐，否则，就会带来利益冲突并且借助暴力方式摧毁既定的契约。

法治理想关涉法治的社会运作。那么，怎样的法治运作才能达到一种理

---

❶ 毛杰. 论公民法治信仰的培育路径 [J]. 中州学刊, 2016 (10): 59-62.
❷ 龚廷泰, 陈章龙. 社会研究方法导论 [M]. 北京: 中国商业出版社, 1994: 3.

想的状态呢？其一，实施依法治国，在法治运作过程中，一方面提高了对掌握国家权力的人的要求，强调国家公职人员对法律的遵循，他们依法行事比普通人更为重要。当然，依法治国同样包含着对普通百姓的要求，因而必须强调全体公民的知法和守法。其二，"法治理想的重要目标是通过法律规范的方式来限制任意专断权力的运作"❶。也就是说，法治的理想价值追求在于通过法律来驯化权力，真正实现权为民所用、利为民所谋。那么，法律如何才能实现对权力的驯化呢？要驯化权力就必须防止权力的任意运作，因而必须约束权力，同时，要使权力运作公开化，保障人民群众对于权力的监督。

法律的价值追求主要有自由、秩序和正义。自由是推动法律发展的内在要素。随着生产和交往的发展，个人的意志自由和意志自觉日益扩大。基于人们对自由的追求产生了早期的习惯规则和习惯权利。自由与责任是法治产生的前提。法治的发端源于人们的自由意志和规则意识。自由是法治的价值理想。洛克指出，法律"是保护和扩大自由"❷。历史上不存在无自由的法治和无法治的自由。马克思说："没有一个人反对自由，如果有的话，最多也只是反对别人的自由。"❸ 社会无秩序就会四分五裂，个体便会手足无措。秩序是指各种事物居于恰当地位，发挥应有功能，相互形成固定的互动关系。法治既是维护秩序的手段又代表一定的社会秩序，重在保障自由和正义。正义是"理想的社会秩序状态"❹。人们追求自由和享受就其本身而言是正义要求，但是，这种对于自由和享受的追求必须以当时的生产力所能达到的公正分配资源为前提。个人行使自由权利不能以损害他人和社会大众的自由为界限。不同时代、不同阶级对正义的理解不同，但是，生产力发展水平和社会共同意志是评判正义的基础和主题。正义是法治所追求的价值理想。党的十八届三中全会提出了一个重要的政治性概念，即"法治中国"建设。"法治中国"作为全面推进依法治国的一个重要法治理念，体现了中国法治理念的价值理想追求。"法治中国"意味着我们对法治理想的追求，意味着对国际法治和公平正义的维护。历史证明，"离开了价值选择与价值定位，法治秩序便无

---

❶ 杨伟清. 法治理想及其要求 [J]. 云南大学学报：社会科学版，2020（5）：135-144.
❷ 洛克. 政府论（下）[M]. 瞿菊农，叶启芳，译. 北京：商务印书馆，1964：36.
❸ 马克思恩格斯全集：第1卷 [M]. 北京：人民出版社，1997：167.
❹ 尹晋华. 法律的真谛 [M]. 北京：中国检察出版社，2006：22.

以实现"[1]，没有价值理想追求的社会秩序，不是真正的法治秩序。法治理念是法律与国家关系的正确认知及表达，涉及法律在国家中所处的地位、法律的本质、价值、控制对象等。法治理念通常表现为法律至上、人权神圣、维护正义、权力制约、权力监督等方面的内容。

四、社会主义法治理念

社会主义法治理念概念的提出肇始于2005年全国政法机关开展的社会主义法治理念教育。2006年，全国人大常委会通过了《关于加强法制宣传教育的决议》，提出要增强全体公民的社会主义法治理念。2007年，党的十七大报告正式提出"树立社会主义法治理念"。法治理念是法治的灵魂，把握社会主义法治理念的本质具有重要的理论与现实意义。社会主义法治理念通常有"三要素结构论"和"五要素结构论"两种说法。其中，"五要素结构论"影响最大。综合"三要素结构论"和"五要素结构论"的基本观点，我们认为，"习近平法治思想"是新时代社会主义法治理念教育的核心内容，在此基础上，概括了新时代社会主义法治理念教育的三个方面的内容，即"法治理想信念教育""习近平法治思想教育""法治职业道德教育"。此外，对社会主义法治理念概念的研究，我们还应辩证理解，并注重其基本特征、时代内涵等方面的探讨。

（一）社会主义法治理念的概念界定

法治理念是指导我国法治实践的原则，是对法治建设规律的认识，是法治建设要求的理想信仰、精神风范和思想认识的集合。从它的结构层次看，"可分为知识、感情、意志、信念等四个方面"[2]，具体来说：一是知识层面。知识层面是法治理念的基础，是对法治知识的理性把握，是法治运作的专门知识。法治理念的提出是我们党对社会主义法律现象认识水平和认识能力提高的标志。二是情感层面。情感层面是法治理念的强化，是对社会主义法治的认同或反对、肯定或否定。情感层面是知识层面的延伸，它表现为对法律认知的强化或弱化功能。三是意志层面。它体现为公民对于宪法和法律是否

---

[1] 汪习根. 论依法治国的价值定位 [J]. 武汉大学学报：社会科学版，2003 (5)：575-579.
[2] 范沁芳. 社会主义法治理念的概念初探 [J]. 苏州大学学报：哲学社会科学版，2007 (2)：44-48.

有自觉遵守的意愿和行为。它是知识、情感层面的升华，是对社会主义法治认知认同基础上的自觉行为模式。四是信念层面。它体现为公民对法治精神的信仰，是明确而坚定的理想追求。它汲取了知识、情感和意志层面的肯定性成果，是对社会主义法治的坚定不移的信仰。从内容结构看，一是"五要素结构论"，即依法治国、执法为民、公平正义、服务大局、党的领导。❶ 二是"三要素结构论"，认为社会主义法治理念包括："法律面前人人平等""法律权威""依法办事"。❷

法治理念的提出具有历史的正当性、现实的合理性和逻辑的一贯性、完备性。"依法治国"是治国理念，它向世界宣告，中国要搞法治而不搞人治，它明确了我国国家治理模式的根本转变和所要达到的治理目标。党的十五大确立了依法治国的基本方略，标志着我党选择了法治国家建设道路。"执法为民"是执政理念，既是对党政机关的共同要求，即依法行政，也是对司法机关的总体要求。党的十七大报告明确要求，国家机关应依法行使权力，履行职责。"执法为民"要求行政、司法机关坚持以人为本，妥善处理好执法与为民的关系。执法是手段，为民是目的。执法的目的是为了保护人民根本利益。"公平正义"是"依法治国"和"执法为民"的目标追求，是法治建设最具特色最为突出的方面。"公平正义"既包括结果的公正平等，也包括程序的公平正义。"公平正义"的实现是人民群众对社会制度满意度的标尺。"服务大局"是具体工作方针。宪法法律对于大局有原则性、制度性规定。比如，坚持人民民主专政、坚持社会主义道路等都是宪法法律认可的大局。"党的领导"是治国理政工作中达到工作目标的方法和途径。"党的领导"作用主要体现为总揽全局、协调各方的核心领导作用。在建设社会主义法治国家的过程中，党的领导作用重在领导人民制定宪法法律，组织人民依法参政治国，领导政法机关贯彻落实党的路线方针政策，执行国家法律。

(二) 社会主义法治理念的概念辩证

法治理念是对法学研究和法治实践创新的汲取与确认。社会主义法治理念是包含丰富内容的思想体系，有多重规定性，它们统一于国体、政体和法

---

❶ 本书编写组. 公务员法律知识学习读本 [M]. 北京：新华出版社，2016：24-25.
❷ 中共中央政法委员会. 社会主义法治理念教育读本 [M]. 北京：中国长安出版社，2006：20-27.

第一章　社会主义法治理念教育的概念解读和目标要求

治建设实践。中共中央政法委、《求是》杂志政治编辑部等编辑出版的《社会主义法治理念教育读本》一书指出，社会主义法治理念包括"依法治国、执法为民、公平正义、服务大局、党的领导"五方面的内容。这五个方面的法治理念通过以下几个方面进行辩证地理解：

1. 妥善处理依法治国与监督制约的关系。监督制约是依法治国的重要保障。建立健全监督制约机制，能够预防国家工作人员滥用权力。依法治国的根本目标是建设法治国家。什么是法治国家呢？就是依法赋予、运行和制约国家权力，通过公正司法和严格执法的方式维护法律权威，从而实现人民权利的国家形式。法治国家要件包括权力制约、法律权威、人权保障、良法善治等。法治就是把权力置于有效控制之中，监督是权力控制方式。监督方式包括"以权力监督和制约权力"和"以权利监督权力"[1]。监督失灵失效必然造成公权的私用并滋生腐败问题。为此，必须建立健全监督制约机制，认真落实政法部门的分工负责、配合制约原则。

2. 妥善处理执法为民和基本人权的关系。现代法治的重要价值尺度就是保障公民基本人权，它主要包括人的主体地位、自由尊严和正当利益。现代法治是保护人权的制度安排和强制力量。社会主义法治理念是对资本主义法治理念的超越，因此更应当突出强调保障人权，更加全面真实地保障人权。立党为公、执政为民是我们党为人民服务根本宗旨的体现。执法为民就要为人民用权、为人民执法，解决好人民群众的利益问题。"执法为民"的"为民"是法律实施的最终目标，其内涵十分丰富。"为民"首先包括保护人民利益和权利，保障基本人权的实现。另外，"公平正义"也包含着对公民权利的保护，"依法治国"必须坚持宪法和法律保障基本人权的观念。因此，虽然没有把"权利保障"明确地列入社会主义法治理念，但"权利保障"的理念已经包含其中。

3. 妥善处理公平正义与司法公正的关系。公平正义是法治的基本价值取向。执法司法是保障公平正义的重要屏障，但不是最后屏障。司法公正是维护法治的条件。司法公正的支点是对私权利的救济和对公权力的制约。这两个支点同时存在之时，人们才会确认司法公正和感受法治的存在。资本主义法治的重要特点表现为实现形式正义而非实质正义，社会主义法治旨在实现

---

[1] 谢鹏程. 论社会主义法治理念 [J]. 中国社会科学, 2007 (1): 76-88.

形式正义与实质正义的统一。

4. 妥善处理服务大局与依法行使职权的关系。我国的法治建设是和党的领导、人民当家作主、依法治国紧密结合在一起的。宪法规定了国家机关尤其是监察机关、审判机关和检察机关的职权，这些国家机关必须依法行使职权。但是，依法行使职权与服务党和国家工作大局并不矛盾。因为国家机关是党领导下的国家职能部门，其必须服务于党的政策和国家立法。

5. 妥善处理党的领导与法律权威的关系。法律权威是国家法治化和社会秩序化的正统标志。国家政治生活和社会生活的正常化必须以法律权威为基础。法治重在树立集体权威，在当代中国，这个集体权威就是中国共产党的领导。党的领导和法律权威具有一致性，因为党领导人民制定法律、遵守法律，维护法律权威，因此法律权威也就是党的权威的体现。

(三) 社会主义法治理念的基本特征

社会主义法治理念表现出鲜明的中国特色，它全方位、多层次地渗透在社会政治生活、经济生活、文化生活各领域。社会主义法治理念在其发展中呈现出全面性和针对性、整体性和层次性、阶段性和大局性的统一。

1. 全面性和针对性。法治理念是法治工作的指南。五大法治理念虽然涵盖了立法、执法、司法等主要方面，但不是全部法治理念。五大法治理念只有渗透到整个社会，并且随着经济、政治、文化的发展而不断调整，才能紧跟时代步伐，发挥其应有作用。比如有学者提出，把和谐发展理念纳入社会主义法治理念体系，实现依法而治到和谐法治的根本转型。[1] 提出社会主义法治理念教育，重在解决权从何来、为谁执法、如何执法等问题，具有明显的针对性。全面性和针对性是有机统一的，全面性能够促进法治精神在中国大地弘扬，针对性能够推进各种社会矛盾的妥善解决。

2. 整体性和层次性。整体性是说，五大法治理念是一个相互支撑、相互补充的整体，它们体现了我国国体、政体和法治实践的统一，体现了党的领导、人民主权和依法治国的统一。整体性要求我们用系统思维把握它们的关系，实现法治理念教育的综合治理效应。它们虽然是一个整体但却可以分为

---

[1] 张文显. 和谐精神的导入与中国法治的转型：从以法而治到良法善治 [J]. 吉林大学社会科学学报, 2010 (3)：5-14.

两个层次：党的领导、服务大局属于第一个层次；依法治国、执法为民、公平正义属于第二个层次。也有的学者认为，五大法治理念是最高层次，处于统领地位，在它之下还有立法理念、司法理念、执法理念等。[1] 层次性要求我们以社会主义五大法治理念为指导，探索与各自本职工作相关的具体法治理念。

3. 阶段性和大局性。社会主义初级阶段是我们推进法治建设的立足点，这一国情决定了社会主义法治理念发展的阶段性、渐进性，社会主义法治理念要服从大局，为社会主义初级阶段的各项事业提供法治保障。在社会主义初级阶段，我国城乡法治建设水平不高，公民法律意识淡薄，人们对公平正义的价值追求和实现方式有不同理解。传统礼治社会之下情大于法、权大于法的思想仍然存在，人治传统仍然残存，在由人治向法治的过渡中必然表现为阶段性。法治理念的大局性是由社会主义法律本质和法律功能以及现代化建设的现实需要决定的。法治理念要以保障经济政治文化发展的大局为重。法治理念的阶段性和大局性是统一的，阶段性要求我们循序渐进、稳步推进法治建设，大局性要求我们服从大局、服务人民。

（四）社会主义法治理念的时代内涵

党的十八大以来，习近平总书记非常注重依法治国，提出了法治中国建设的任务，法治的地位更加突出。在新时代，习近平总书记结合我国国情，阐发了社会主义法治理念的时代内涵，具体包括"党法统一、法治为民、德法合治等"[2] 内容。

1. 党法统一论。社会主义法治建设的一个核心问题就是党的领导和依法治国的关系问题，习近平法治思想的特色和优势就在于对这一问题进行了科学的阐释。他指出："党和法的关系是一个根本问题。"[3] 之所以它是根本问题，是因为这个问题的处理直接关系到党和国家的兴衰成败。那么，如何处

---

[1] 朱志峰. 中国特色社会主义法治理念发展论纲 [J]. 社会科学战线，2012（12）：197-199.
[2] 王建宇. 习近平新时代中国特色社会主义法治理念的科学内涵 [J]. 南京理工大学学报：社会科学版，2019（4）：38-43.
[3] 中共中央文献研究室. 习近平关于全面依法治国论述摘编 [M]. 北京：中央文献出版社，2015：33.

理党和法的关系呢？其一，党的领导"是社会主义法治最根本的保证"❶，是中国最大的政治国情，是社会主义法治的基本经验。党大还是法大的问题是一个"政治陷阱"和"伪命题"。❷ 其二，党的领导必然依靠社会主义法治。全面推进依法治国旨在"改善党的执政方式、提高党的执政能力"❸。

2. 法治为民论。中国共产党的根本宗旨是为人民服务。执政为民是中国共产党根本的执政理念。法治为民是执政为民在法治建设中的体现。习近平总书记坚持人民立场，站在新时代的历史高度，把满足人民对于民主法治、公平正义和安全环境的需要作为社会主义法治建设的价值追求和强大动力。以人民为中心是中国共产党依法治国的基本原则，是中国共产党的一贯立场。因此，"必须坚持法治建设为了人民、依靠人民、造福人民、保护人民"❹，坚持立法为民、执法为民、司法为民等。"为谁立法"的问题关系立法的性质、方向和效果，为此要恪守"立法为民理念"❺，力求立法反映人民意志，维护人民利益，得到人民拥护。法律管用不管用、能不能解决实际问题是人民对立法的期盼。我们要把人民群众是否满意作为衡量立法成败得失的重要标准。针对执法司法不严格、不规范等问题，要"严格执法责任"❻，强调司法要有公信力。

3. 德法合治论。习近平总书记指出，"必须坚持依法治国和以德治国相结合"❼。法治和德治是不可分割的。法治和德治两手抓是"中国特色社会主义法治道路的一个鲜明特点"❽。"法律是成文的道德，道德是内心的法律"❾，实现国家治理现代化必须法治和德治协同发力。法治建设有赖道德支持，道德实践依靠法律约束。道德对法治具有滋养、教化作用，为法治营造良好的

---

❶ 中共中央文献研究室. 习近平关于全面依法治国论述摘编 [M]. 北京：中央文献出版社，2015：33.

❷ 中共中央文献研究室. 习近平关于全面依法治国论述摘编 [M]. 北京：中央文献出版社，2015：34.

❸ 中共中央文献研究室. 习近平关于全面依法治国论述摘编 [M]. 北京：中央文献出版社，2015：35-36.

❹ 中共中央关于全面推进依法治国若干重大问题的决定 [M]. 北京：人民出版社，2014：6.

❺ 中共中央关于全面推进依法治国若干重大问题的决定 [M]. 北京：人民出版社，2014：8.

❻ 中共中央文献研究室. 习近平关于全面依法治国论述摘编 [M]. 北京：中央文献出版社，2015：61-62.

❼ 习近平. 习近平谈治国理政：第2卷 [M]. 北京：外文出版社，2017：133.

❽ 习近平. 习近平在中国政法大学考察时的讲话 [N]. 人民日报，2017-05-04（1）.

❾ 习近平. 习近平谈治国理政：第2卷 [M]. 北京：外文出版社，2017：133.

人文环境。法治对于德治具有保障作用。"以法治承载道德理念，道德才有可靠制度支撑。"❶ 可见，法治与德治是不可分割的两个方面。重要的法律必须刻在公民心里，法治理念教育只有入脑入心才能真正转化为公民的遵纪守法行为。好的法律要让公民真正遵循就要"转化为人们内心自觉"❷，转化为公民的认知认同，这样才能为依法治国创造良好的人文环境。道德体系与法治体系相协调、相促进，才能实现二者相互滋养的目的。道德是法律的基础，法律的道德基础越深厚，就越能够使更多人遵循法律。法律规范是由道德规范转化而来，合乎法律的必须先是合乎道德的。法律是对道德的强力保护，德法合治的内容和要求必须是二者相协调、相促进。道德建设能够为法治建设提供价值引导力、文化凝聚力和精神推动力。法律对道德具有保障作用，法治是德治的保障，道德领域的突出问题往往要借助法治解决，法治有助于整治失德行为。严格执法、文明执法能够弘扬真善美、打击假恶丑。

五、社会主义法治理念教育

社会主义法治理念是法治教育的核心内容，社会主义法治理念教育是以法治理想信念、习近平法治思想和法治职业道德为主要内容的法治教育活动。其一，社会主义法治理念教育是法治教育的核心。我国法治教育的发展经历了由"法制教育"向"法治教育"的转变过程。社会主义法治理念教育重在引领人民正确认识新时代的社会主义法治建设，它是法治国家建设的一项基础工程，有助于全体公民增强遵纪守法意识和牢固树立法治理念。其二，社会主义法治理念教育是以巩固马克思主义指导地位为核心的社会主义意识形态教育。加强社会主义法治理念教育有助于解决意识形态领域存在的问题，实现正本清源，巩固和发展社会主义法治意识形态领域的领导权，有助于统一法治工作队伍思想，坚定公民的马克思主义信仰。"社会主义法治理念是马克思主义法律思想中国化的最新成果"❸ 其三，社会主义法治理念教育是我们党思想政治教育的重要方面。社会主义法治理念教育赋予新时代我党思想

---

❶ 习近平. 习近平谈治国理政：第2卷 [M]. 北京：外文出版社，2017：134.
❷ 习近平. 习近平谈治国理政：第2卷 [M]. 北京：外文出版社，2017：117.
❸ 邢冰. 马克思主义法律思想中国化的新发展：社会主义法治理念的产生背景与内涵探究 [J]. 中国市场，2009（5）：44-46.

政治教育工作以新的内容和新的任务，对于深入贯彻党的方针政策具有重要的推动作用。法治理念教育与党的思想政治教育具有关联性和渗透性、统一性和差异性，深入开展社会主义法治理念教育有助于加强和改进党的思想政治教育工作。

（一）社会主义法治理念教育是社会主义法治教育的核心

依法治国是社会主义法治的核心，是我们党治国理政的基本方略。法治教育是社会主义法治国家建设的先导。社会主义法治教育的根本旨趣就是培育全体公民的法治理念。党的十八届四中全会把法治教育纳入国民教育体系，重点培养青少年的法律意识，把学法用法守法变成青少年的共同追求和自觉行动。法治理念教育抓住了法治教育的"牛鼻子"。在过去的很长时间里，我国的法治教育一直是作为思想政治教育的有机构成而存在的。在教育策略方面，突出法治教育与思想政治教育的融合。在高校思想政治理论课"05方案"中，其中一门就是"思想道德修养与法律基础"，这是法治教育与思想政治教育融合的具体体现。然而，随着商品消费意识形态的弥散和大众文化的蔓延，大众的关注重心开始从主流意识形态转向日常生活。因此，法治教育也出现了与意识形态教育疏离的趋势，即倡导公民教育，把法治教育纳入公民教育范畴。在公民教育中，道德教育与法治教育并重，道德教育的任务在于培育公民必备的道德素质，法治教育的使命在于培育公民的政治参与意识和能力。

1. 我国法治教育的发展经历了由"法制教育"向"法治教育"的转变过程。1979年，王礼明等在《学习与探索》杂志发表了《法制与法治》，对两个概念进行了区分。一般而言，"法制教育"侧重于"法律基本常识和基础理念知识"的传播；"法治教育"侧重于法治文化和法治精神的灌输与传播。1987年，《法律基础》被列为高校公共必修课。1995年，国家教育委员会颁布的《关于高校马克思主义理论课和思想品德教学改革的若干意见》提出，高校"两课"教学的根本目标和主要内容是"进行法治教育，增强学生的法治观念和法律意识"。1998年，中央政治局专题讨论决定的"两课"课程设置方案中，进一步明确了大学生开设"法律基础"课程。2005年，高校思想政治理论课方案中，改为开设"思想道德修养与法律基础"课程。这类课程以法律知识传授为主，应当属于"法制教育"范畴。2006年，我国提出社会主义法治理念教育，这标志着"法制教育"转向"法治教育"。那么，社会主义"法治教育"与法治理念教育是什么关系呢？法治教育"包含着法治理念教育"，除了法治理念养成，还包括法治知识的掌握与践行。❶ 法治理念教育是法治教育的核心和重点，法治教育侧重法律知识的普及，法治理念教育更侧重法治的意识形态教育。

2. 社会主义法治理念教育重在引领人民正确认识新时代的社会主义法治建设，形成对法治国家、法治政府、法治社会建设的认知和认同。法制不等于法治。我们党对于法治的认知和理解经历了一个漫长的过程。我们党历来重视依法治国，但对于什么是依法治国以及如何依法治国的认识却经历了复杂的过程。中华人民共和国成立初期，我们党在加强法治建设基础上，"初步奠定了社会主义法治的基础"。❷ 改革开放以来，我们党更是高度重视依法治国，重点厘清了法治和人治的关系、党和法的关系、党和政的关系等问题。遵循法治方针、反对人治原则是社会主义法治建设的方向。结合中国实际，坚持党的领导、人民当家作主和依法治国的统一，我们探索出了一条中国特色社会主义法治道路。新时代推进社会主义法治理念教育必须置于全面依法治国的高度来认识。全面推进依法治国的"全面"包括中国特色社会主义事业的方方面面。全面推进依法治国要求全面深入地开展和实施社会主义法治理念教育。在立法、执法、司法和守法的每一个领域都离不开全面深入的社会主义法治理念教育。比如，严格执法，若没有全面深入的社会主义法治理念教育，行政机关和执法机关便难以做到文明、准确和严格执法，人们通常所说的"教科书式的执法"，其实就是对严格执法的肯定。又比如，全民守法，更是与社会主义法治理念教育的实施紧密相关。全民守法的前提是全民知法。全民知法解决了公民应该做什么、不应该做什么的问题。全民守法不仅意味着全民享受法律规定的权利，同时也意味着全民要遵守法律规定的义务。

（二）社会主义法治理念教育本质是社会主义意识形态教育

社会主义法治理念教育是我国社会主义意识形态建设的重要组成部分，

---

❶ 姚建龙. 大学生法治教育论［M］. 北京：中国政法大学出版社，2016：5.
❷ 中共中央文献研究室. 习近平关于全面依法治国论述摘编［M］. 北京：中央文献出版社，2015：8.

不仅关系着社会主义国家的长治久安，而且关系着中华民族的伟大复兴。意识形态关乎旗帜、关乎道路、关乎国家政治安全，社会主义意识形态教育是一项极端重要的工作。判断意识形态工作效果的标尺是看社会主义意识形态能否赢得最广大人民群众的认同。面对多元的思想、多样的人群和多变的情况，新时代社会主义意识形态教育显得十分必要和迫切。为此，必须"加强社会主义和共产主义理想信念教育，锻造信仰认同"，必须"阐明马克思主义的真理性与科学性，增强理论认同"，必须"培育社会主义核心价值观的'最大公约数'，汇聚价值认同"。❶ 法治理念教育的本质是社会主义意识形态教育。一方面，法治理念教育要落脚于增强全社会对于社会主义意识形态的认知认同，形成强大的政治共识；另一方面，法治理念教育要落脚于巩固和发展社会主义意识形态的领导权、管理权和话语权，巩固马克思主义指导地位。把握法治理念教育的社会主义意识形态教育属性才能从政治高度把工作做深做细。

1. 社会主义法治理念教育旨在增强领导干部、法治队伍和全体公民对社会主义意识形态的认知认同。"社会主义法治理念……属于意识形态范畴。"❷ 这种意识形态特征决定着我国开展社会主义法治理念教育的策略和方法。社会主义法治理念教育是社会主义法治建设的重要内容。法治在意识形态管理中有着极为重要的作用。比如，宪法和法律的严格实施，能够保障我国社会主义意识形态的政治方向和制度依存；不得违反国家的法律法规、不得侵害公民合法权利和自由等是社会主义意识形态管理的底线；一系列法规性文件的制定和实施有利于社会主义意识形态的思想建设、平台建设和队伍建设等；通过各种宣传渠道和教育平台的规范化管理可以推动社会主义意识形态沿着健康的方向发展。开展法治理念教育，坚持党对法治工作的领导，有利于法治队伍忠于党、忠于国家、忠于人民、忠于法律。社会主义法治理念是由我国人民当家作主的本质决定的。依法治国是社会主义法治理念的核心。加强法治理念教育旨在巩固人民群众主体地位意识、加强党对依法治国的领导以及坚持马克思主义的指导地位。

2. 社会主义法治理念教育旨在巩固社会主义意识形态领导权。改革开放

---

❶ 钟君. 增强对社会主义意识形态的六大认同 [J]. 红旗文稿, 2015 (15): 9-12.
❷ 罗干. 深入开展社会主义法治理念教育 切实加强政法队伍思想政治建设 [J]. 求是, 2006 (12): 3-10.

以来，我国与国外法治思想和法律制度的接触逐渐增多。一方面，在社会主义法制体系建设中，我们借鉴了西方资本主义国家法治建设的有益成果，推动了我国法治建设的进程。另一方面，西方资本主义法治也给我们带来了消极影响，主要表现为：一些人简单套用西方资本主义国家的"法律术语"，造成执法思想的混乱；一些人脱离中国社会主义法治实际，打着依法治国的幌子企图否定党的领导和社会主义制度；一些人利用个案炒作企图制造混乱。同时，在社会主义法治建设领域，"左"倾思想和封建思想残余仍然存在。比如，有的人特权思想严重，人权意识和群众观念淡薄；有的人对新情况、新问题研究不够，创新意识不强。这些问题的存在，对社会主义法治理念教育提出了新的更高的要求。加强法治理念教育就是要针对意识形态领域存在的问题，用正确的法治理念统一法治工作队伍思想，实现正本清源。

(三) 社会主义法治理念教育是我们党思想政治教育的重要方面

社会主义法治理念教育是以社会主义法治理念为教育内容的思想政治教育，加强和改进新时代思想政治教育工作必须抓住抓牢社会主义法治理念教育。法治理念教育与思想政治教育在教化公民的过程中是相辅相成的。其一，法治理念教育与我们党的思想政治教育具有关联性和渗透性。其二，法治理念教育与我们党的思想政治教育具有统一性和差异性。

1. 法治理念教育与我们党的思想政治教育的关联性和渗透性。首先，法治理念教育和我们党的思想政治教育是密切关联的。一方面，思想政治教育是法治理念教育的前提。思想政治教育属于意识形态工作，重点解决社会主体意识形态方面的问题。思想政治教育的目的是传播和培育社会主义主流意识形态，从而推动个体实现政治社会化。法治理念是社会主体思想意识的重要组成部分，它往往为行为主体提供直接的行为规范，而思想政治教育为法治理念教育提供内在价值尺度。通过有效的思想政治教育能够帮助人们形成对社会主义法律的认同，从而为接受社会主义法治理念奠定基础。另一方面，法治理念教育是我们党思想政治教育的重要内容。为了使公民真正成为社会主义意识形态的承载者和维护者，必须提高公民对法治理念的认知水平。其次，法治理念教育与思想政治教育是相互渗透的。在法治理念教育中渗透着思想政治教育的内容和价值。比如，坚持社会主义法治目标既包含法治理念教育的要求，又包含坚持党的领导、坚持马克思主义指导地位、坚持社会主义道路等要求。我们进行法治理念教育必须坚持党的领导、坚持以人民为中心、坚持全面依法治国，这些本身也是思想政治教育的内容和要求。在法治理念教育中也包含着向公民渗透世界观、人生观、价值观等方面的思想政治教育内容。法治理念教育的关键就是要让社会主义法治理念在公民价值观念中发育成熟，从而自觉接受社会主义法治理念的引导，并且自觉地恪守法律规范、弘扬法治精神。

2. 法治理念教育与我们党的思想政治教育的统一性和差异性。首先，社会主义法治理念教育与我们党的思想政治教育具有统一性。我们党的思想政治教育在教育体系中有着突出重要的地位和作用。从教育内容看，社会主义法治理念教育与思想政治教育的内容具有相融性、任务具有一致性。民主法治、公平正义等便是法治理念教育和思想政治教育的共同内容。提倡和弘扬社会主义核心价值观是思想政治教育的内容之一，其中的权利意识、义务意识、责任意识、民主意识、法治意识等同样是法治理念教育的内容。从教育目的看，"遵守法律就是遵守最低限度的道德"[1]，道德教育重在内律，法律教育重在外律。道德是法律的理想，为法律提供心理基础和评价标准。服从法律本身就是遵守道德规范。道德正义超越法律正义，道德源于人类的自觉良知。思想政治教育重在引导人们成为时代新人，有纪律意味着对道德规律和法律规范的自觉遵守。从教育理念和方式看，思想政治教育通常以课程教学为主渠道，实践育人相对薄弱。法治理念教育可以为实践育人提供多种多样的形式，如增加专门的普法宣传教育、组织模拟法庭训练、法院现场观摩审判等。其次，社会主义法治理念教育与我们党的思想政治教育具有差别性。法治理念教育具有法律专业性，与思想观念、政治意识和道德品质教育是有区别的，是一种特殊的思想政治教育，认识到这一点可以防止"法律虚无主义"的错误认识和做法。同时，又要看到它与思想观念、政治意识和道德品质教育的密切关系，实现二者的有机结合。

---

[1] 彭君. 论法治教育与思想政治教育的统一性 [J]. 广西师范学院学报：哲学社会科学版，2014（1）：111-115.

第二节 社会主义法治理念教育的目标要求

法治理念教育是思想政治教育的一部分。全体公民都是法治理念教育的对象。法治理念教育不仅重在培育现代公民法律意识,"发挥对法治建设的指导性作用"[1],还重在入脑入心并且转化为公民的法治行为。法治精神是现代法治公民的灵魂,法律素质是现代法治公民的骨骼。法治理念教育的目标要落脚于公民法治素质和法律人格的培育。同时,帮助执法主体和司法主体自觉践行社会主义法治理念、弘扬法治精神。20 世纪 80 年代以来,我国持续开展了全民普法教育,全民普法教育是全面推进依法治国的基础工程。新时代社会主义法治理念教育的目标要求概括为三点:其一,提高公民的法治素养。培养合格公民必须培育公民的法律意识和法治理念,培养合格公民必须培育公民的法治信仰和法治精神,培养合格公民必须培育公民的法律思维和法律素养。其二,培育公民的法律人格。具体包括培育现代公民法律的认知、情感、意志。其三,造就法治理念的践行者。通过社会主义法治理念教育把公民造就成为社会主义法治的维护者,把公民培养成为社会主义法治理念的宣传者,把公民造就成为社会主义法治国家建设的促进者。

一、提高公民的社会主义法治素养

法治理念是我们党提出的治国理政新理念,是"马克思主义法律思想中国化的最新成果"[2]。法治理念教育重在提高公民法律素质和法治意识,它要求教育对象真心接受和践行社会主义法治理念。习近平总书记指出,要大力"提高全民族的法治素养和道德素质"[3]。法治素质和道德素质虽然相并列,但在这里,法治素质相对于道德素质却具有逻辑在先的意蕴。由此,也说明了对提高法治素质的高度重视。为了提高公民的法治意识和法治素养,必须

---

[1] 周叶中,韩轶. 论社会主义法治理念对公民的基本要求 [J]. 江汉大学学报:社会科学版,2009 (1):43-49.

[2] 邢冰. 马克思主义法律思想中国化的新发展:社会主义法治理念的产生背景与内涵探究 [J]. 中国市场,2009 (5):44-46.

[3] 习近平. 决胜全面建成小康社会 夺取新时代中国特色社会主义伟大胜利:在中国共产党第十九次全国代表大会上的报告 [J]. 党建,2017 (11):15-34.

"要在针对性和实效性上下功夫"。❶ 法治素养体现在公民知守、守法和敬法等方面。全民知法是全民守法的前提和基础,实现全民知法必须加强社会主义法治理念教育,它能够提高中国公民的整体法治素养。习近平总书记提出的"把民法典纳入国民教育体系"将有利于全面提升公民法治素养。当然,提高全体公民的社会主义法治素养,不仅需要党员领导干部发挥"关键少数"的带头示范作用,还需要一支强有力的法治工作队伍。法治理念教育能够为建设法治中国提供坚实的思想基础和广泛的群众基础。加强法治理念教育是培育合格公民的需要。合格公民必须具备法律意识和法治理念,必须具备法治信仰和法治精神,必须具备法律思维和法律素养。

（一）合格公民必须具备法律意识和法治理念

公民是法治实践和法治运行的主体。培育公民的法律意识和法治理念,就要把法治思想内化为公民内在的精神追求。公民的法律素质直接决定着社会主义法治理念的形成发展以及法治国家建设的成效。培育公民的法律意识和法治理念最终要落脚于对法治实践活动的指导,使公民真正成为遵纪守法的主体。

1. 培育公民的法律意识。法律意识是实施依法治国的心理基础和主观价值认同,它在社会主义法治建设中具有"法制构建功能、法制运行功能、文化建设功能、社会和谐功能"❷。公民的法律意识是法治社会建设的思想心理基础。法律意识是人们对法律现象的主观反映,它包括法律心理和法律思想两个阶段。其中,公民法律心理是立法动机的源泉;公民法律思想是法律良性运行的思想保证。公民的法律意识是公民守法的重要保证,也是完善社会主义法制的主要动力。公民的法律意识是对法律最直接、最全面、最真实、最迫切的反映,它能够促使立法机关及时进行法律的废、改、立。"培育公民法律意识是法制现代化建设的关键"。❸ 法治理念教育能够培育公民的法律制度认知水平。法律意识是公民对法律现象的主观把握。增强公民法律意识可以实现法律理想与法律现实的统一,从而强化公民知法、守法的自觉性。法

---

❶ 习近平. 论坚持全面依法治国 [M]. 北京：中央文献出版社, 2020：4.
❷ 杨燕. 依法治国方略背景下法律意识的功能论析 [J]. 学校党建与思想教育, 2017 (9)：91-94.
❸ 田宏伟. 论公民法律意识的培养与法制现代化建设 [J]. 前沿, 2009 (12)：58-60.

律意识教育旨在通过一定的教育方式使公民接受法治观念并用以指导自己的行动。法律意识的教育目标是确立法制观念、培育法治精神，教育内容包括"法学基础理论和现行主要法律"❶。我们党历来重视法律意识的培养。党的十三大提出，要大力提高公民法律意识。党的十四大报告提出，要不断增强干部群众的法制观念。党的十五大提出，要不断增强全民的法律意识。党的十六大提出，要大力提高全民法律素质。党的十七大提出，大力弘扬法治精神。提高公民法律意识，既需要加强法治教育，又要加大打击各种犯罪的力度，因为惩治违法犯罪行为也是一种法律意识教育。提高法律意识就是要让公民明确什么是合法、什么是违法，什么事可以做、什么事不可以做。

2. 培育公民的法治理念。法治理念是一个综合性概念，包括对历史和现实之法律规范、实施、建设的认知评价。公民内心只有具备了成熟的法治理念，才能在实际行动中具体践行法治理念。法治理念是合格公民的基本要求。坚持法治国家、法治政府和法治社会的一体化建设必须着力树立公民的法治理念。法治理念是我国法治建设的经验总结，是全体公民法治理念创新的成果。法治理念是由公民创造的，又用于指导公民的法治实践。公民的法治理念是提高社会主义法治建设水平的决定性要素，是规范国家公共权力的时代需要。社会主义法治理念具有鲜明的时代性，同时又代表着人类法治文明的方向。法治理念是价值选择与社会现实的高度统一，是理想追求与现实应对的有机结合。培育合格公民必须注重法治理念教育。合格公民是具备自觉法律意识的公民。公民是法治建设的主体，理应自觉参与法治建设，充分发挥能动性和主体性。公民依法享有国家权利是法治国家建设的根本目的。法律规范、法律制度是法治国家建设的"硬件"，公民的法治理念是法治国家建设的"软件"。社会主义法治理念具有科学性和先进性。深入持久的法治理念教育，有助于公民形成法律意识，为公民提供法治社会中的行为指南。法治理念是公民正确认识和行使监督权的根据，只有加强对权力运行的监督才能保障人民当家作主的权利。培育法治理念是党政机关执政为民的要务。党政机关公职人员的角色定位、行为方式直接影响着公民的法治理念培育。如果党政机关的公职人员知法犯法、以权代法，"必然导致人们由信仰法律转至对法

---

❶ 杨莉. 关于公民法律意识教育 [J]. 理论探索, 2008 (5): 151-152.

律乃至整个法治的否定性评价"。❶ 培育公民的社会主义法治理念就必须"确保公民知情权的实现",❷ 充分发挥广大人民群众对于党政机关的监督作用。

(二) 合格公民必须具备法治信仰和法治精神

中华人民共和国成立以来,历届国家领导人都非常重视法治建设。全面推进依法治国必须培育公民的法治信仰、弘扬法治精神,实现"法治中国"建设的理想,需要法治精神、法治信仰支撑,培育公民的法治精神和法治信仰离不开法治理念教育。公民法治信仰的直接表现就是学法尊法守法用法。公民的学法尊法守法用法往往是密切联系在一切的。在学法尊法守法用法之中,学法是前提环节。社会主义法治理念教育是帮助公民学法的直接方式,是培育法治信仰的基础性工作。法治信仰的基本内涵包括对法治的"认同""信赖""敬重""奉行"。❸ 法治精神是公民对于法律至上、公平正义等法治价值的把握。法治精神体现了社会主义本质特征和价值追求的统一,是公民参与法治建设的价值指南。法治精神是我国社会公民的政治信仰,构建和完善社会主义法治文化必须要培育和弘扬社会主义法治精神。只有让法治精神深入民心才能真正实现法治取代人治的目标,从而建成现代法治国家。

1. 培育公民的法治信仰。法治信仰是法治社会建设的精神动力。通过自上而下的法治理念教育,普及法治知识,培育法治习惯,可以为公民法治信仰的形成奠定基础。为了培育法治信仰,必须树立法治权威。科学立法是培育法治信仰的首要环节。高质量高水平的立法必然反映人民群众的需要,因而能够得到人民群众的拥护。严格执法是培育法治信仰最关键的环节。公民往往是从执法过程中确认法律价值的,如果有法不依、执法不严,公民就会丧失对法律的信任。

法治信仰源于公民对于法治理念的追求,公民应当尊崇宪法,我国宪法在国家和社会管理中具有至高无上的地位和作用。宪法是国家法律体系的根基,公民对法治社会的美好追求必须以宪法信仰为前提。公民应当尊重法律权威,法律权威是对个人专制的排除。法治的要义在于服从法律的治理。法

---

❶ 钟明霞,范进学. 试论法律信仰的若干问题 [J]. 中国法学,1998 (2):28-38.
❷ 钟和艳,邢秋华. 政府在培育公民法治理念中的作用 [J]. 社会主义研究,2004 (5):99-100.
❸ 魏长领,宋随军. 全面从严治党与法治信仰的培育:学习党的十八届六中全会精神 [J]. 郑州大学学报:哲学社会科学版,2017 (1):33-37.

律是正义的载体,正义是法律的土壤。公民自觉守法是具有法律信仰的结果和表现。党的十八大明确把法治作为治国理政的基本方式。习近平总书记提出了"法治中国"建设命题。"法治中国"建设的愿景是政治清明、社会公平、民心稳定、国家长治久安。为此,必须通过法治理念教育方式培育全体公民的法治信仰。通过普法宣传,为公民提供法律基础知识,通过政法机关工作人员的模范执法、司法和守法活动,为公民依赖法治提供示范动力。法治信仰是公民推动法治建设的精神支柱。培育公民法治信仰,引导公民自觉弘扬法治精神并且把法治精神提升为民族精神,是国家长治久安和社会安全稳定的重要手段。

2. 法治精神是公民对于法律至上、公平正义等法治价值的把握。由各种规范制度罗列的法治是无法获得公民广泛认同的。法治精神体现了社会主义本质特征和价值追求的统一,是公民参与法治建设的价值指南,它以公民的法治认知为前提。国家性质决定着法律的性质和法治的模式。培育法治精神以认识法治本质为前提。人民当家作主是社会主义法治的本质,坚持党的领导是弘扬法治精神的必然要求。培育法治精神必须通过深入细致的法治理念教育才能达成。法治精神是我国社会公民的政治信仰,构建和完善社会主义法治文化必须要培育和弘扬社会主义法治精神。只有真正让法治精神深入民心才能最终实现法治取代人治的目标,从而建成现代法治国家。现代法治以具备完备的法律制度体系为前提,而在司法实践中,法律能否得以公正严格的执行取决于法治精神是否已经深入人心。法治的神圣原则是"以事实为根据,以法律为准绳",它表明,实事求是的科学精神是"法治精神的灵魂"。[1] 如果司法机关大搞逼、供、信,那么必然会制造大量的冤假错案,公民就会失去对法治的信任。因此,法治建设应以培育公民法治理念为前提。一方面,公民具备了法治理念便能够按照法治要求表达利益诉求。尊重和保障人权是我国宪法的基本原则,但是,人权的真正实现和保障还需要公民法律意识的觉醒,以及拥有为权利而奋争的精神和勇气。另一方面,公民应当具有理性的认知能力。作为社会主义法治主体的公民应当崇尚理性,兼具自律和他律的双重要求,自觉把法律作为解决利益冲突、调整利益关系、规范行为模式的主要手段。弘扬社会主义法治精神的关键是公民对法治的普遍尊崇和认同。

---

[1] 宋惠昌. 法治精神:现代社会的政治信仰 [J]. 理论视野, 2017 (5): 61-79.

依法治国的核心是依宪治国，建设宪政国家。坚持依法治国最重要的是维护以宪法为核心的法制统一和尊严。

（三）合格公民必须具备法律思维和法律素养

法律素质是一个人综合素质的组成部分。公民的法律素质主要是指公民应当具有的法律基础知识、运用法律保护自己与他人合法权益的能力、维护法律尊严和依法办事的观念以及对自己的行为选择和行为约束。提高公民的社会主义法治素质，最为关键的是培育公民的法律思维和法律素养等。建设社会主义法治国家对公民的法律素质提出了更高的要求，具体来说，要通过开展社会主义法治理念教育，重点培养公民法律思维和法律素养。法律思维是指人们遇到问题或纠纷时，坚持在法治框架内解决问题，分清法律关系，按照法律规定妥善解决问题、化解纠纷。法律思维方式的特点在于处理法律相关问题时，要坚持以法律为准绳，把是否合法作为办事的最主要的依据；坚持以证据为根据，坚持合法性优先，坚持从法律程序出发。法律思维方式是公民必备的思维方式。培育公民的法律思维方式是建设法治国家的前提条件。公民的法律素养不仅包含学法、守法、用法等公民法律素养的内容，还包含对立法、执法、司法的监督，以及参与立法活动和对行政执法的建言献策。公民法律素养着眼对公共权力的监督和防范，"采取动态思维认识法律"。[1] 公民法律素养强调公民主动参与立法、执法过程，强调公民对权力的警惕以及对公共权力的自觉控制，强调对于宪法和法律的认同并且自觉接受广泛的法律规范体系的约束。

1. 培育公民的法律思维。建设法治国家必须着力培养公民的法律思维方式。法律思维是公民基于法律认识而把握社会的方法论，是运用法律规范思考社会问题的方式，是从法律角度、运用法律方式解决问题的方式，是公民必要的思维方式。培育公民的法律思维是社会主义法治理念教育的任务之一。公民依法思维和依法行为可以提升运用法律的能力。法律思维的形成是公民知法、守法和用法的过程。公民懂得法律规则就可以避免盲目行为，确保行为合法，遇到纠纷能够通过法律渠道解决。法治是一种思维方式，各级领导

---

[1] 李昌祖，赵玉林. 公民法治素养概念、评估指标体系及特点分析 [J]. 浙江工业大学学报：社会科学版，2015（3）：297-302.

干部实现从人治思维向法治思维的转变，有利于提升公民的法律思维水平。培育公民法律思维要以深厚法律知识素养为基础，没有一定的法律知识和法治精神便难以形成法律思维方式。培育法律思维需要掌握法律方法，包括法律解释、法律推理、事实认定方法等，同时，要结合法律实践来培育公民的法律思维方式。法律规范是社会最基本的行为规范，是维系社会秩序的基本手段。公民掌握法律思维方式、形成法律思维习惯有助于破解许多与法律相关的社会问题。法律思维方式不仅是政法机关工作人员需要具备的素质，还是每一个公民都应当具备的素质。在法治中国建设中，养成法律思维方式是对每个公民的基本素质要求。公民要具备法律思维，需要满足四点要求，即"讲法律""讲证据""讲程序""讲法理"。❶ 那么，如何培养公民的法律思维方式呢？应当从知与行两个方面共同发力。"法律知识宣传教育"和"法律实践活动"❷是培养公民法律思维的两种基本方式。

2. 培育公民的法律素养。法律素养是一个内涵十分丰富的概念，它是通过一个人所掌握、运用法律知识的技能及其法律意识表现出来的。只有公民的法律素养提高了，才能形成人们不愿违法、不能违法和不敢违法的良好法治氛围。通过法治理念教育，可以把法律制度和规则内化为公民的自律原则，形成公民的法律意识和法治人格，从而提高其法律素养。当前，我国仍有很多公民的法律素养没有达到社会发展所需要的水平，其结果是法律得不到很好的遵守，背离法治精神的行为屡见不鲜。在全社会广泛开展社会主义法治理念教育，就是要不断提升公民的法律素养。法律素养是将法律要求内化为自我要求的过程，是由他律到自律的过程。守法、护法是公民健全人格的表现，这需要社会塑造和自我修养的双重努力。提高公民法律素养的重点有以下三点：一是加强对法律知识的学习，提高法律认知能力。法律认知能力是对法律知识的理解能力，是对法律在意识形态中的地位作用的认识能力，是对法律知识的运用能力。二是增强依法维护自身和公共合法权益的意识。公民要保护自身利益就要有强烈的法律意识。三是提高运用法律知识依法办事的能力，包括依法工作、学习和生活的能力。要坚持在守法的前提下，把事情办得合法、高效和圆满。

---

❶ 罗国杰，夏伟东. 思想道德修养与法律基础 [M]. 北京：高等教育出版社，2006：139-140.
❷ 孙绪兵. 试论公民法律思维方式的培养 [J]. 社科纵横，2018（3）：34-37.

二、培育公民的社会主义法律人格

公民的法律人格是其良好品格的核心内容,是与公民的法律生活紧密关联的基本品格,如自律、自主、理性等。法律人格是"现代人格的灵魂"[1]。法律人格的本质是公民的法权人格。法权人格是权利义务关系在人们心中的确立和生根,是现代人自我确证的根本标准,是现代法治之本。一个合格的现代法律人应当具有法权人格。培养公民的社会主义法律人格是全面推进依法治国的必然要求。中国正处于由传统的人治社会向法治社会转型的过程中,时代呼唤着公民法律人格的培育。实现中国特色社会主义现代化需要培养和塑造具有现代人格素质结构的公民。培育公民的社会主义法律人格是破解中国社会人格冲突的现实需求,是进一步加强社会主义法治教育的必然选择。培育法律人格应当从公民的法律认知、法律情感和法律意志三个方面入手:一是培育公民的社会主义法律认知。培育法律认知必须夯实马克思主义法治理论基础,充分运用中国传统法律思想的历史资源,大胆借鉴西方资本主义国家法治思想的有益成分。二是培育公民的社会主义法律情感。培育公民的社会主义法律依赖感要重视知法教育,培育公民的社会主义法律幸福感要重视维权领悟,培育公民的社会主义法律神圣感要重视守法体认。三是培育公民的社会主义法律意志。在社会主义法治实践中培育良好的法律态度重在妥善处理相信与怀疑、希望与失望、情感与理智的关系。

(一) 培育公民的社会主义法律认知

在法治社会,法律是统一的,但公民对于法律的认知是多种多样的。这种法律认知不仅存在着民族差别,还存在着地域差别;不仅存在着年龄差别,还存在着职业差别。法律认知是指公民对法律的态度、观念和评价。公民对社会主义法治的认知能力和认知程度与他们的知识体系、知识层次密切关联。培育公民法律认知重在强化法律意识,公民对法律的认知能力和认知程度直接影响着法律的实施效果。法律的作用就是要为公民提供一种行为准则和行为规范。如果法律提供的行为准则和行为规范不被人们了解和认知,再好的

---

[1] 王子龙. 论法律人格在我国现代人格的塑造和教育中的重要性 [J]. 国家教育行政学院学报, 2014 (5): 53—56.

法律也无法变成人们的行为。因此，对法律的科学认知是培育社会主义法律人格的前提。无知无以立德，无知无以明识，无知无以广才，法律认知是培育法律人格的基础。人们对于法律的认知是一个从感性认识到理性认识的飞跃过程。马克思主义经典作家有着丰富的法治思想，中国传统的法治和德治思想也非常丰厚。社会主义法治理念继承了马克思主义法治思想，总结了社会主义法治建设的经验。公民法律认知达到"知其然"和"知其所以然"的程度，公民才能真正自觉和坚定地践行社会主义法治理念。

1. 培育社会主义法治理念必须夯实马克思主义法治理论基础。马克思指出："法的关系……根源于物质的生活关系。"❶ 法治随着物质生活条件的发展而发展。马克思主义是全面推进依法治国的指导思想。法治基于经济基础，服务于经济基础。唯物史观真正揭示了法治的本质，使我们认清了社会主义法治和资本主义法治的本质区别。开展法治理念教育必须始终坚持马克思主义的指导地位，帮助全体公民认清社会主义法治的本质和职能，坚决反对资产阶级法治思想。习近平法治思想是新时代开展法治理念教育的重点内容，是"马克思主义法治理论中国化最新成果"。❷ 夯实公民的马克思主义法治理论基础就必须大力加强习近平法治思想教育。2021年，《习近平法治思想学习纲要》由中宣部、中央依法治国办组织编写出版，它为我们开展法治理念教育提供了重要的文献资料。

2. 培育法治理念必须充分运用中国传统法律思想的历史资源。中国传统法律思想的制度载体已经消亡，但其沉淀在现代法治思想体系中的思想观念却长期存在，尤其是以民为本、以法治国、公正执法和礼法并用等思想已经成为中华优秀传统文化的重要组成部分，并且深刻影响着当代人们的法律生活和思想方式。培育社会主义法治理念必须注重对中华本土法律文化资源的继承发展。一方面，中国传统法律思想蕴藏可资借鉴的法治资源。例如，"法尚公平""法不阿贵""恭行天理，执法原情""慎刑恤罚"，等等；另一方面，中国几千年封建社会是以封建皇权和等级特权为基础的，缺乏权力制约、保障自由和平等的价值诉求，重人治、轻法治，重专制、轻民主等，这些对于今天的社会主义法治建设仍然有一定的影响。因此，对中国传统的法治思

---

❶ 马克思恩格斯文集：第2卷 [M]. 北京：人民出版社，2009：591.
❷ 宋玲. 持续提升公民法治素养 [J]. 红旗文稿，2021 (20)：22-24.

想应当批判地吸收，在扬弃的基础上继承其有益成分。

3. 培育社会主义法治理念应当大胆借鉴西方资本主义国家法治思想的有益成分。西方法治思想起源于亚里士多德的法治理论，发端于资产阶级启蒙运动，在资产阶级革命取得胜利和资产阶级获得政治统治的时代得以确立和完善，经过几百年的发展，形成了完备的资本主义法治理论体系。应当说，资本主义法治对于巩固发展资本主义制度、反对封建专制势力、促进人类法治文明的发展等，作出了一定的历史贡献。其中，公平正义、权力制约、法权平等、权力监督、法律至上等思想为社会主义法治理念提供了有益的借鉴，但也应当看到资本主义法治的阶级本质。因此，在社会主义法治理念培育中要充分考虑中国的国情、世情、社情、民情，引导人们认清社会主义法治和资本主义法治的本质差别。

（二）培育公民的社会主义法律情感

法律情感是公民对法律现象的主观心理态度或心理反应。正向的、良性的法律情感有助于社会主义法律人格的培育，反向的、恶性的法律情感不利于社会主义法律人格的培育。建立公民的法治信仰应当从培育公民的法律情感入手。公民的法治信仰是对法律现象心悦诚服的认同和依归，是对公正执法、依法办事的坚信不移。大力培育公民的社会主义法律情感是全面推动依法治国的重要任务之一。在现实生活中，仍然存在公民崇信权力、淡漠法律的现象，为此必须加快法治国家建设步伐，构建以宪法为核心的社会主义法律体系。只有当法律真正体现人民意志、保护人民利益的时候，人民群众才不会回避法律、淡漠法律。全面推进依法治国必须坚持以人民为中心，也就是要保护好人民的权利和利益，这样人民群众才会真正拥护社会主义法治建设。那么，如何培育公民的社会主义法律情感呢？培育公民的社会主义法律依赖感要重视知法教育，培育公民的社会主义法律幸福感要重视维权领悟，培育公民的社会主义法律神圣感要重视守法体认。

1. 培育公民的社会主义法律依赖感要重视知法教育。不仅专业法律人员，每个公民的法律态度也都会对法治力量和法治发展产生重要影响。知法是公民信法、守法、服法的前提。恩格斯指出，对于资产阶级的法治而言，本质是"隐秘的阴险的谋杀"，"工人并不尊重法律，而只是在无力改变它的时候才屈服于它。"❶ 社会主义法治的本质是人民当家作主,人民是国家权力的来源,我国的国体是人民民主专政,人民性是社会主义法治的根本属性。人民民主专政为人民群众依赖法治奠定了坚实的基础。认识和情感有着密切关联,认识的层次往往决定情感能力。知法是法律认识,是主体达到对法治的稳定的知识结构,它能够强化主体的法治情感。知法并不局限于了解法律的内容,更重要的是把握法律的制定、性质和作用。公民广泛参与是法治建设的重要条件,公民有序参与立法和执法过程本身也是一个知法过程和增进法治情感的过程。

2. 培育公民的社会主义法律幸福感要重视维权领悟。社会主义法治内蕴着幸福感,宪法法律对于人民权利的维护和保障是公民获得幸福生活的基础。幸福感既包括主体的主观感受和认知,又指向导致这种感受认识的客观状况。幸福感是一种普遍的价值理想。幸福的内涵和外延是历史变化的,满足幸福感的方式也是历史变化的。幸福感终究是人的情感,不能脱离现实的个人而存在,幸福感的本质就是对象符合人内在尺度的状态。人的本质是社会关系的总和,对人的幸福感的把握也必须置于一定的社会关系之中,幸福感归根结底受社会的经济基础制约。随着社会的发展,依法治国已经成为我们的治国方略和整个社会的主导方向,人们在社会主义法治的良好秩序下,行使权利、履行义务,享受劳动果实、体验幸福情感。社会主义法治建设有利于培育人们的幸福感,能够促进人们幸福感的不断提升,同时,人们幸福感的提升又能够增强发展和完善法治的决心、信心和动力。切实依法保障公民的合法权益是提升公民幸福感的基本路径。

3. 培育公民的社会主义法律神圣感要重视守法体认。神圣感是崇高而庄严的情感,法治的神圣感与法律在现实生活中的地位作用直接相关。法律至上是指法律在社会调整体系中居绝对权威地位。法律至上是检验真假法治的标准。社会主义法治神圣感就是要确立法律对社会的全面控制,实现法律的最高统治。"它要求法律的威权高于任何个体劳动的权威……要求法律适用上一律平等……要求通过法律机制促进公民的权利。"❷ 既然法律权威直接影响着法律的神圣感,那么,培育法律神圣感就重在树立法律的权威。法律权威

---

❶ 马克思恩格斯全集:第2卷 [M]. 北京:人民出版社,2005:516.
❷ 公丕祥. 法理学 [M]. 上海:复旦大学出版社,2008:15.

确立的关键在于每一个公民都能够自觉地遵守和服从法律，做到有法必依、执法必严、违法必究。社会主义法治国家建设必须把法治权威的树立作为工作的重中之重。因此，我们必须正确处理法治和其他调整体系的关系、法律和权力的关系，推进政府部门和政法机关的守法，推进全体公民的社会主义法治理念教育，使人们在遵纪守法的体认中增强社会主义法治的神圣感。

(三) 培育公民的社会主义法律意志

法律意志表现为不畏强暴、不被诱惑的护法品质和守法精神。社会主义法治理念教育不仅要让公民知法、守法、认法、信法，更重要的是养成坚定不移、始终如一的法律意志。法律意志的形成往往和法律态度直接关联。在法治国家、法治社会和法治政府建设过程中，必须注重提高公民的法治情感，磨砺公民的法律意志，检阅公民的法律行为。公民的法律意志就是公民为了践行法律而产生的一种克服一切困难的坚强决心，是公民自律意识的体现，对于公民形成法治信仰发挥着极为重要的作用。一方面，法律意志可以激励公民克服一切困难去信仰法律；另一方面，当他们出现怀疑法律的念头时，法律意志便是夯实法治信仰的坚强盾牌。在社会主义法治实践中，培育良好的法律态度重在妥善处理相信与怀疑、希望与失望、情感与理智的关系。

1. 妥善处理相信与怀疑的关系。相信是人的一种能动性要素，表现为信仰主体的能力和态度，是知情意的统一。最重要的法律往往"是铭刻在公民们的内心里"[1]，相信统领着法治认知、法律情感和法律意志。培育公民的社会主义法治理念离不开相信的心理支撑，如果公民根本不相信法律，就不可能自觉地知法守法，社会主义法治理念教育的重心应该放在取信于民方面。社会主义法治理念是现实生活秩序的精神支柱和价值依托，但其必须经过人们内心的相信才能真正转化为行为指导和价值理想。相信的本质就是不怀疑，然而，由于现实生活中法律条文规定是变化的，每个人的现实生活境遇又是不同的，当法律条文的变化对自身的利益不利时往往就容易产生对法律的怀疑。法律是据以解决纷争、创造合作关系的活生生的程序，法律既是手段，又是目的。社会主义法治理念教育不能止于手段层面，而是要上升到目的层面。法治的目的不只是满足个人的利益，更重要的是满足广大人民群众的根

---

[1] 卢梭. 社会契约论 [M]. 何兆武, 译. 北京: 商务印书馆, 2003: 73.

本利益。只有这样，才能在个人利益受到损失时仍然坚信法律，因为国家和人民的利益得到了保全。要坚信社会主义法治理念是对社会本质的揭示和对公平正义的弘扬。

2. 妥善处理希望与失望的关系。希望具有重要的意义，它源于人们有限的存在而又渴望达成无限的追求。希望是人的精神世界超越和追求无限的方式，是对生命意义的终极把握。希望和理想、现实的关系非常紧密。理想是人们投射于未来的希望，它和人们的需要、利益相关，"对人的生活起着一种引导和鼓舞作用"❶。社会主义法治理念向人们展示了中国未来法治社会的理想图景，它能够激励人们参与、发展和完善法治。自社会主义法治理念教育提出以来，在政法系统、公务员系统乃至全社会取得了良好成效，但它并不能包治百病，法治理想和法治现实之间总是存在一定差距，引导公民正确处理法治理想和法治现实的关系，才能在面对法治现实中不尽如人意的地方时仍然不放弃不抛弃社会主义法治理想。

3. 妥善处理情感与理智的关系。情感与理智的关系涉及怎样看待法治地位和作用的问题。一般而言，人们总是强调法治的权威性和法律的至上性，因此容易走向另一极端，即强调法的至上而忽视人的至尊，把法治单纯理解为治人。其结果，法律人被看成压抑梦想、信念和激情的人，法律变成了站在人之外，与人疏离，与人的终极目的疏离的冰冷条文。实际上，人永远都是法治的目的。我们强调以人民为中心的法治理念，就是把人民当目的，把法治作为手段和方式而已。法治作为一种社会控制手段，其旨趣在于用理想状态来规制现实状态。法治不仅有坚硬的外壳，还有更坚实的精神基点。"法的基地一般说来是精神的东西。"❷ 法治的可亲可爱可信源于对人性自由之关切，人们需要、追求、认同法治，根源于对自由的热爱。当然，情感和理智既有统一性，又有对立性，因此，情感和理智要保持一定张力。情感和理智相互渗透、相互影响、相互促进，共同推动法治理念教育的发展。没有情感的法治理念教育必然变成僵化的法律认知，没有理智的法治理念教育必然变成脱离实际的空想。因此，在法治理念教育过程中要正确处理情感与理智的关系。

---

❶ 刘建军. 马克思主义信仰论 [M]. 北京：中国人民大学出版社，1998：83.
❷ 黑格尔. 法哲学原理 [M]. 范扬，张企泰，译. 北京：商务印书馆，2007：10.

三、造就社会主义法治理念的践行者

　　政法机关工作人员坚持执法为民、捍卫司法制度的尊严就是对社会主义法治理念的践行。法治理念是法学研究和法治工作的指导思想。对于公民而言，做到遵纪守法，通过法律途径解决利益纠纷等就是对社会主义法治理念的践行。法治的权威根源于人民群众的真心拥护和真诚信仰，只有坚持"内化于心、外化于行"的社会主义法治理念教育，才能真正造就成千上万的社会主义法治理念的践行者。社会没有法治风尚、公民缺少法治精神，社会主义法治国家建设便会成为无根之花、无源之水。社会主义法治理念教育就是要培育社会主义法治的自觉践行者。为此，要通过持之以恒的社会主义法治理念教育，培育公民的法治知识、法治精神和法治信仰，引导人民群众运用马克思主义法治理论分析问题和解决问题，努力做新时代法治建设的践行者。要造就社会主义法治的维护者、法治理念的宣传者、法治国家建设的促进者，充分认识法治建设的重大意义。总之，要通过法治理念的理论武装，帮助公民成为社会主义和谐稳定和国家长治久安的坚定维护者，成为社会主义法治建设的促进者。

（一）造就社会主义法治的维护者

　　法治理念教育旨在为社会主义法治现代化建设保驾护航，维护社会的和谐稳定和国家的长治久安是社会主义法治理念教育应有之义。要使每个公民真正成为社会主义和谐稳定的维护者，就必须实现对社会主义法治理念的认知认同到行为认同的飞跃。打铁需要自身硬，每个公民都应当成为社会主义法治的维护者，政法机关的工作人员特别是党的领导干部更应当成为社会主义法治建设的维护者。在重大的政治考验面前，必须敢于亮剑、旗帜鲜明，才能真正成为社会主义现代化事业的捍卫者。对于违反党纪原则的行为，必须敢于抵制、善于拒绝，才能真正成为党和人民利益的守护者。面对歪风邪气敢于挺身而出、坚决斗争，才能真正成为社会主义道德风尚的引领者。面对各种诱惑、干扰能够挺直脊梁，坚持执法为民、执法如山，才能真正成为社会主义法治的维护者。造就社会主义法治的维护者，一方面，要求全体公民自觉遵守法治规范；另一方面，要求全体公民坚持尊崇社会主义自由民主。

　　1. 自觉遵守法治规范。要使每一个公民真正懂得社会主义法治对于社会

生活的重要价值，充分认识严格执行和遵守社会主义法治原则对于实现人民当家作主的重要意义，就必须高度重视法治理念教育，持续弘扬法治精神。要保障国家长治久安、坚定走好中国道路以及维护世界和平，就必须在全体公民中树立宪法法律至上的思想，在行动上要认真贯彻、执行、实施和遵守社会主义法治规范。良好的社会秩序是人们追求美好生活的重要条件，其表现为社会生活的相对稳定和协调状态。"丧失生活秩序，就会导致精神崩溃。"❶ 人类集体生活的良好秩序需要以人们自觉遵循规则为前提。人的本质是社会存在物，总是生活于一定的社会关系之中。在现实生活世界，每个人的行为都会产生与他人的关系，这种关系本身是对个体行为的限制，也就是说，人总是体现出一定的受动性，受社会环境、社会制度、社会规范的制约，这些社会规则规定了人们的行为边界，确定行为边界的规则是维持、巩固良好社会秩序的保障。近代以来，在所有社会规则中，法律的地位显著上升并取得了绝对主导地位。法律之所以在社会生活中取得主导性地位，其主要根源是：传统神圣信仰走向解体，社会日益分化以及阶级利益多样化，现代商业交易的发展需要有效的、确定性的法律规范。改革开放后，我国不断完善和发展社会主义法律体系，在此基础上建构的社会秩序成为国家稳定、社会和谐的基石。社会主义法治理念的确立、巩固和发展使中国加快了建设法治国家、法治政府和法治社会的步伐。

2. 坚持尊崇社会主义自由民主。法治所追求的社会秩序不是表面的风平浪静，而是社会成员充分享有自由民主权利的法律秩序。过去，我们对法律秩序、法律规则、法律权威强调的比较多，而对自由意志强调的比较少，这种倾向不利于形成完整的社会主义法治理念。社会主义法治理念教育既要强调法律规则的规范性，又要充分考虑对于自由和民主的尊重。毛泽东指出："世界上只有具体的自由，具体的民主，没有抽象的自由，抽象的民主。"❷ 社会主义法治所追求的自由不是抽象的绝对自由，更不是完全的随心所欲。自由是对必然性的认识并且根据这种认识来把握我们和外部世界的关系，是具体的、历史的、发展的。马克思按照人类自由的发展程度提出了三大社会形态理论：一是人的依赖关系；二是以物的依赖性为基础的人的独立性；三

---

❶ 阿尔文·托夫勒. 第三次浪潮 [M]. 黄明坚，译. 北京：中信出版社，2006：263.
❷ 毛泽东文集：第7卷 [M]. 北京：人民出版社，1999：208.

是自由个性。人只有在创造发展的现实生活中才能成为真正的人，才能获得真正的自由。人的自由追求是在实践中不断展开的过程。因此，法治教育、法治体验、法治实践等不是限制或废除自由，而是为了保障和扩大自由。只有当自由获得充分尊重的条件下，现代法治社会才能不断走向和谐稳定。社会主义的民主与资本主义的民主有着本质的不同，资本主义的民主，始终只是供少数人、供资产阶级、供富人享受的民主；社会主义的民主，始终是广大人民群众享受的自由和民主。

（二）造就新时代社会主义法治理念的宣传者

普法宣传是我们推进法治理念教育的重要方式。从"一五"普法到"七五"普法，我们的普法事业取得了长足的进步。"七五"普法规划把法治宣传教育纳入了各级党委和政府的经济社会发展规划，显然这非常有利于"七五"普法任务落实。开展法治宣传是推进全面依法治国的可靠抓手，是提高公民法治素养的迫切需要。法治宣传具有重要意义，是"依法治国的长期基础性工作"❶。普法宣传有利于培养人们的守法意识和护法精神，在全社会形成学法尊法守法用法的风尚。社会主义法治理念不仅包括执法理念，还涉及立法、司法、守法、法律监督等方面的原则要求和价值追求。因此，弄清社会主义法治理念内容的系统性才能确保社会主义法治理念宣传的全面性。政法机关的公职人员是法治宣传的主体和骨干，有责任有义务更加全面地、自觉地、深入地、高效地开展好宣传教育工作。在重点抓好政法机关公职人员社会主义法治理念宣传教育的同时，要抓好全体公民的法治宣传教育。法治理念全面系统地回答了社会主义法治为何发展、为谁发展和如何发展等问题，是法治宣传教育的灵魂。造就新时代社会主义法治理念的宣传者就要弄清谁来宣传、宣传什么、向谁宣传、如何宣传等问题，大力提高宣传的针对性和实效性。

1. 作为社会主义法治理念的宣传者应当弄清宣传什么。要通过法治宣传，使法治理念深入人心。法治宣传的内容包括"加强宪法宣传教育，坚持全民普法""以法治体现道德理念，倡导法治价值观"❷。法治宣传要抓住重点对象、关键少数，也就是领导干部的尊法、学法、守法、用法。"全面依法

---

❶ 习近平. 习近平谈治国理政：第2卷 [M]. 北京：外文出版社，2017：122.
❷ 安娜，林建成. 新时代开展法治宣传教育的新思考 [J]. 思想理论教育导刊，2019（8）：50-54.

治国必须抓住领导干部这个'关键少数'。"❶ 培育公民的法治理念，关键是领导干部带头学法、模范守法。各级领导干部应当担当起新时代社会主义法治理念宣传者的责任。领导干部遵守法律、依法办事，本身就是一种无声的宣传。法治教育要"从娃娃抓起"❷，纳入国民教育体系，要从易到难、循序渐进。各级各类学校也应当担负起法治理念宣传的责任，引导青少年掌握法律知识、树立法律理念。加强法治理念宣传教育有利于发挥法治稳预期、利长远的保障作用。要培养和造就一大批法治理念的宣传者，法治理念宣传人人有责。各级政府在依法治国中应当发挥引领和示范作用，自觉带头践行社会主义法治理念。不论是出庭应诉还是庭外调解，执法和司法的过程本身也是传播宣传社会主义法治理念的过程。政法机关应当正面回应社会热点问题，坚持释法明理、正确引导，为广大群众答疑解难，特别要把网络作为法治理念宣传的重要载体。国家公职人员应当成为法治宣传的播种机和法治建设的发动机。

2. 作为社会主义法治理念的宣传者应当掌握宣传方式。法治宣传教育要明确目标、任务和实施主体责任，并在此基础上掌握方式方法。加强法治理论宣传要整合"五种力量"，即党委、政府、群团、社会组织和志愿者队伍，也要发挥青年大学生"街头普法"的积极作用。要运用多种手段开展法治理念教育，除传统的法律培训、法治讲座、送法下乡、法律咨询、法治壁报等方式之外，还要高度重视教育方式的创新。其一，要坚持法治理念宣传的统筹规划，优化宣传选题，培训宣传骨干，通过多种方式丰富教育活动。比如，可以采取通报案情、共同培训、法律研讨等方式；可以推进法治文化建设的"一县一品"工程建设；坚持传统媒体和新媒体相结合的方式，提高舆论引导能力，抵御错误观点的干扰和影响；构建多元化的法治宣传格式；注重深度挖掘各类案例的法治宣传教育价值，增强宣传教育的可接受性。其二，要构建法治理念宣传的长效机制。宣传法治理念是一项长期且艰巨的任务，因而必须建立健全长效工作机制。比如，要建立和完善集中培训制度等。要建立和完善巡回宣讲制度，通过成立高级别的宣讲团的方式，组织政法领导干部、业务骨干担当培训教师，有组织、有计划地深入执法一线开展宣传活动。

---

❶ 习近平. 习近平谈治国理政：第 2 卷 [M]. 北京：外文出版社，2017：126.
❷ 习近平. 习近平谈治国理政：第 2 卷 [M]. 北京：外文出版社，2017：122.

(三) 造就社会主义法治国家建设的促进者

要把社会主义法治国家建设提升到政治高度来认识，努力造就法治国家建设的促进者。法治理念教育不是一个临时任务，而是一个长久战略。社会主义法治理念教育必须讲实效、重实绩，真正落实到各项工作之中。建设社会主义法治国家必须树牢全体公民的社会主义法治理念。法治理念教育要落脚于树立和维护宪法和法律的权威，引领公民遵守法律、信仰法律；要落脚于维护社会的公平正义，阐明法治国家建设对于社会公平正义的表达和实现；要落脚于尊重和保障人权。社会主义法治国家建设的核心价值追求就是尊重和保障人权，为此要破除以往重政权轻民权、重打击犯罪轻保障人格的观念，增强执政为民、文明执法的意识。

1. 法治理念教育要落脚于造就法治国家建设的促进者。法治理念教育能够加速法治国家、法治社会和法治政府建设的进程。经济发展、社会进步、文化繁荣等都必须坚持以依法治国为前提。推进法治建设必须加强党对法治建设的领导，加强党的建设才能有序推进法治建设。法治理念教育作为党的思想政治教育的有机构成本身就属于党的思想政治教育的内容。推进法治建设就必须让法治的力量浸润公民之心，让公民能够真正切身感受到法治的存在和力量。为此，必须强化法治宣传，营造良好的法治氛围。实现全面依法治国必须加强社会主义法治理念教育，致力于培养崇尚法治精神、追求公平正义、掌握法律知识的公民。公民法律意识增强后，如果在生活中遇到合法权益受到侵犯，就能自觉运用法律武器表达利益诉求，维护自身合法权益。社会主义法治国家建设的重要目标之一就是培育"拥有法律意识和法律素养的公民"。[1] 法治国家建设需要公民正确的社会主义法治理念来保障和调节。我们的法治国家建设必须坚持走社会主义道路，必须坚持人民当家作主的地位。

2. 法治理念教育要坚持社会主义法治方向。社会主义法治和资本主义法治的根本性质不同，社会主义法治是为广大人民群众服务的，资本主义法治是为资产阶级服务的。西方资本主义国家是较早推进法治国家建设进程的，

---

[1] 刘燕. 社会主义法治国家建设与思想政治教育 [J]. 东南大学学报：哲学社会科学版，2011 (S2)：5-7.

一些人脱离中国的国情社情民情，把西方资本主义法治模式绝对化，美化成放之四海而皆准的法治路径，其实质是把我国的法治引向邪路。我国的法治建设离开了社会主义方向、离开了中国特色，注定是一条不归路。在当代，随着网络传播的迅速发展，我们与西方敌对国家之间的意识形态竞争日趋激烈。法治理念是意识形态建设的重要内容，因此，我们必须从意识形态高度看待法治教育问题，提高政治警惕性和政治敏感性，坚守法治的正确政治方向。法治建设既包含着法律科学知识的传播，又包含着政治意识形态和国家利益的考量。社会主义法治理念教育是一个教育问题，更是一个政治问题，"历史经验一再证明，在政治问题上，不能允许犯错误的，特别是在中国正崛起的当下。"[1] 社会主义法治理念教育既是一个知识传播问题，也是一个实践践行问题。纸上得来终觉浅，绝知此事要躬行。面对西方敌对势力"分化"和"西化"的图谋，我们必须致力于培育一大批走社会主义道路的法治理念践行者和法治建设促进者。

---

[1] 朱苏力. 执政党对中国法治的三个核心关注 [N]. 人民日报, 2008-07-23 (15).

第二章
社会主义法治理念教育的时代背景和理论基础

任何教育任务的提出都有其所要面对和解决的问题，社会主义法治理念教育的提出也不例外。加强社会主义法治理念教育是我党总结历史经验教训提出的重要命题，是我国建设和谐社会的客观需要，它的理论指南是马克思主义法学，根本目的是推动社会主义现代化的发展。社会主义法治理念教育凝结着我国法治建设的历史经验，重在培养一支执法为民的法治工作队伍，保证法治工作为人民服务、为社会主义服务的政治方向。加强社会主义法治理念教育体现了中国共产党依法治国理政的规律和社会主义现代化建设的规律。社会主义法治理念教育的提出既有其时代背景，又有其理论依据。从时代背景看，加强法治理念教育是推进依法治国、国家治理现代化、核心价值观教育和法治教育发展的要求。从理论基础看，主要包括马列主义和中国共产党人的法治建设思想。社会主义法治理念教育旨在加强法治工作队伍的思想政治建设，确保法治工作队伍始终忠于党、忠于国家、忠于人民、忠于法律。

第一节 社会主义法治理念教育的时代背景

教育使命必然反映时代需要。法治理念教育是我们党加强意识形态建设的体现。"党的领导、人民当家作主、依法治国有机统一"[1] 是我们开展法治

---

[1] 习近平. 在庆祝全国人民代表大会成立六十周年大会上的讲话 [N]. 人民日报，2014-09-06.

理念教育的原则。其一，加强法治理念教育是全面推进依法治国的时代要求。良好的法治环境需要全社会成员养成遵纪守法的习惯。加强法治理念教育对于法治中国建设、法治文化发展都具有重要意义。社会主义法治国家建设、营造社会主义市场经济良好法治环境、推动社会主义政治文明健康发展、保障社会主义和谐社会建设的发展、推进社会主义生态文明建设等都需要加强法治理念教育。其二，加强法治理念教育是实现国家治理体系现代化的客观需要。法治理念教育是依法治国的内在要求，影响着社会主义法治建设方向。实现国家治理现代化必须围绕社会主要矛盾，妥善解决各种利益关系。法治理念教育指向法治国家建设尤其是重构依法治国的理念，指向公民法律知识教育和法治意识的培养。其三，加强法治理念教育是培育社会主义核心价值观的内在要求。培育法治核心价值观的提出是基于我们党治国安邦的历史经验和现实需要。法治核心价值观的培育意味着法治纳入了社会主义意识形态建设范畴。培育法治核心价值观旨在发挥法治的社会作用。培育法治核心价值观是中国社会转型时期重塑社会生活秩序的必然要求。其四，加强法治理念教育是深入开展社会主义法治教育的必然要求，是法治教育历史经验的总结升华。普法教育是实现人的现代化的重要渠道，公民的法治理念是现代化建设的必备素质。社会主义法治理念教育重在培育合格公民。提出社会主义法治理念教育，一个重要原因就是要纠正过去法治建设的偏差，特别是在法治建设中要融入法治文化的内核，强化法治信仰、法治精神和法治理念教育。

一、全面推进依法治国的时代要求

党的十八大以来，全面依法治国举措最有力、最集中，成就最丰硕、最显著。全面依法治国作为"四个全面"战略布局之一，为国家治理体系和治理能力现代化注入强劲动力。同时应该看到，我国社会主要矛盾已经发生根本性转变，全面依法治国仍然任重道远。需注意以下五个方面：其一，加强法治理念教育是社会主义法治国家建设的需要；其二，加强法治理念教育是营造社会主义市场经济良好法治环境的需要；其三，加强法治理念教育是推动社会主义政治文明健康发展的需要；其四，加强法治理念教育是保障社会主义和谐社会健康发展的需要；其五，加强法治理念教育是促进社会主义生态文明发展的需要。

（一）社会主义法治国家建设的需要

法治与依法治国是两个紧密相关又不相同的概念。法治与人治相对立，强调的是法律具有至高无上的地位，它排斥专制、特权。依法治国强调的是执政者依据法律治理自己的国家、政府和社会，以实现国家治理的有序化、制度化。全面推动依法治国是治理方式的创新，必须要定好方向、走对道路，坚持社会主义法治建设之路，这是我党治国理政经验的总结。在新时代，走好社会主义法治国家建设之路，要有道路自信和法治自信，因为这条道路是"唯一正确道路"❶。走好社会主义法治道路，要坚持党的领导、人民主体地位，坚持法治国家、法治政府、法治社会一体建设。法治国家是民主的国家，是依法而治的国家。

社会主义法治建设与法治理念有着密切关系。法治理念教育重在提高法治主体的法治能力。培育社会主义法治理念能够提高国家执法效率和效益。法治理念是社会主义法治的理想追求和价值选择，能够指引法治建设方向，能够将法治建设的内容和要求潜移默化地渗透到公民的头脑之中，形成公民的法治思维。我们党之所以高度重视社会主义法治理念教育，根源于它对法治社会建设的功能，特别是对法治社会的建构功能。法治社会要求有法可依，为此就需要完善法律体系，而立法主体的法治理念直接影响着立法内容。社会主义法治理念对于法律运作具有重要的影响。法律适用、法律遵守、法的实现等都离不开主体，因此，公民的法治理念、对法律的理解和对公平正义的追求等直接影响着法律的运作。建设社会主义法治国家，对于我们党而言，要增强依法执政的本领，其中包括牢固树立社会主义法治理念；对于全体公民而言，要增强遵纪守法意识，其中也包括接受和认同社会主义法治理念。社会主义法治理念能为公正司法提供思想支持，为执法活动提供价值引导。因此，建设法治国家必须加强社会主义法治理念教育，着力加强法治工作队伍建设，努力增强全民的法治观念。要把宪法的宣传教育作为统领，凝聚共识，推进法治社会建设。宪法是国家的根本大法，具有最高的法律效力，因此，宪法的宣传教育应当成为重中之重。在宣传教育对象方面，要抓住"关

---

❶ 习近平. 关于《中共中央关于全面推进依法治国若干重大问题的决定》的说明 [N]. 人民日报, 2014-10-29 (2).

键少数"，尤其是位居执政、立法、行政、司法等重要岗位的领导干部；要突出青少年，他们是社会主义现代化事业的建设者和接班人，培育青少年的法治观念是全面依法治国的基础工程；要抓住法学教师，教师是法治知识的传播者、法治精神的形塑者。

（二）营造社会主义市场经济良好法治环境的需要

法治建设归根结底是为经济建设服务的。改革开放以来，我国社会主义法治教育大体提出了两种发展策略："知法、守法式法治教育"和"知法、维权、守法式法治教育"。❶ "知法、守法式法治教育"策略的重点是知法，即加大法治理念的宣传教育，是一种以知法推动守法的教育策略。20世纪90年代以来，随着社会主义市场经济体制的形成发展，法治教育的重点转向让公民感受法律的便利性、有效性而不是获得守法义务感。学会"用法维权"而不是"依法维权"成为社会主义法治理念教育的主要目标，因而转向了"知法、维权、守法式法治教育"策略。

党的十八届四中全会强调，社会主义市场经济的本质是法治经济。加强法治理念教育，提高经济主体法治素质，可以为市场经济创造良好法治环境，有力保障社会主义市场经济在良好的法治环境和法治秩序中高效运行。法治建设"有助于保障市场主体地位的确立"，"有助于保障市场主体的有序公平竞争"，"有助于保障政府对市场经济的有效宏观调控"，"有助于保障政府与市场关系的厘清"。❷ 加强社会主义法治理念教育能够帮助政法机关工作人员把握社会主义民主法治和社会主义市场经济的内在统一性，从而有力维护市场经济的社会主义性质。从目前我国市场经济秩序存在的问题看，主要有：假冒伪劣商品充斥市场；行业垄断、地方保护盛行，造成资源配置的低效率；信用危机、商业欺诈、合同违约等严重妨碍社会信用体系的形成与发展；商业贿赂、财务失真等没有得到根治。解决这些市场经济秩序问题，根本出路是法治。实现市场经济的法治化才能建立经济生活信用，保障经济竞争公平。社会主义法治理念教育是市场法治化教育的途径之一，获得公众支持、调动公民参与法治建设的积极性的法宝"是让社会公众能通过法治教育感受到或

---

❶ 吕明. 大众法律文化研究 [M]. 合肥：安徽大学出版社，2018：135.
❷ 岑峨，于朋帅. 法治：完善社会主义市场经济体制的重要基石 [J]. 河南师范大学学报：哲学社会科学版，2016 (3)：96-99.

发现教育背后的东西"❶。过去,我们比较忽视经济法治建设和经济法治教育,导致社会主义法治经济人才严重不足,为此,需要大力加强社会主义法治理念教育,"尽快提升社会主体的经济法治能力"❷。

(三) 推动社会主义政治文明健康发展的需要

法治文明是政治文明的实践成果,也是政治文明的时代高度。政治文明是法治文明的实质价值,法治实践是政治文明的实现方式。"法治实践对政治制度起确立作用,对政治行为起调整作用,对政治意识起促进作用。"❸ 中华人民共和国成立以来,我国一直重视社会主义政治文明建设。2001年,江泽民在全国宣传部长座谈会上提出"法治属于政治建设、属于政治文明"。2002年,他在"五·三一"讲话中又提出"建设社会主义政治文明"的任务。党的十六大确立了物质文明、政治文明和精神文明三大基本目标,对民主政治建设和法制建设做了全面部署,通过对政治正当性的阐发,开启了全面建设政治正当性的系统工程。政治稳定是实现政治正当性的前提,是推进社会主义现代化的基础。政治稳定体现在四个方面:一是政权稳定,就是必须始终坚持党的领导;二是制度稳定,就是必须坚持社会主义制度;三是治国纲领稳定,就是始终坚持"一个中心,两个基本点"的政治路线;四是社会稳定,就是不出现重大社会动乱和颠覆性错误。实现政治稳定就必须坚决规制国家权力、保障公民合法权益,也就是要加强社会主义法治建设。党的十六大强调,人民当家作主是政治文明的重要标志,实现国家治理现代化是必由之路。人民当家作主就要求法律表达人民意志、维护人民利益、接受人民监督,因此,要坚决反对以言代法、以权压法、徇私枉法的行为。"法律的生命力在于实施,法律的权威也在于实施"。❹ 全面推进依法治国,维护法律权威和尊严,促进社会公平正义,必须严格执法。政治法治化是实现政治文明的必然举措。政治法治化要求公民能够有序表达利益诉求,要求完善民主选举、民主决策、民主管理和民主监督机制,要求对"国家权

---

❶ 方桂荣,沈诚,王栋辉. 社会治理创新视角下的市场经济法治进路 [J]. 北京理工大学学报:社会科学版, 2016 (5): 145-150.
❷ 尹晓敏. 社会主义市场经济的法治思考 [J]. 浙江经济, 2003 (20): 48-49.
❸ 李孝贤,王连旗,邰国英. 政治学 [M]. 延吉:延边大学出版社, 2017: 216.
❹ 中共中央关于全面推进依法治国若干重大问题的决定 [N]. 人民日报, 2014-10-23.

力运行的监督制约"，❶从而切实保护人民的根本利益，调动人民群众的积极性。全面推进依法治国，必须"恪守以民为本、立法为民理念，贯彻社会主义核心价值观"。❷党的十八届四中全会对国民法律素质提升和法治队伍建设进行了详细阐述，强调把法治教育纳入国民教育体系，从青少年抓起。可见，只有通过大规模的社会主义法治理念教育，培育全社会的遵纪守法意识和习惯，加大对道德楷模的宣传和制度化奖励，才能推动整个社会的道德和法治进步。

（四）保障社会主义和谐社会健康发展的需要

和谐是中华传统文化推崇的理念，是世间万物相互协调有序发展的状态。建设和谐社会体现着社会主义的本质，是实现国家富强、民族振兴和人民幸福的保障。党的十六届四中全会第一次提出"构建社会主义和谐社会"的概念。和谐社会是我们党立国执政的社会基础。党的十六届四中全会通过的《中共中央关于构建社会主义和谐社会若干重大问题的决定》明确了和谐社会建设的性质、指导思想、奋斗目标、基本原则和主要任务，提出了和谐社会建设的主要任务是坚持协调发展、加强制度建设、建设和谐文化、完善社会管理、激发社会活力等。民主、公平、正义是和谐社会和法治建设的共同要求。

建设和谐社会需要和谐教育，"和谐教育是一种法治教育。"❸社会主义法治理念教育重在培育公民对法律的神圣情感和内心信仰，这是社会主义法治的道德思想基础，是"现代和谐社会民主正义秩序形成和健康运作的先决条件"❹。依法治国的前提和基础是通过社会主义法治理念教育提高公民的法律意识和遵纪守法的自觉性，减少甚至消灭各类违法犯罪行为。社会主义法治理念教育的目的"不仅是让每个公民知法守法，更重要的是通过法制教育，使公民学会用法律维护自己合法权利，学会运用法律行使监督权"❺。提高公民的法律意识，是建设和谐社会的要求。为此，要重点做好的工作就是"加

---

❶ 谢鹏程. 论社会主义法治理念 [J]. 中国社会科学, 2007 (1)：76-88.
❷ 中共中央关于全面推进依法治国若干重大问题的决定 [N]. 人民日报, 2014-10-23.
❸ 杨梅, 罗永忠. 略论和谐教育与和谐社会的关系 [J]. 教育探索, 2012 (3)：24-25.
❹ 毕红梅, 梅萍. 论和谐社会法律秩序与伦理秩序的同构 [J]. 天府新论, 2010 (6)：71-74.
❺ 蒋传光. 马克思主义法学理论在当代中国的新发展 [M]. 南京：译林出版社, 2017：464.

强法制宣传教育，传播法律知识，弘扬法治精神"❶。法治理念教育是和谐社会建设的必然要求，是引导公民遇事找法、解难靠法的重要途径。加强法治理念教育就是要消除那种遇事找人不找法的现象。习近平总书记强调，要"在全社会弘扬社会主义法治精神"❷。构建和谐社会，要求我们必须把法律真正交给人民，努力营造整个社会崇尚法治的良好风尚。通过社会主义法治理念教育，使人民群众认识到，何为自己的合法权益，如何依法维权、有序维权，如何通过合法的途径表达自己的利益诉求；通过社会主义法治理念教育，引导人们自觉履行人民法院的生效判决，形成尊重司法的良好习惯，树立司法权威，克服"法不责众"的错误心理。社会主义法治理念教育不是简单告诉人民群众现在制定了哪些法律规定，还需要注重培育广大人民群众的法治思维、法治素质和法治能力，并且能够自觉地指导人民群众按照法律规定和法律程序处理矛盾、解决纠纷、依法维权、依法参与监督。

（五）促进社会主义生态文明发展的需要

生态文明建设与法治国家建设的结合孕育了生态法治概念。党的十八大提出了建设"美丽中国"的美好愿景以及推进生态环境社会体系和治理能力现代化的重任，描绘了生态文明建设的宏伟蓝图。党的十九大又把建设生态文明作为中华民族永续发展的千年大计。建设生态文明需要最严格的制度和最严密的法治。生态法治是建设生态文明的根本保障，它不仅是"经济问题"，"这里面有很大的政治"。❸ 因此必须从"讲政治"的高度把握生态法治建设。生态法治建设融合了法治建设和生态建设理念，是用法治破解生态问题的新思路。社会主义生态法治建设为中华民族的绿色崛起和"强起来""提供最为有效的制度化解决方案"❹。实现"美丽中国"的社会主义生态文明建设目标，就必须坚持绿色发展和低碳发展，把生态法治上升到社会主义治国

---

❶ 胡锦涛. 在省部级主要领导干部提高构建社会主义和谐社会能力专题研讨班上的讲话 [N]. 人民日报，2005-02-19.

❷ 中共中央文献研究室. 习近平关于全面依法治国论述摘编 [M]. 北京：中央文献出版社，2015：121.

❸ 中共中央文献研究室. 习近平关于全面深化改革论述摘编 [M]. 北京：中央文献出版社，2014：103.

❹ 吕忠梅. 习近平新时代中国特色社会主义生态法治思想研究 [J]. 江汉论坛，2018（1）：18-23.

理政方式的高度。

法治是治国理政的基本方式，法治在国家治理中具有根本性的作用。从全面推进依法治国的角度看，它本身就内在地包含着生态文明建设的内容。"保护生态环境必须依靠制度、依靠法治。"❶ 法治是生态建设的保障，生态文明建设必须在国家法律的指导下展开，要于法有据，通过社会主义法治理念教育引导并且运用法律规范来约束社会主体的行为，对那些破坏生态环境的违法犯罪行为给予严惩，真正发挥法治对于社会主义生态文明建设的保障功能。为推进生态文明建设，一方面，要加大环境保护方面的立法工作和执法工作，强化生态环境的追责。习近平总书记强调："不讲责任，不追究责任，再好的制度也会成为纸老虎、稻草人。"❷ 对于那些造成生态环境破坏的决策责任人，"必须追究其责任，而且应该终身追究"❸。另一方面，又要加强社会主义法治理念和社会主义生态文明的宣传和教育工作，尤其要重视加强环境保护、生态文明方面的法律法规教育。

在生态执法和司法过程中，执法和司法机构应树立损害生态的行为本身构成违法犯罪的观念，要采取积极态度，追究生态违法犯罪行为的法律责任，对生态违法犯罪始终保持应有的打击力度。要把生态执法情况作为各级政府部门的法律责任进行考核，改进干部考核指标体系，引入环境公益诉讼制度。生态文明建设需要明确政府、企业和公民的生态法律责任。"运用法治的力量大力推进生态文明建设"❹，离不开社会主义法治理念的教育与宣传，因为只有不断提高政法机关和全社会的法律意识以及法治思维能力，才能自觉用法治理念指导立法、执法、司法、守法行为。

二、实现国家治理体系现代化的客观需要

面对多种利益分歧和复杂矛盾冲突，必须大力倡导法治思维、法治方式，营造遇事找法、办事依法、解难用法的氛围。加强法治理念教育就要提高国

---

❶ 中共中央文献研究室. 习近平关于全面深化改革论述摘编 [M]. 北京：中央文献出版社，2014：104.
❷ 中共中央文献研究室. 习近平关于全面深化改革论述摘编 [M]. 北京：中央文献出版社，2014：81.
❸ 习近平在中央政治局第六次集体学习时的讲话 [N]. 人民日报，2013-05-25.
❹ 孙佑海. 生态文明建设需要法治的推进 [J]. 中国地质大学学报：社会科学版，2013 (1)：11-14.

家治理能力,它"是运用国家制度管理社会各方面事务的能力"❶。党的十八届四中全会强调,国家治理体系和治理能力是相辅相成的,它们体现的是国家制度和制度执行能力。法治理念教育是依法治国的内在要求,影响着社会主义法治建设的方向。实现国家治理现代化必须围绕社会主要矛盾,妥善处理各种利益关系。协调好各种利益关系必须立足社会主义初级阶段的国情,从制度安排上着手,致力于体制机制改革。法治理念教育能够正确引领国家治理现代化的方向。实现国家治理现代化必须解决好社会主要矛盾,通过全面推进依法治国,在重塑社会气质的同时,弘扬法治精神。深入开展社会主义法治理念教育是我们党的思想政治优势。法治理念教育指向法治国家建设尤其是重构依法治国的理念,指向公民法律知识教育和法治意识的培养,指向以全体公民法治观念、法治信仰和法治精神为主要内容的社会基本价值共识。坚持法治理念教育,能够弘扬法治精神、培育法治信仰,形成全体公民学法守法用法的良好氛围。

(一) 国家治理体系现代化的提出

国家治理现代化的提出是为了解决国内问题和国际挑战。从国内看,改革进入深水区,处在攻坚克难的关键阶段,成长烦恼与转型阵痛同时存在,改革遇到了众口难调的困扰。失业问题、贫困问题、地区差别问题、发展不均衡不充分问题、政府公信力和执行力问题、中央和地方关系问题等,对国家治理体系和治理能力提出了新要求。为了破解这些问题,我们党正式提出国家治理现代化建设任务。从国际看,信息技术飞速发展,经济全球化日益打破主权经济、主权社会、主权政治的统一性,跨国界的信息、技术、移民、疾病、污染、恐怖行动等难以凭借一国之力有效控制。非国家行为体在国内国际事务中的影响不断扩大。国家行为体与非国家行为体的统一行动成为人类应对复杂挑战的现实选择,因此,创新国家治理理念是面对国际挑战的必然选择。提出国家治理现代化的任务标志着我们党对执政规律和社会主义建设规律的认识提高到了新境界、新高度。如何治理社会主义国家?马克思、恩格斯仅做了一些理论上的预测,列宁只是做了初步的尝试。苏联的探索有经验也有错误。我们党的探索也经历了曲折道路,但却积累了丰富经验。改

---

❶ 习近平. 切实把思想统一到党的十八届三中全会精神上来 [J]. 求是, 2014 (1): 3-6.

革开放以来，我国出现了政治稳定、经济发展、社会和谐、民族团结的局面，证明我国国家治理体系和治理能力总体是好的，是适合中国国情和发展要求的。但是，也存在着国家制度体系不完善、法治不健全等问题，有法不依、执法不严现象比较突出，国家治理制度化、规范化、程序化水平不高。为此，党的十八届三中全会提出推进"法治中国"建设。制度问题是根本性、全局性的问题。国家治理现代化的着重点是对国家各方面制度进行改革和完善❶。实现国家治理现代化是符合时代潮流的。我国的国家治理是多数人参与的善治，国家治理权力的更替是平衡有序的。只有实现国家治理现代化，才能破解我们面临的突出问题，进而降低治理成本，提高治理效能，营造风清气正的社会氛围。

法治现代化成为国家治理现代化的重要内容。推进国家治理体系现代化是全面深化改革的总目标之一，国家治理现代化的关键性内容是法治现代化。法治现代化是实现中华民族伟大复兴的根本保障，是世界上已经实现现代化国家的成功经验。中华人民共和国成立以来，特别是改革开放以来，在中国共产党的领导下，我国才真正开启了法治现代化的道路。中国的法治现代化与西方法治现代化的根本区别在于，中国的法治现代化始终坚持党的领导、以人民为中心的发展思想和社会主义方向。党的十八大以来，党进一步明确了法治建设的目标、路径、内容等，对中国特色社会主义法治建设作出了新部署，明确提出法治建设的目标和要求。实现法治现代化就必须大力加强法治理念教育，弘扬"科学立法、严格执法、公正司法、全民守法"精神。其中，科学立法强调要完善中国特色社会主义法律体系；严格执法强调要坚持严格、规范、文明执法；公正司法强调让全体公民在参与司法实践中切实感受到公平正义的存在；全民守法强调"深入开展法制宣传教育，弘扬社会主义法治理念"❷，从而培养全体公民的自觉尊法守法用法意识。

(二) 全面依法治国与国家治理体系现代化直接关联

在新时代，实现国家治理体系现代化必须解决好社会主要矛盾，要通过全面推进依法治国，在重塑社会风气的同时，弘扬法治精神。党的十九大报

---

❶ 阮东彪，邓灿辉，王俊. 形势与政策 [M]. 北京：中国经济出版社，2014：82.
❷ 陈永胜. 十八大以来中国特色社会主义法治建设理论的新进展 [J]. 科学社会主义，2014 (4)：16-18.

告指出，当前我国"社会矛盾和问题交织叠加……国家治理体系和治理能力有待加强"。❶化解社会主要矛盾必须协调好各种利益关系，从根本上明确和认清"为谁改革"和"如何改革"的问题，为此，要始终坚持全心全意为人民服务的宗旨，落实以人民为中心的发展思想。协调好各种利益关系必须把握好国情，立足社会主义初级阶段的实际，稳步推进国家治理体系现代化，而推进国家治理体系现代化必须创新社会治理模式。习近平总书记指出："加强和创新社会治理，关键在体制创新。"❷为此，既要改革落后的体制机制和法治规范，又要构建新的体制机制和法治规范，实现国家治理的制度化、规范化和程序化。创新社会治理模式要加快政府转型，妥善解决好政府与市场的关系，建构"政府、市场、社会和民众多元交互共治"❸的社会治理格局。推进国家治理体系现代化必须避免盲目模仿西方，始终坚持在中国特色社会主义制度框架内全面依法治国，始终遵循党的领导、人民民主和依法治国的统一。

　　法治理念教育能够正确引领国家治理现代化的发展方向。党的十九届四中全会对推进国家治理现代化作出了全面部署。国家制度是靠宪法确认和巩固的，它以国家强制力量作为国家治理体系的后盾和保障。社会主义法治是制度之治的可靠保障，对国家治理现代化具有决定性作用。它能够提高党依法治国、执政的能力，保障人民的权利和利益，完善社会主义法治体系，充分发挥引领、规范、保障的作用。要坚持和完善经过实践检验的根本制度、基本制度和重要制度，同时瞄准法制空白点和冲突点，建立健全满足人民美好生活需要的法律制度。要发挥法治在国家治理中的作用，就必须实现公正高效执法，加强监督，把法治优势化为国家治理效能。社会主义法治离不开公民对法治的信仰和厉行，只有人人做到遵纪守法，国家和社会生活才能实现法治化。"领导干部心中无法、以言代法、以权压法是法治建设的大敌。"❹因此，法治国家建设必须充分发挥领导干部的带头示范作用，大力提高领导

---

　　❶ 习近平. 决胜全面建成小康社会 夺取新时代中国特色社会主义伟大胜利：在中国共产党第十九次全国代表大会上的报告 [M]. 北京：人民出版社，2017：11.
　　❷ 习近平. 论坚持全面深化改革 [M]. 北京：中央文献出版社，2018：95.
　　❸ 赵宏. 从社会主要矛盾变化的视角探析新时代推进实现国家治理体系现代化的使命与挑战 [J]. 科学社会主义，2019（3）：55-60.
　　❹ 习近平. 推进全面依法治国，发挥法治在国家治理体系和治理能力现代化中的积极作用 [J]. 北京人大，2020（12）：4-5.

干部运用法治思维和法治方式开展工作的能力。人民群众是法治的根基。开展法治理念教育是法治建设的筑基工程。新时代，党在完善法治体系、培育守法意识、推动法治建设等方面迈上了新台阶。那么，国家治理现代化的主要内容是什么呢？其一，是民主治理。民主坚持多数决定，治理需要技术标准。坚持民主治理要解决好民主与治理的关系，尤其是坚持公平与效率的统一。其二，是依法治理。也就是依法治国。民主是法治的前提，法治是民主的保障。坚持依法治理重在破除传统的人治理念，尤其是官本位思想，建立健全权力约束机制。其三，是科学治理。科学治理就是学会用科学手段解决现实问题。

(三) 法治理念教育是法治建设的重要方面

社会主义法治建设的关键就是全面推进依法治国，而"依法治国重在依法治理"，[1] 为此必须全面推进国家治理体系现代化。国家治理体系现代化属于政治现代化问题，政治现代化就是要实现民主治理、科学治理和依法治理，从而实现国家治理体系的制度化、规范化和程序化。依法治理和民主治理是不可分割的。民主必须制度化，健全社会主义法制才能从根本上破除人治模式。依法治国的前提是加强法律体系建设，树立宪法法律权威。全面推进依法治国必须处理好依法治国与人民当家作主、党的领导的关系。人民当家作主是依法治国的前提和目标，党的领导是依法治国的根本保障。党的十八届四中全会强调，坚持人民主体地位是我国法治建设的重要保障。保障人民当家作主的主体地位必须坚持人民代表大会制度这一根本政治制度。社会主义法治建设的根本出发点和落脚点是为了人民、依靠人民、保护人民和造福人民。人民是依法治国的力量源泉。人民当家作主和全面依法治国的关系，实质上就是民主与法治的关系，民主是法治的基础，法治是民主的保障，民主和法治是不可分割的。在全面推进依法治国进程中，维护人民主体地位就必须坚持民主立法，保障人民群众的立宪权和立法权。也就是说，能否做到民主立法，关键是看立法机关是否真正体现和反映民意。民主立法的关键是要有一个完善的代议制度，我国的人民代表大会制度就是代议制度，它是人民当家作主的根本制度保障。全面推进依法治国还要正确处理好党的领导和全

---

[1] 孙关宏. 关于全面推进我国社会主义法治建设的若干思考 [J]. 探索，2015 (6)：80-86.

面依法治国的关系。为了加强党对全面推进依法治国的领导，必须坚持依法执政，必须培育党员干部的依法办事能力。深入开展社会主义法治理念教育是我们党的思想政治优势，全面推进依法治国对法治理念教育提出了新的要求。从国家层面看，法治理念教育指向法治国家建设，尤其是重构依法治国的理念；从个体层面看，法治理念教育指向公民法律知识教育和法治意识的培养；从价值观念层面看，法治理念教育指向以全体公民法治观念、法治信仰和法治精神为主要内容的社会基本价值共识。

国家法治体系是主权国家治国理政制度体系的总称。只有提高党的执政能力和执政素质，国家治理体系才能更加高效地运转。国家治理能力是指执政能力、执法能力、参政能力、参与能力、国防军事能力等。国家治理体系现代化包括民主化、制度化、法治化和协调化等。治理的主体是多元的，除了国家、政府之外，还有市场、社会组织以及公民，治理的客体主要是社会的经济、政治、文化、军事等。治理的价值追求包括有序、公平、效率、民主、法治等。依法治理实际上就是法治，科学治理的关键是科学决策。科学治理有两层含义："一是这种治理要符合发展的客观规律，不能蛮干"；"二是用科学的手段解决问题。"[1] 法治是"国家治理体系和治理能力的重要依托"[2]。现代国家治理体系以法治化为取向，以建立科学规范、高效运行的法律制度为目标。社会主义法治是我们党领导人民治理国家的保障。加强法治理念教育是全面依法治国的条件。只有加强法治普及和教育引导，广大人民群众才能通过正当的法律途径正确合理地表达利益诉求，维护合法权益。没有公民对法律权威的认同，没有公民的法治观念，便没有良好的社会秩序。对于国家政法机关工作人员而言，加强社会主义法治理念教育能够使他们正确行使国家权力，弘扬法治精神。推动法治建设，要求政法机关工作人员带头学法尊法守法用法，坚持执法为民、依法办事、文明执法、维护法治权威。

三、培育社会主义核心价值观的内在要求

实现中华民族伟大复兴，需要汇聚全社会各民族的力量。党的十八大提出培育社会主义核心价值观，即"倡导富强、民主、文明、和谐，倡导自由、

---

[1] 孙关宏.中国政治文明的探索[M].上海：复旦大学出版社，2019：126.
[2] 中共中央文献研究室.习近平关于全面依法治国论述摘编[M].北京：中央文献出版社，2015：6.

平等、公正、法治，倡导爱国、敬业、诚信、友善"❶。以下从培育核心价值观的提出和追求两个方面进行论述。

(一) 培育法治核心价值观的提出

"自由、平等、公正、法治"是社会层面的核心价值观，是不可分割的整体。其中，法治是核心价值观的实现载体和保障机制。法治的价值是对基于生产力和交换关系的自由、平等、公正的确认、维护、实现。同时，法治与国家层面和个人层面的核心价值观也有密切关联。建设法治国家是社会主义现代化的基本目标，与国家层面的核心价值观内在相连。而作为公民行为规范体系的法治，又对公民个人层面的核心价值追求具有指引、评价和预期功能。

1. 培育法治核心价值观是总结我们党治国安邦历史经验教训的现实需要。中华人民共和国成立后，法制不够完备，重视程度不够，尤其是在计划经济体制之下，政策先于法律调控，行政命令取代了主体自由。"文化大革命"的教训更是惨痛。党的十一届三中全会总结历史经验教训，提出了健全社会主义法制。1982年通过的宪法强调，"国家维护社会主义法制的统一和尊严"，"任何组织或个人都不得有超越宪法和法律的特权"。❷党的十五大提出依法治国的战略任务。党的十八大把全面依法治国确立为建成小康社会的重要内容。党的十八届三中全会又提出推进"法治中国"建设的历史任务。党的十八届四中全会专题研究了全面推进依法治国问题。法治对于保障公民权利、实现社会公平正义、维护国家安全稳定、促进社会秩序和谐等，发挥着极为重要的作用。加强社会主义法治建设必须在全社会培育公民的社会主义法治理念和法治思维。法治作为核心价值观之一，旨在把法治作为政治意识形态建设的核心，从而为中国法治社会建设提供有力的抓手。"法治贯穿整个社会主义时代。……也是中共执政几十年经验教训中有切肤之痛的生命体验和认识总结。"❸它包含社会主义意识形态的价值追求。

---

❶ 胡锦涛. 坚定不移沿着中国特色社会主义道路前进 为全面建成小康社会而奋斗：在中国共产党第十八次全国代表大会上的报告 [J]. 求是，2012 (22)：3-25.
❷ 中华人民共和国法规汇编 (1982年1月—12月) [M]. 北京：法律出版社，1987：6.
❸ 温晓莉. "法治价值"与西方文明因子 [J]. 西南民族学院学报：哲学社会科学版，2003 (2)：164-167.

2. 培育法治核心价值观是巩固和发展社会主义制度的必然要求。法治核心价值观的培育意味着法治纳入了社会主义意识形态建设范畴。"法治作为意识形态一定会给未来的中国注入新的活力。"❶ 也就是说，法治不仅应当理解为一种核心价值观念，更应当从社会主义制度架构来理解。实现法治现代化是社会主义制度建设的直接目标，为此，需要意识形态认同，也需要通过法治建设方式来实现。社会的价值系统包括终极性和工具性两个层次，法治属于工具性价值系统。把社会主义核心价值观表述为国家、社会和公民三个层次，实质上体现了法治治理的思路。在建设中国特色社会主义事业的伟大进程中，法治要真正成为全体公民的核心价值观，就必须坚持持久的社会主义法治理念教育，法治核心价值观的确立对于全面推进法治中国建设意义重大。社会主义与法治的关系正如社会主义和市场经济的关系一样，必须弄清二者的相容性。社会主义强调国家、社会都要以维护人权为依归，反对国家本位、权力本位和极端个人本位，因此法治保护的价值和社会主义相一致。把法治引入核心价值观是社会主义理论的重大创新。在社会主义革命理论中，法治最终要走向消亡，但这却是一个久远的趋势。在社会主义初级阶段，法治不仅不能消弱反而应当加强。今天，建设社会主义法治国家不仅具有历史必然性，而且日益得到人们的认同。

3. 培育法治核心价值观旨在发挥法治的社会作用。整合社会秩序、凝聚社会共识、引领社会思潮，是我们面临的紧迫课题。培育法治核心价值观是中国社会转型时期重塑社会生活秩序的必然要求。当前，"我国正处在大发展大变革大调整时期"❷，社会主义意识形态建设面临严峻形势，保持社会系统正常运转迫切需要弘扬法治精神、加强法治建设。在社会转型时期，利益格局重新调整，社会矛盾错综复杂，利益主体之间的碰撞、冲突问题日益凸显，维护社会稳定、保障生活安定成为法治建设的迫切任务。为此，党的十八届三中全会提出，用法治思维和法治方式化解社会矛盾。社会的健康发展和进步离不开一定的秩序和组织，为此必须建构一整套行为规范体系。法律就是依据社会发展的价值目标，依靠国家强制力为后盾，对个人与个人、个人与社会、个人与国家关系的调整机制。法治是社会主义社会的价值基础和制度

---

❶ 陈金钊. 对法治作为社会主义核心价值观的诠释 [J]. 法律科学：西北政法大学学报，2015 (2)：3-17.
❷ 中共中央关于全面推进依法治国若干重大问题的决定 [N]. 人民日报，2014-10-23.

土壤。法治并不是为了限制人们的自由,而是为了激发社会主体的创造潜能,从而"让一切创造社会财富的源泉充分涌流"❶。把法治作为核心价值要素有利于实现社会生活的规范调整和有序运转。

(二) 法治体现社会主义核心价值的追求

依法治国是国家长治久安的保障,是实现中华民族伟大复兴的必要条件。核心价值观"承载着一个民族、一个国家的精神追求"❷,是一个国家和民族兴旺强盛的精神基石。法治体现着社会主义核心价值的追求,对于实现社会主义现代化具有重要作用。把法治纳入核心价值观,就必须从核心价值观的高度来理解法治。"法治"的基本含义就是法律之治,因而,法治作为核心价值观必须通过法律以及法律之治体现出来。"法律之治"包含建立完备的法律体系,坚持法律至上原则,把法律作为社会治理的普遍范式,坚持司法终结制度,塑造法律人格,使法律得到很好的遵守等。公民法治人格的培养,守法习惯的养成等都离不开法治理念教育。

1. 法治体现着社会主义本质的价值追求。社会主义的本质不仅包括解放和发展生产力,满足人民的物质文化需要,还包括消除两极分化,实现共同富裕,维护公平正义等内涵。社会主义法治的功能是平衡公平与效益的关系,维护社会的公平正义。法治现代化是普遍性的世界历史进程。中国的法治现代化是"用社会主义的方式来实现现代化",❸ 这是由中国的基本国情决定的。中国的法治现代化新道路是我们党坚定不移厉行法治的伟大创造,推进中国式法治现代化必须加强全体公民的社会主义法治理念教育,培育全体公民尊法守法用法的自觉意识。全面深化改革意味着各种利益关系的调整,而法治担负着调整各种利益关系的时代使命。一方面,法治能够保护和发展社会关系主体的权利和自由,推动经济、政治、社会的高效率发展。为此,需要通过立法授权调动公民积极性,保障公民参与政治经济生活的自由,允许公民在法律范围内自由选择行动方案,从而,促进经济效益提高和社会发展

---

❶ 中共中央关于全面深化改革若干重大问题的决定 [M]. 北京:人民出版社,2013:3.

❷ 习近平. 青年要自觉践行社会主义核心价值观:在北京大学师生座谈会上的讲话 [N]. 人民日报,2014-05-05.

❸ 杨耕. 东方的崛起:关于中国式现代化的哲学反思 [M]. 北京:北京师范大学出版社、北京出版社,2015:257-258.

进步。另一方面,加强新时代法治建设要解决好公平正义问题,要把公平正义作为"发展生产力的价值目标"❶。

2. 法治体现着市场经济的法权要求。党的十八届四中全会强调,社会主义市场经济本质上是法治经济。市场和法治是现代文明的两大基石。法律是维护国家和社会稳定的行为规则,法治经济的特点包括有序性、契约性、公平性、引导性等。经济市场化要求社会法治化,法治是市场经济的内在要求。法治"有助于保障市场主体地位的确立","有助于保障市场主体的有序公平竞争","有助于保障政府对市场经济的有效宏观调控","有助于保障政府与市场关系的厘清"❷。建构法治经济能够不断完善现代市场体系,释放市场经济活力。要坚持完善社会主义市场经济的法律体系,创新产权保护等各项制度规范。建设法治社会、践行现代法治意识,必须培育法治理念。法律是市场经济的统治形式和调控手段。法律不仅规定了市场运作的规则,而且规定了市场主体的行为规范。良好的市场秩序应当服从非人格化的法律秩序。作为法治经济,社会主义市场经济必须以法治为基础,必须获得法治保障。

3. 法治体现着社会主义民主政治的内在要求。在我国,国家的一切权力属于人民,人民是国家的主人。依法治国是人民群众当家作主的体现。坚持人民主体地位、维护人民根本利益,是社会主义民主的本质内涵,也是社会主义法治建设的根本任务。法治建设旨在实现社会主义民主政治的法治化,依法确立和保障人民的自由和权利。邓小平强调,政治体制改革旨在"处理好法治和人治的关系,处理好党和政府的关系"❸。法治现代化的重要使命是实现从人治到法治的转变。法治与民主政治紧密关联。法治强调法律权威高于个人权威,法律是国家治理的基本手段。实行法治的关键就是实现民主制度化、法律化。社会主义制度是法治的方向保证,民主政治与法律制度紧密关联。中国法治的性质和方向是由社会主义制度决定的,把握法治核心价值观必须确立对社会主义制度的坚定信念。坚持党的领导是法治核心价值观的应有之义。党是人民意志的代表,在法治建设中具有总揽全局、协调各方的领导核心作用。人民当家作主是法治的本质要求,法治建设必须以保障人民

---

❶ 公丕祥. 社会主义核心价值观研究丛书 法治篇 [M]. 南京:江苏人民出版社,2015:2.

❷ 岑峨,于朋帅. 法治:完善社会主义市场经济体制的重要基石 [J]. 河南师范大学学报:哲学社会科学版,2016(3):96-99.

❸ 邓小平. 邓小平文选:第3卷 [M]. 北京:人民出版社,1993:177.

根本利益为出发点和落脚点。

(三) 坚持用核心价值观引领法治文化建设

法治理念教育重在培育法治意识，这与培育法治核心价值观是完全一致的。"依法治国是社会主义核心价值观关键要素"❶。社会主义核心价值观起着地基作用，能够凝聚全民族的力量和巩固国家的根基。培育核心价值观可以为法治文化建设提供道德基础，加强法治理念教育有助于发挥法治文化建设的意识形态功能。而积极推动社会主义法治文化建设要使法治理念内化于心、外化于行，从而营造全社会尊法守法信法用法的社会氛围。

1. 坚持用社会主义核心价值观引领法治文化建设的方向。法治文化建设旨在营造新型文化氛围，让社会主义核心价值观能够深入民心、入心入脑，成为全体公民学法守法的行为方式。党的十九大报告强调，要从法治精神、法治素养、法治行动三个层面建设社会主义法治文化。推进国家治理体系现代化必须以社会主义法治文化建设为支撑。全面依法治国，必须充分发挥核心价值观在法治建设中的引领作用。法治文化建设能够深化公民的法治认知、接受和践行，只有坚持社会主义核心价值观引领法治文化建设，才能起到凝聚社会共识、增强公民法治意识、形成法治信仰的重要作用。核心价值观承载着一个民族、一个国家的精神追求。核心价值观教育和法治理念教育具有共同的精神文化规定性。用核心价值观引领法治文化发展就必须向社会传递正确的法治理念，弘扬科学立法、严格执法、公正司法、全民守法的法治精神。坚持核心价值观引领法治文化建设，可以实现法治与德治的结合、他律和自律的双重属性。德治能够为法治建设提供道德支撑，法治能够为德治提供制度支撑。在社会主义核心价值观的指导下，建设以权利公平、机会平等、规则公正为主要内容的法治社会，可以凸显社会主义核心价值观的精神定力作用。

2. 坚持把社会主义核心价值观融入法治建设。融入法治建设是我们党培育、践行核心价值观的重要举措。培育核心价值观和法治建设具有互融性，它们的关系体现在理论耦合、功能耦合和实践耦合三个方面。从理论耦合看，核心价值观能够引领统摄法治文化建设，法治文化又是核心价值观培育的重

---

❶ 施一满. 论依法治国与社会主义核心价值观辩证统一 [J]. 社会科学家，2015 (9)：48-52.

要载体和落实途径，立足核心价值观的耦合主要是观念型的耦合，立足法治建设的耦合主要是制度型的耦合。[1] 从法治理念教育来看，法治属于核心价值观的内容之一，把核心价值观融入法治建设就是要把"软实力"转化为具有刚性约束力的法律规定。把法治核心价值观教育融入法治建设具有重要的价值，它能够把"最大公约数"入法入规，也能够为核心价值观的践行提供制度保障。一方面，法治核心价值观能够为法治建设奠定精神基调。法治核心价值观具有强大的感召力和凝聚力，它一旦融入法治建设，转化为公民的价值准则和行动指南，就能够为法治中国建设注入强大的精神动力，达到凝聚人心和社会基本力量的目的。培育公民的法治核心价值观还可以极大地提高国家法治能力。另一方面，法治核心价值观融入法治建设能够为核心价值观的培育和践行提供强有力的制度保障，有助于解决法治理念教育面临的现实问题，比如对"救不救""扶不扶"问题的解决；对"风险社会"不安全感的消除等。法治建设涉及社会生活的方方面面，法治建设方式极大地拓展了核心价值观培育和践行的渠道。

四、深入开展社会主义法治教育的必然要求

我国法治建设的成就是举世瞩目的，尤其是改革开放以来，我国建立了比较完整的社会主义法律体系。目前，全面依法治国已经成为"四个全面"战略布局之一。与此同时，法治教育稳步推进，"在学校正规法学教育方面，已经形成了由普通高等法学教育、成人法学教育和职业法律教育构成的多形式、多层次、多规格、多渠道的教育培训体系"[2]。随着我国社会主义法治教育的发展，法治教育的核心即法治理念教育的重要性日益凸显出来。我国的法治是社会主义法治，与西方的资本主义法治有着本质差异。社会主义法治理念与资本主义法治理念有着不同的阶级内涵。社会主义法治理念教育的提出标志着我国普法宣传教育从法律知识普及向法治精神培育的飞跃，是我国全民普法教育深入发展的必要要求。普法教育是实现人的现代化的重要渠道，公民的法治理念是现代化建设的必备素质。社会主义法治理念教育重在培育合格公民。法治理念的酝酿、提出与我国法治建设的发展历程紧密相关。开

---

[1] 肖周录，高博. 社会主义核心价值观与法治文化的耦合关系研究 [J]. 陕西师范大学学报：哲学社会科学版，2021（3）：155-164.
[2] 邢国忠. 社会主义法治理念教育研究 [M]. 北京：中国社会科学出版社，2011：81.

展社会主义法治理念教育对于坚持马克思主义的指导地位，对于保持政法队伍的社会主义性质，对于政法队伍担当党和人民赋予的神圣职责等有重要意义。社会主义法治理念教育经历了由政法系统到教育系统再到全社会得以全面覆盖的发展历程，提出社会主义法治理念教育的一个重要原因就是要纠正过去法治建设的偏差。在法治建设中要融入法治文化的内核，强化法治信仰、法治精神和法治理想教育。

（一）我国全民普法教育深入发展的必然要求

全民普法教育是贯彻依法治国的基础工程。全民普法教育以宣传宪法为主，重在发扬社会主义民主法制，推动全民法律知识普及，宣传和探索改革开放的法律保障问题，服务国家长治久安和社会安全稳定。社会主义法治理念教育的提出是我国全民普法教育发展的必然结果。法治教育是现代国家国民教育体系的重要组成部分，是国家法治化的基石，是培养公民法治意识的基本路径。1984年，彭真与新闻界座谈时专门谈到了法制宣传教育问题，发表了《加强法制宣传是新闻界的重要职责》的重要讲话。他强调，要使人们知法守法，离不开新闻界的宣传。借助新闻宣传，法律才能家喻户晓。公民依法办事的前提是知法、懂法、守法。新闻工作者是党的喉舌、国家的喉舌、人民的喉舌，希望大家积极完成党和国家交给的光荣任务。1985年，全国人大常委会作出了全民普法的决议，首次确立公民普法教育国家战略，于是，一场政府主导、群众广泛参与的全国性普法拉开序幕，声势浩大，影响深远。从1986年开始，以五年为期，一场制度化、经常化的全民普及法律常识教育全面展开。中国普法教育的机制是"党委领导、政府实施、人大监督、全社会参与"[1]。1997年，党的十五大提出了现代化法治国家建设的任务。1999年，"依法治国"方略写入我国宪法。可见，"坚持发扬民主和法制，这是我们党的坚定不移的方针。"[2] 党的十八届四中全会提出，要坚持把全民普法和守法作为依法治国的长期基础性工作，深入开展法治宣传教育。从1986年启动"一五普法"，在党中央的领导下，我国已经连续实施了七个五年普法规划。2021年6月，中共中央、国务院转发了《中央宣传部、司法部关于开展

---

[1] 朱景文. 中国法律发展报告：数据库和指标体系 [M]. 北京：中国人民大学出版社，2007：518.
[2] 邓小平. 邓小平文选：第2卷 [M]. 北京：人民出版社，1994：256-257.

法治宣传教育的第八个五年规划（2021—2025年）》并发出通知。"八五"普法的启动，标志着全面依法治国进入了新阶段，为此，每个人都应当成为"八五"普法的参与者、推动者和受益者。"八五"普法要突出学习宣传习近平法治思想，突出宣传宪法，突出宣传民法典，深入宣传与推动高质量发展密切相关的法律法规，深入宣传与社会治理现代化密切相关的法律法规，深入宣传党内法规。

通过全国规模的普法运动，公民的法律素质和依法维护自身合法权益的能力得以提高，运用法律武器与违法犯罪做斗争的现象不断增多，履行法律义务的自觉性逐步提高，遇到问题找法律、解决问题靠法律的观念逐步确立，宪法和国家基本法律得以大力传播，与人民群众生产生活紧密关联的法律法规得到基本普及。我国全民普法教育的特点是全民性、社会性。在普及法律常识的过程中，学法是基础，用法是目的。法制宣传教育的重点是宣传依法治国，宣传民主法制思想，宣传宪法和法律，对于推进社会主义法治建设起到了基础性作用，提高了全社会的法律意识和法律素养。尽管如此，普法教育与社会主义法治国家建设的要求还有相当的差距。普法教育是实现人的现代化的重要渠道，公民的法治理念是现代化建设的必备素质。社会主义法治理念教育重在培育具有法治素质的合格公民。

（二）社会主义法治理念教育的酝酿与提出

法治理念重在回答法治建设是什么、为什么、怎么样的问题，它是依法治国的灵魂。社会主义法治理念的酝酿、提出与我国法治建设的发展历程紧密相关，经历了一个具体的历史发展过程。社会主义法治理念教育是一项伟大创举，它的提出与实施既有现实基础又有理论依据。毛泽东的人民民主专政理念为我们解决了新中国的法律由谁制定、由谁实施的问题。1954年，我国颁布了新中国第一部《宪法》及相关法律，法治建设开始起步。1978年的十一届三中全会，开启了中国特色社会主义法治建设的新历程。邓小平提出"有法可依、有法必依、执法必严、违法必究"[1]的原则，开启了改革开放时期我国法治建设的新阶段。1997年，党的十五大提出建设社会主义法治国家的战略，奠定了我们党依法治国理念的基础。2005年，中央政法委报告中出

---

[1] 邓小平. 邓小平文选：第2卷 [M]. 北京：人民出版社，1994：333.

现"社会主义法治理念"一词，这是"社会主义法治理念"概念的第一次出现。之后，经过专家多方论证，初步确立了依法治国、执法为民、公平正义、服务大局、党的领导的法治理念。2006年，中共中央正式提出"社会主义法治理念"的重大命题，要求全国政法系统率先试点展开教育活动。"社会主义法治理念，实质上就是政法工作的指导思想……政法队伍和政法工作必须……集中开展社会主义法治理念教育。"❶

社会主义法治理念教育开展的对于坚持马克思主义指导地位，对于保持政法队伍的社会主义性质，对于政法队伍担当党和人民赋予的神圣职责等有重要意义。提出社会主义法治理念的主要目的是用它指导我国社会主义法治实践，把它变成全体社会成员的行动指南，实现社会主义法治理念从理论向实践的飞跃。为此，要把法治理念教育抓住、抓好，否则，它就不能转化为社会成员的精神力量和理论武器。深入广泛的社会主义法治理念教育旨在使社会成员认识、理解、认同、践行法治理念的各项要求。社会主义法治理念立意高远、体系宏阔、内容丰富、意蕴深刻，没有系统的社会主义法治理念教育，便难以弄懂其内容、领会其要义、把握其精髓。要把社会主义法治理念教育丰富的理论渊源和深厚的实践基础以及各方面的内涵、观点有理有据地向社会全体成员讲清讲透，使其实现从认知到认同的飞跃，真正把社会主义法治理念内化为社会成员的法治观。公民法治观的形成既需要实践历练，又需要外部教育的引导。公民形成正确的法治观离不开法治理念教育，全体公民只有确立了社会主义法治理念才能真正消除和抵制错误法治观念和思潮的影响。为了保障社会主义法治理念教育的有效实施，中央政法委组织编写了《社会主义法治理念教育读本》《社会主义法治理念教育辅导》等著作，组织举办了为期三年的"百名法学家百场报告会"。全国各级政法机关通过专题讲座、分组讨论、演讲比赛、知识竞赛、论文评比等开展了形式多样、丰富多彩的社会主义法治理念教育学习活动，取得了较为明显的效果。

（三）社会主义法治理念教育的全面普及提高

2006年，罗干在全国政法干部工作会议上，阐述了培植社会主义法治理

---

❶ 罗干. 深入开展社会主义法治理念教育 切实加强政法队伍思想政治建设［J］. 求是，2006（12）：3-10.

念的原则、路径、方法等，强调通过法治理念教育促进社会和谐、维护群众合法权益、维护社会公平正义。2007年，中央政法委颁布《关于深化社会主义法治理念教育的意见》，要求有组织有系统地全面推进法治理念教育工作。同时，要在全国政法系统所属大专院校开展社会主义法治理念教育，其目的是为全国范围全面普及提高奠定基础。这样，法治理念教育由点到面，由政法系统到教育系统再到全社会得以全面覆盖，进入全面普及提高阶段。法治理念教育由政法系统为主扩展到公务员系统，并且把社会主义法治理念教育落脚于提高全国公务员的依法行政能力方面。2007年，党的十七大报告指出："树立社会主义法治理念，实现国家各项工作法治化。"❶ 报告强调了法治理念教育的意义，并把它纳入了国民教育体系，在社会各阶层各领域全面展开。同年，胡锦涛同志在全国政法工作座谈会上，明确要求政法工作要树立政治意识、大局意识、责任意识、法律意识、廉政意识。他的讲话"是对社会主义法治理念的丰富和发展"❷。2012年，党的十八大报告突出强调要"树立社会主义法治理念"❸。为实现这一目标，必须加大宣传力度，推进法治建设，培育法治信仰。党的十八届四中全会强调，弘扬社会主义法治精神，形成守法光荣、违法可耻的社会氛围。2017年，党的十九大报告多次阐发"法治"问题，"法治"一词出现了53次，强调树立"法律面前人人平等的法治理念"。❹ 2018年，习近平总书记更是明确要求在法治工作队伍中加强理想信念教育，深入开展社会主义核心价值观教育和社会主义法治理念教育。

只有当法律进入公民的内心，化作行为指南时，法律才会产生积极的作用。因此，法治建设必须坚持法治理念教育先行。培育公民的法治理念就要把它贯穿法治建设的全过程、各领域，同时，创新宣传形式，注重宣传实效，落脚于提高法治素养和道德素质。此外，还要推动落实"谁执法，谁普法"的普法责任制，推进社会主义法治理念教育目标精准化、举措项目化、考核

---

❶ 胡锦涛. 高举中国特色社会主义伟大旗帜　为夺取全面建设小康社会新胜利而奋斗 [M]. 北京：人民出版社，2007：29.

❷ 王胜俊. 始终坚持"三个至上"实现人民法院工作指导思想的与时俱进 [N]. 人民法院报，2008-09-10 (1).

❸ 胡锦涛. 坚定不移沿着中国特色社会主义道路前进　为全面建成小康社会而奋斗：在中国共产党第十八次全国代表大会上的报告 [J]. 求是，2012 (22)：3-25.

❹ 习近平. 决胜全面建成小康社会　夺取新时代中国特色社会主义伟大胜利：在中国共产党第十九次全国代表大会上的报告 [J]. 党建，2017 (11)：15-34.

体系化、指导专业化。法治文化的形成以公民的法治意识和法治素质为前提，法治理念教育是培育法治文化的重要途径。

(四) 建设社会主义法治文化的提出

法治理念是法治文化的核心，法治文化以法律信仰为灵魂，以保障公民权利为旨趣，以规制行政权力为重点。法治文化是法治社会建设的保障、和谐社会的基础、管理创新的前提。社会主义法治文化能够发挥教化调控、社会整合、价值引导、推动实践的作用，其建设应当从立法文化、执法文化和司法文化等着手。法治文化是国家法治建设成果在文化层面的结晶，是借助法治理念教育和法律法规落实而推进社会治理形成的文化形态，它内含社会法治治理状态和法治认知状态。社会主义法治文化建设的加强和推进，要求"法治理念内化于心、外化于行"[1]，要求营造尊法学法守法用法的良好氛围，要求向整个社会传导正确的法治理念，将法治理念融入国家治理各个领域，突出社会主义核心价值观的引导作用。推进法治国家建设不仅要实现法律制度、运行、实施的现代化，而且要大力推进法治文化建设。"法治之于中国……也是一场文化、观念的革命。"[2] 法治理念是社会主义法治文化的重要内容。在我国法治文化建设领域，既存在打着"本土资源"旗号否定40多年来法治改革的思潮，又存在主张照搬西方资本主义"三权分立"的西化思潮。社会主义法治理念教育明确了法治建设的社会定位和价值方向，有利于推动全面深化改革开放和社会主义现代化事业的健康发展。

习近平总书记强调，必须在全社会"建设社会主义法治文化"[3]。法治"是由外显性法律文化和内隐性法律文化组成的一种文化状态"[4]。法治理念就属于内隐性法律文化，它对于法治的形成发展具有极为重要的作用。法治是人们普遍遵守规则而形成的秩序状态，虽然法律规则的遵守依靠国家强制力量，但是归根结底法律规则的普遍遵守源于人们接受了一定法治文化理念的支撑。伯尔曼说："信任、公正、可靠性和归属感，远较强制力更为重要。

---

[1] 刘卓红，张堃. 以社会主义核心价值观引领新时代中国特色社会主义法治文化建设 [J]. 马克思主义理论学科研究，2020 (4)：89-97.

[2] 程燎原. 从法制到法治 [M]. 北京：法律出版社，1999：126.

[3] 习近平. 加快建设社会主义法治国家 [J]. 理论学习，2015 (2)：4-8.

[4] 金亮贤. 改革开放以来法律文化变迁述评 [J]. 政治与法律，2002 (5)：22-28.

法律只在受到信任……才是有效的……真正能阻止犯罪的乃是守法的传统。"[1]对于一个成熟的法治国家来说，各种法律规则必然内含法律文化，公民的法律意识是法律文化长期浸染的结果。只有通过长期的法治教育，才能培育公民的法治精神。过去，我们往往注重法治的政治功能、经济功能，在一定程度上忽视了法治的文化功能。社会主义法治理念教育提出的就是要纠正过去法治建设的偏差，特别是在法治建设中融入法治文化的内核，强化法治信仰、法治精神和法治理想教育。我们要加大宣传教育力度，继承和发扬社会主义法治文化传统，引领人民群众践行民主法治、公平正义的法治精神。

第二节　社会主义法治理念教育的理论基础

社会主义法治理念经历了一个形成、发展的过程，它随着我国法治建设的发展而不断丰富发展。社会主义法治理念教育以马克思主义、党的社会主义法治思想为理论基础。马克思、恩格斯深刻揭示了法治的经济根源，探讨了法治的国体与政体、基础与条件、性质与作用，着重阐明了无产阶级民主与专政是社会主义法治的基础。列宁为开创人类历史上第一个社会主义国家奠定了法治基础。他认为，社会主义国家必须通过宪法确立人民主权，加强国家公共权力的监督制约，坚持党的领导和依法执政的统一。中国共产党的法治建设思想是马列主义法治思想中国化的成果。毛泽东、邓小平、江泽民、胡锦涛、习近平等积极探索法治建设，形成了社会主义法治理论。中国共产党的法治建设思想，是新时代全面推进社会主义法治建设的必然要求。

一、马克思、恩格斯和列宁的社会主义法治建设思想

马克思、恩格斯和列宁的法治思想是我们开展法治理念教育的重要依据，那种鼓吹马克思、恩格斯法治思想"过时论"的观点是根本错误的。马克思、恩格斯从历史唯物主义出发，深刻揭示了法治的历史性和阶级性，阐明了法治的经济根源以及法治的国体与政体、基础与条件、性质与作用，在对资产阶级法治进行深刻批判的基础上，初步分析了无产阶级民主与专政是法治的

---

[1] 伯尔曼. 法律与宗教 [M]. 梁治平, 译. 北京: 生活·读书·新知三联书店, 1991: 43.

基础，构建了社会主义法治的内容和方式。社会主义法治的主要职能是改造经济，发展文化教育，保护人民，镇压敌人。马克思、恩格斯的法治思想与自由、民主、平等、人权等问题有着紧密的联系。马克思、恩格斯对社会主义法治建设思想的主要贡献表现为：深刻阐明了法治与社会发展的辩证关系；突出强调了社会主义法治的国体与政体、基础与条件、性质与作用等问题；着重阐明了无产阶级民主与专政是社会主义法治的基础；社会主义法治的主要职能是改造经济，发展文化教育，保护人民，镇压敌人；社会主义法治的本质决定着它的职能。列宁为开创人类历史上第一个社会主义国家奠定了法治基础，他非常重视法治教育以及守法公民的培育。列宁对社会主义法治建设思想的主要贡献表现为：阐明了法治之于社会主义的必要性和必然性；坚持通过宪法确立人民主权；高度重视树立社会主义法治权威；强调对国家公共权力的监督制约；坚持国家法治统一；坚持党的领导和依法执政有机结合。

(一) 马克思、恩格斯的社会主义法治建设思想

马克思主义法学产生之前，资产阶级法治思想在西方近代法治建设领域中占统治地位。自由资本主义时代的资产阶级法治建设思想为现代法学的繁荣提供了丰富的思想资源。资产阶级法治思想的局限性在于鼓吹法治的超阶级性，并以此掩盖法治的阶级本质，资产阶级把法治说成是公共意志的体现，由于掩盖了其阶级性因而不能正确阐明法治的本质及其发展规律。马克思、恩格斯唯物史观的创立为揭示法治的本质提供了科学的世界观和方法论。把对法治的阐释奠立在历史唯物主义基础之上，这是马克思、恩格斯关于社会主义法治思想的重要内容。"社会物质生活条件培植了人的法律需要，也决定了法的本质。"[1] 马克思、恩格斯认为，法治是历史发展的产物，是在私有制、阶级、国家基础上产生的，具有鲜明的阶级性和历史性。"法的关系……根源于物质的生活关系。"[2] 政治的立法"只是表明和记载经济关系的要求而已"[3]。马克思、恩格斯是马克思主义法学的创造者和社会主义法治理论的奠基人。

马克思、恩格斯对社会主义法治建设思想的主要贡献有以下方面。

---

[1] 梁梁. 试论马克思的法治思想 [J]. 科学社会主义, 2017 (6): 61-66.
[2] 马克思恩格斯全集: 第31卷 [M]. 北京: 人民出版社, 1998: 412.
[3] 马克思恩格斯全集: 第4卷 [M]. 北京: 人民出版社, 1995: 122.

1. 深刻阐明了法治与社会发展的辩证关系。在马克思、恩格斯看来，法律以社会为基础，而不是相反。法治属于社会的上层建筑，归根结底由它的经济基础所决定，并且服务于它的经济基础。马克思、恩格斯立足社会现实，阐述了法治建设与国家政权的关系，强调有了法制不一定就有法治，但有了法治肯定会有法制。法制随着国家的产生而产生，随着国家的消亡而消亡。马克思、恩格斯认为，无论是批判资产阶级法治还是建构社会主义法治，都必须以社会发展状况为基础，真正的法治始于资产阶级国家的建立，这时，法治成为维护社会稳定和统治秩序的重要手段。他们揭露了资产阶级法治的虚假性，即资产阶级的法治仅仅具备了法治形式，但就其内容来看，是资产阶级压迫无产阶级和广大人民群众的工具。社会主义法治必须以推翻资产阶级的统治为前提，也就是说，通过无产阶级革命建立人民当家作主的国家政权，才能推动社会主义法治建设的发展。

2. 突出强调了社会主义法治的国体与政体、基础与条件、性质与作用等问题。马克思、恩格斯对社会主义法治的阐述侧重于指导思想、原则特征和本质规律等方面，尤其是突出强调了社会主义法治的国体与政体、基础与条件、性质与作用等问题。马克思、恩格斯认为，废除资产阶级法统，打碎资本主义国家机器是实现社会主义法治的前提条件。资产阶级法治虽然具有历史进步性，但是，资产阶级法治理念是资本主义所有制关系的产物，是由资产阶级物质生活条件决定的。废除资产阶级国家机器和法律制度，建立无产阶级法律制度，必须以无产阶级革命和无产阶级专政为前提。马克思指出，"社会主义不通过革命是不可能实现的"[1]。革命是推翻旧的国家政权和法律制度，创立社会主义法治的必要条件。恩格斯揭露了资产阶级法治的虚伪性，他认为，无产阶级取得政权之后，用无产阶级法律来代替资产阶级法律，是自然而然的事情。1871年的巴黎公社是建立无产阶级专政的首次尝试。巴黎公社革命证明，无产阶级不能简单地掌握现成的国家机器，实行社会主义法治必须彻底打碎旧的国家机器，尤其是它的常备军、警察、官僚、法官、僧侣等。

3. 着重阐明了无产阶级民主与专政是社会主义法治的基础。马克思、恩格斯对社会主义法治的重要贡献之一就是强调无产阶级民主与专政。法治的

---

[1] 马克思恩格斯全集：第3卷 [M]．北京：人民出版社，2002：395.

前提是确保它的法律基础具有至高无上性,得到绝对承认。实现社会主义法治的法律基础是什么呢?是无产阶级民主与专政。恩格斯指出,无产阶级取得政权之后,"要求由革命创造的新的法制基础得到绝对承认"❶。马克思指出,在由资本主义向共产主义社会的转变时期,有一个必须坚持无产阶级专政的"政治上的过渡时期"❷,在过渡时期必须实行社会主义法治。巴黎公社是建立新的真正民主国家政权的有益尝试,新的真正民主就是无产阶级和广大人民群众当家作主,并且行使权力、管理国家。巴黎公社把一切军事、行政和政治的职务变成了真正工人的职务,它从根本上改变了国家政权的阶级性质,它把国家职能"交给由普选出来的人担任"❸。马克思、恩格斯坚决反对行政高于立法、行政兼管司法的官僚集中制,主张把立法、行政和司法等权力归人民代表掌握。

4. 社会主义法治的主要职能是改造经济,发展文化教育,保护人民,镇压敌人。马克思、恩格斯在《共产党宣言》中探讨了共产主义社会的法治问题,他们认为,必须"对资产阶级生产关系实行强制性的干预",❹ 对于这种"强制性的干预",过去我们只是强调"剥夺剥夺者",即无产阶级利用自己的专政夺取资产阶级的全部资本。从实际看,"剥夺剥夺者"是一个复杂的过程,包含着诸多的内容,如"把全部运输业集中在国家手里""促进城乡对立逐步消灭"等,这些目标的实现必须通过立法来完成。无产阶级不是没有法权要求。无产阶级夺取政权之后,必须"用法律的形式赋予这些要求以普遍的效力","用法权要求的形式来表述自己的要求"。❺ 法治建设是无产阶级夺取政权后的必然选择。

5. 社会主义法治的本质决定着它的职能。马克思、恩格斯从唯物史观的视域出发,深刻揭示了法的起源、法的本质和发展规律。马克思、恩格斯通过对资本主义社会的"人体解剖",考察了资本主义法治的产生和发展,特别是分析批判了资本主义的经济法律关系和劳动法律制度,揭示了法治的阶级本质,批判了资产阶级法学的唯心论。社会主义法治是由社会主义经济基础

---

❶ 马克思恩格斯全集:第36卷[M].北京:人民出版社,1974:238.
❷ 马克思恩格斯全集:第19卷[M].北京:人民出版社,1963:31.
❸ 马克思恩格斯全集:第2卷[M].北京:人民出版社,1972:335.
❹ 马克思恩格斯文集:第2卷[M].北京:人民出版社,2009:52.
❺ 马克思恩格斯全集:第21卷[M].北京:人民出版社,1965:568.

产生的社会利益和需要的表现。恩格斯认为,未来社会是国家的"逐渐消亡和最后消失"❶,为此,无产阶级应首先掌握国家政权。他坚决反对无政府主义,强调镇压敌对阶级的反抗是无产阶级国家法律制度的新职能之一。无产阶级法治的职能是绝大多数人对极少数剥削分子的统治,是"镇压阶级敌人破坏和反抗与保护人民的自由民主",❷将这两个方面割裂开来必然会走向社会主义法治的反面。

(二) 列宁的社会主义法治建设思想

列宁的法治思想在马克思主义法治理论脉络中有着重要地位。列宁为人类历史上第一个社会主义国家奠定了法治基础,他在领导俄国十月革命和创建苏维埃政权的过程中阐发了社会主义法治理念教育思想。列宁深化了法的本体论思想,把马克思主义法治理论方法运用于社会主义革命与建设,结合当时苏俄的社会历史条件,探讨了社会主义法治建设是什么、为什么、怎么样的问题。列宁认为,法治理念教育是巩固社会主义政权的必要条件。列宁将马克思和恩格斯的国家、革命和法治思想创造性地用于苏联时期社会主义的法治建设。但是,由于早逝,他的社会主义法治思想并没有得以充分贯彻。

列宁对社会主义法治建设思想的主要贡献包括以下方面。

1. 关于法治之于社会主义的必要性和必然性。法制是国家政权的有机构成。无产阶级夺取政权之后,必须建立自己的法制体系。法制直接体现着国家的性质,维护着国家的长治久安。列宁认为,无产阶级取得政权之后,必须通过"实行新宪法来掌握和保持政权,巩固政权"。❸ 法律制度的建立不仅关乎政权性质,而且影响政权的稳固。因此,社会主义国家必须"把立法权和对执行法律的监督权集中在自己的手里"。❹ 国家必须通过法律制度的制定和实施来加强对私法关系和民事案件的干预,坚持把法治置于社会主义国家建设的整体来考量。民主与法制是不可分割的。社会主义法制表达人民意志、保护人民利益,因此,是民主的表现方式。他强调,违背大多数人的意志

---

❶ 马克思恩格斯全集:第36卷 [M]. 北京:人民出版社,1974:10.
❷ 杜耀富. 马克思、恩格斯与社会主义法治 [J]. 西南民族学院学报:哲学社会科学版,2001 (1):72-75.
❸ 列宁全集:第38卷 [M]. 北京:人民出版社,2017:300.
❹ 列宁全集:第34卷 [M]. 北京:人民出版社,2017:448.

"等于背叛革命"。[1] 法律必须保障广大人民群众的自由民主权利。

2. 关于坚持通过宪法确立人民主权。社会主义法治必须保障人民当家作主，人民有权依据宪法和法律监督国家公权的行使限度。人民当家作主就是国家主权为人民所享有和控制。"坚持人民的利益是最高的法律的原则。"[2]列宁非常重视通过制定新宪法来确立新生苏维埃政权的合法性、国家机关干部的权力范围和人民的基本权利，他直接领导制定和颁布了1918年苏俄宪法，这部宪法确立了人类历史上第一个社会主义国家的国体和政体。列宁认为，宪法是人民权益的宣言书和保障书。他指出："宪法就是一张写着人民权利的纸。"[3] 列宁阐明了宪法对于人民权利的规定性和人民实现宪法权利的路径。当然，宪法规定的权利还需要通过制定体现人民意志的基本法律制度才能被真正的现实化。

3. 关于树立社会主义法治权威问题。法治建设必须树立和捍卫法治权威。法治权威是用国家强制力、威慑力来捍卫国家政权，建构经济社会秩序。司法的暴力性和国家强制性是法治的重要特点。列宁认为，社会主义的法律制度同样要求广大人民群众遵守，没有法治权威便难以保证法律的自觉遵守。树立法治权威需要坚决反对官僚主义，消除封建特权文化的消极影响。法制的统一性是法治权威的保障，因此，列宁强调全苏维埃必须保持"统一的法制"。[4] 他建议成立检察机关，这一机关担负着法制统一、保障法律实施监督的职责。检察制度对于克服地方主义和本位主义发挥了重要作用。检察机关实行中央垂直领导，这种设计能够有效抵制"地方的和其他一切的官僚主义"[5]。

4. 关于对国家公共权力的监督制约问题。人类几千年的政治实践证明，不受监督的权力必然导致权力滥用和腐败。列宁以人民主权为理论基础，探索出了一条以人民监督权为基础的权力制约路径。要让人民监督国家权力，就必须"强化人民的参与权、知情权、监督权和罢免权"。[6] 要完善监察体制，以权力监督权力。由于苏俄地域广阔、民族众多，直接民主制带来低效

---

[1] 列宁全集：第35卷 [M]. 北京：人民出版社，2017：174.
[2] 张述周. 列宁对社会主义法治国家建设的构想 [J]. 当代世界与社会主义，2007 (6)：58-61.
[3] 列宁全集：第12卷 [M]. 北京：人民出版社，2017：50.
[4] 列宁全集：第43卷 [M]. 北京：人民出版社，2017：195.
[5] 列宁全集：第43卷 [M]. 北京：人民出版社，2017：197.
[6] 王建国. 列宁的社会主义法治思想及其当代价值 [J]. 北方法学，2019 (2)：108-119.

率，因而开始转向间接民主制，即实施多层次的代表制，其结果是出现了权力过分集中的趋势，列宁将此抨击为不能容忍的"寡头政治"[1]。为此，他提出和完善了人民监督、党的监督和国家监督相结合的社会主义监督模式。在党的监督方面，列宁在《论"双重"领导和法制》一文中指出，中央总检察长、最高法庭和司法人民委员部委员，受中央组织局、中央政治局和中央监察委员会这三个党机关最密切的监督。在国家监督方面，1920年2月，全俄中央执行委员会根据列宁的建议，把国家监察人民委员部改组为工农检查院，通过了《工农检查院条例》。列宁认为，这是反对官僚主义的重要措施之一。在人民监督方面，列宁认为，与官僚主义和贪污受贿等作斗争，"单靠宣传是搞不成的，只有靠人民群众的帮忙才行。"[2] 也就是说，同破坏法治的行为作斗争必须充分发挥人民群众的监督作用。

5. 关于坚持国家法治统一的思想。列宁认为，宪法是国家制定的调整社会关系的法律的总纲领，因此，应当以宪法为纲领完善社会主义法治体系。在列宁的领导下，苏维埃俄国建立起了包括宪法、民法、刑法、土地法、劳动法、诉讼法等在内的社会主义法律体系。列宁认为，拒绝社会主义法治意味着背叛社会主义。他要求，中央机构和地方所属机关严格执行苏维埃已经颁布的法律法令。列宁强调："法制应当加强（或得到严格的遵守）。"[3] 实现法治的统一不仅要求行政机关严格执法、司法机关公正司法，还必须加强公民法治理念的教育，强化全民遵守法律的意识。列宁主张，通过法治理念的灌输教育，提高公民的文化程度和守法意识水平。列宁看到，俄国文化不发达，这种文化的落后性限制着"苏维埃政权的作用并使官僚制度复活"[4]。列宁认为，必须对公民进行社会主义法治理念教育，"必须有广大的教育工作、组织工作和文化工作"[5]，提高公民的社会主义法治意识是一个缓慢过程，需要我们长期努力。

6. 关于坚持党的领导和依法执政有机结合的思想。列宁创造性地解决了无产阶级专政和国家法治建设的关系，探索了一条坚持党的领导和实施依法

---

[1] 列宁全集：第39卷 [M]. 北京：人民出版社，2017：27.
[2] 列宁全集：第42卷 [M]. 北京：人民出版社，2017：197.
[3] 列宁全集：第35卷 [M]. 北京：人民出版社，2017：130.
[4] 列宁全集：第36卷 [M]. 北京：人民出版社，2017：150.
[5] 列宁全集：第36卷 [M]. 北京：人民出版社，2017：31.

执政相结合的社会主义法治建设之路。列宁指出，摧毁资产阶级的政权和法制、建立无产阶级的政权和法制是无产阶级革命的重要任务。苏维埃政权建立之后，列宁号召广大人民群众废除旧法律，摧毁压迫人民的机关，夺取政权，创立新法制。列宁十分注意执政党的政策和国家法律的职权划分，一方面，强调执政党应当加强对社会主义国家法治建设的政治领导；另一方面，强调党政分开，分清党的政策和国家法律调整的领域和对象。列宁强调："党的代表大会上是不能制定法律的。"❶ 党的主张要变成国家意志就必须通过国家立法机关，按照既定的程序作出决定。党必须在宪法范围内实行自己的决定，对于党法不分、以党代法的错误，列宁给予了批判。党的政策是立法的指导思想，要把党的政策上升到国家意志层面并获得普遍的约束力、强制力，就必须通过立法实现政策法治化。

二、中国共产党的社会主义法治建设思想

中国共产党的法治建设思想主要由毛泽东、邓小平、江泽民、胡锦涛、习近平等党和国家领导人的法治建设思想组成。毛泽东在新民主主义革命初期，思考并提出了人民民主问题；在抗日战争时期，提出了建立统一战线、成立联合政府的主张；新民主主义革命胜利之后，提出了建立新的联合政府的主张；中华人民共和国成立后，主持制定了新中国第一部《宪法》和《人民检察院组织法》《人民法院组织法》等，初步建立和完善了社会主义法律体系。邓小平十分强调法治建设，重视推进民主法律化、制度化；强调法律适用的普遍性，坚持有法可依、有法必依、执法必严、违法必究；强调社会主义经济的本质是法治经济；提出要尊重和保障人权；提出要加强法律监督；提出了"一国两制"的法治构想。江泽民坚持依法治国，积极构建中国特色社会主义法律体系；积极推动政治体制改革，加快民主法制建设；加强监督制度建设，维护国家的法制统一；坚持加强党的领导和社会主义法治建设相结合，重视法制宣传和普法教育，注重提高干部的法律素质和增强全民的法治意识。胡锦涛坚持社会主义民主与法治建设相结合；强调法治的第一要义是发展；把以人为本作为社会主义法治建设的核心内容；强调实现法治现代化重在实践；坚持把"以遵纪守法为荣、以违法乱纪为耻"列为社会主义荣辱观教育

---

❶ 列宁全集：第30卷［M］．北京：人民出版社，2017：308．

的重要内容之一。习近平在党的十八大以来，系统阐述了社会主义法治教育思想，论述了法治教育的重点对象和方式方法，阐明了法治教育的基本原则，形成了完整系统的法治教育思想。

（一）毛泽东的法治建设思想

毛泽东的法治建设思想是在对近现代中国救亡、革命和建设等时代主题的反思中逐步形成的。从工农民主专政到抗日民主政权，从联合政府主张到人民民主专政，在新民主主义革命、社会主义革命和建设过程中，毛泽东始终在反思建立一个怎样的国家的问题。"社会主义的法治基础应是具有相当阶级觉悟与社会觉悟的广大群众。"❶ 历史的逻辑是立法成治、教育常先。加强广大群众的法治理念教育是社会主义法治建设的基础。为此，必须贯彻毛泽东"教育为主，惩办为辅""批判从严，处理从宽"等教育为先、教育为主的光辉思想。在法治建设方面，毛泽东亲自组织领导、亲自参与，废除旧的法律、制定新的法律，其目的是解放和发展生产力；在法律制度设计方面，他强调要立足国情，坚持一切从实际出发，大力推动中国社会主义法治事业的发展，同时，要有国际视野，敢于借鉴国外法治建设有益成果。

毛泽东的法治建设思想主要涉及以下六个方面。

1. 关于人民民主问题。在新民主主义革命初期，毛泽东就开始思考实现人民民主问题。在毛泽东心中，人民利益高于一切，他的一生都在为实现人民民主而奋斗。毛泽东指出："一切从人民的利益出发，这就是我们的出发点。"❷ "人民立法是毛泽东法治思想的一个突出特点。"❸ 早在1920年，毛泽东就指出，以后的政治和法律，"装在工人们农人们的脑子里"，"他们对于法律，要怎么定就怎么定"。❹ 基于武装斗争的需要，毛泽东把法治蕴含的秩序内容融入党的政策和军队的纪律建设之中。1929年，毛泽东发表了《关于纠正党内的错误思想》一文，从整顿党和军队的纪律出发，对极端民主化、非组织观点、流寇思想和盲动主义等进行了集中批判。在革命根据地建设中，

---

❶ 吴越. 毛泽东的民主法制观与中国特色的法治秩序 [J]. 江汉论坛, 1994 (4): 50-54.
❷ 毛泽东选集: 第3卷 [M]. 北京: 人民出版社, 1991: 1094.
❸ 薛剑符. 毛泽东法治思想的时代特征 [J]. 毛泽东思想研究, 2015 (5): 24-30.
❹ 李捷, 于俊道. 实录毛泽东的早年奋斗史 1893—1927年 [M]. 北京: 北京联合出版公司, 2018: 151.

毛泽东提出了著名的"三大纪律八项注意",为建设新型革命军队提供了制度保障。

2. 关于建立统一战线、成立联合政府问题。在抗日战争时期,毛泽东提出了建立统一战线、成立联合政府的主张。1931年11月,毛泽东主持制定了《中华苏维埃宪法大纲》,首次把苏维埃政权的国体和政体、人民民主权利等用宪法大纲的形式进行了确认。1937年,毛泽东起草了争取一切力量早日实现抗日战争胜利的宣传提纲,发表了《为动员一切力量争取抗战胜利而斗争》,明确提出:"废除一切束缚人民爱国运动的旧法令,颁布革命的新法令。"❶ 对于一切顽固派的防共、限共、反共的法律,应当"坚决反抗之""采取坚决斗争的态度"。❷ 1940年,他在《新民主主义论》中强调,各革命阶级联合专政是国体,民主集中制是政体。1945年,毛泽东发表了《论联合政府》一文,提出了独立、自由、民主、统一、富强的新中国宪政原则,阐述了建立联合政府的法治主张。

3. 关于建立新的联合政府的主张。1948年9月,在中央政治局会议上,毛泽东正式提出第二年成立临时中央政府即联合政府的问题。毛泽东集中强调了国体问题,强调建立人民民主专政的国家,明确指出中国不搞资产阶级的议会制和三权鼎立,而是坚持民主制。毛泽东指出:"过去我们叫苏维埃代表大会制度……现在……我们提出开人民代表会议。"❸ 1949年,党的七届二中全会上,毛泽东提出了建立合作经济、统制对外贸易、改革海关制度等法治思想,阐明了建立民主联合政府的宪政原则。

4. 关于第一部宪法的制定。中华人民共和国成立初期,毛泽东和党的老一辈革命家主持制定了新中国第一部《宪法》和《人民检察院组织法》《人民法院组织法》等,确立了民主与法制相结合,以事实为根据、以法律为准绳,有法可依、有法必依,对人民实行民主、对敌人实行专政等法治建设原则,为社会主义法治建设奠定了坚实的基础。毛泽东认为:"社会主义革命的目的是解放生产力。"❹ 毛泽东对新中国法治建设的探讨是围绕解放发展生产力展开的,在宪法领域作出了突出贡献。对于第一部宪法的制定,毛泽东亲

---

❶ 毛泽东选集:第2卷[M]. 北京:人民出版社,1991:355.
❷ 毛泽东选集:第2卷[M]. 北京:人民出版社,1991:754.
❸ 中央档案馆. 中共中央文件选集:第18册[M]. 中共中央党校出版社,1992:458-459.
❹ 毛泽东文集:第7卷[M]. 北京:人民出版社,1999:1.

自起草了草案的大部分条文，为此常常"一干就是一个通宵"❶。毛泽东认为，这部宪法是"过渡"时期社会主义类型的宪法，其优点是总结了"最近五年的革命和建设的经验"❷。新中国第一部宪法，就其性质来说是一部过渡时期"社会主义类型的宪法"❸。从历史实践看，这一定性是非常正确的。毛泽东对新中国第一部宪法非常珍视，多次强调，"宪法就是底"❹，处理任何问题都不能突破宪法的底线。

5. 关于刑法领域的立法问题。在刑事法律领域，毛泽东创制了死缓制度。死缓制度可以追溯到新民主主义革命时期，是"毛泽东在镇压反革命运动中创造性设置的"❺。1950年，中共中央发出《关于镇压反革命活动的指示》，大规模的镇反运动由此开始。1951年，中央人民政府颁布《中华人民共和国惩治反革命条例》，规定了镇反的法律依据和量刑标准。但由于没有统一的定罪标准，为镇反扩大化埋下了伏笔。针对镇反运动出现的"左"倾偏差，即"不应该抓的抓了，不应该杀的杀了"，毛泽东创设了死缓制度，即对于死刑犯，"缓期一年或二年执行，强迫他们劳动，以观后效"❻。这一制度纠正了一些地方乱捕乱杀的"左"倾偏差，保证了镇反运动的健康发展，为我国之后的立法、司法所传承和发展完善。死缓制度是毛泽东慎刑思想的具体体现，这些死缓的人得以活下来为社会主义建设出力。

6. 关于民法典的编纂工作。1949年2月，中央下发指示，废除了国民党的六法全书。1954年，在民事法律领域，全国人大常委会启动了民法典的编纂工作。毛泽东在谈到新中国法治建设时强调，不仅刑法要搞，民法也需要搞，没有法律不行。1956年，民法草案完成，分为总则、所有权、债和继承共四编。1962年，民法典起草工作再次被提上日程，并于1964年完成了《中华人民共和国民法草案（试拟稿）》。虽然最终没有成为正式法律，但毛泽东开启的民法典编纂工作有着重要的意义。一般而言，民法典的生成往往与商品经济的发展直接关联，1964年民法典没有成为正式法律，与当时我国商品

---

❶ 浙江省毛泽东思想研究中心，中共浙江省委党史研究室. 毛泽东与浙江 [M]. 北京：中共党史出版社，1993：5.

❷ 毛泽东文集：第6卷 [M]. 北京：人民出版社，1999：325.

❸ 毛泽东文集：第6卷 [M]. 北京：人民出版社，1999：329.

❹ 毛泽东文集：第6卷 [M]. 北京：人民出版社，1999：358.

❺ 迟方旭. 毛泽东对新中国法治建设的创造性贡献 [J]. 马克思主义研究，2013（11）：29-34.

❻ 毛泽东文集：第6卷 [M]. 北京：人民出版社，1999：121.

经济还不发达有着直接关系。改革开放以后，1979年到1982年起草的民法草案，终未通过。1986年，全国人大常委会制定了《中华人民共和国民法通则》。1998年，全国人大重启民法典起草工作，四年后提交全国人大常委会第一次审议，其结果是决定分阶段、分步骤制定实施，于是便诞生了《中华人民共和国物权法》《中华人民共和国侵权责任法》等。2014年，党的十八届四中全会明确提出编纂民法典。《中华人民共和国民法典》于2020年5月28日通过，2021年1月1日起施行。

(二) 邓小平的法治建设理论

在改革开放时代，邓小平及时总结了中国革命和建设的实践经验，特别是"文化大革命"的错误和教训，适时而明确地提出了加强法治建设的任务。邓小平的法治理论以法律化、制度化为特征，坚持把以人民当家作主为核心，作为建设社会主义法治国家的重要指针，"竖起了一面中国社会主义法治现代化的伟大旗帜"❶，为我们提供了最宝贵的理论财富。邓小平重点破解了法治与人治的关系问题、民主与法制的关系问题等，提出坚持法律面前人人平等，强调社会主义经济本质上是法治经济，要尊重和保障人权，要加强法律监督，提出了"一国两制"的法治构想。

邓小平的法治建设理论主要包括以下七个方面。

1. 关于法治与人治的关系。法治和人治是两种不同的国家治理模式。法治强调法律的至上性，要求人人依法办事，没有凌驾于法律之上的权力。人治是依靠个人治理国家，个人居于法律之上，是专制制度的体现。邓小平鲜明地主张实行法治，坚决反对人治。他认为，把党和国家的稳定建立在一两个人的威望之上是危险的，是靠不住的。因为，"领导人的话改变了，'法'也就跟着改变"❷。这种以言代法、以权代法的现象根源于封建专制制度的传统。邓小平认为，我们进行改革就是要妥善处理"法治和人治的关系""党和政府的关系"。❸

2. 关于民主与法制的关系。邓小平强调，加强社会主义法治建设，实现

---

❶ 程样国，匡爱民，陈奇伟. 论邓小平的法治思想 [J]. 南昌大学学报：人文社会科学版，1998 (4)：18-24.

❷ 邓小平. 邓小平文选：第2卷 [M]. 北京：人民出版社，1994：164.

❸ 邓小平. 邓小平文选：第3卷 [M]. 北京：人民出版社，1993：177.

民主的制度化、法律化。法律制度建设是根本性、全局性的重大问题,不能随着领导人及其注意力的改变而改变。民主与法治是不可分割的。他说:"不要社会主义法制的民主……决不是社会主义的民主。"❶ 民主是实现社会主义现代化的必要条件,人民当家作主是社会主义民主的生动体现。在社会主义现代化建设新时期,他强调要"发展高度的社会主义民主和完备的社会主义法制"❷,这个基本方针要坚定不移,"今后也决不允许有任何动摇"❸。民主与法制的关系处理不好就会犯错误,民主不能超越法制的界限。不要党的领导,不要法制、纪律和秩序,这样的民主"决不是社会主义民主"❹。"为了保障人民民主,必须加强法制。"❺ 要"保证党和国家政治生活的民主化"❻,要加强社会主义法治意识的宣传。"我们过去对民主宣传得不够,实行得不够,制度上有许多不完善。"❼ 他强调,在大力解放和发展生产力的同时,要发展完备的社会主义法制。

3. 坚持法律面前人人平等。邓小平非常强调法律适用的普遍性,坚持"有法可依、有法必依、执法必严、违法必究"❽。邓小平认为,党必须在宪法和法律的范围内活动。这一原则已经载入宪法,它是邓小平对我们党法治经验的科学总结。十年动乱严重破坏了法制。邓小平在总结历史经验教训时强调,过去存在着以言代法、以权代法的问题,其实质就是人治。他在揭露人治弊端的同时强调了民主和法制的重要性,一方面,要有健全的法律制度,"现在的问题是法律很不完备……所以,应该集中力量制定刑法、民法、诉讼法"❾;另一方面,要树立法律的权威性,法律没有权威,就会败倒在长官意志面前,为此必须使民主法律化、制度化,保持法律的连续性和权威性。1954年,"法律面前一律平等"写入了新中国第一部宪法。1980年,在《目前的形势和任务》中,邓小平郑重提出了"法律面前人人平等"的原则。他强调,不管是谁违反了党纪国法都要受到处罚,尤其是高干、名人违法犯罪,

---

❶ 邓小平. 邓小平文选:第2卷 [M]. 北京:人民出版社,1994:359.
❷ 邓小平. 邓小平文选:第2卷 [M]. 北京:人民出版社,1994:208.
❸ 邓小平. 邓小平文选:第2卷 [M]. 北京:人民出版社,1994:359.
❹ 邓小平. 邓小平文选:第2卷 [M]. 北京:人民出版社,1994:359.
❺ 邓小平. 邓小平文选:第2卷 [M]. 北京:人民出版社,1994:146.
❻ 邓小平. 邓小平文选:第2卷 [M]. 北京:人民出版社,1994:336.
❼ 邓小平. 邓小平文选:第2卷 [M]. 北京:人民出版社,1994:176.
❽ 邓小平. 邓小平文选:第2卷 [M]. 北京:人民出版社,1994:333.
❾ 邓小平. 邓小平文选:第2卷 [M]. 北京:人民出版社,1994:333.

"越要抓紧查处"❶。

4. 强调社会主义经济的本质是法治经济。邓小平强调,在社会主义初级阶段要正确处理和解决好政治、经济和法律的关系。邓小平提出,社会主义法治的基本方针是"一手抓建设,一手抓法制"❷。党的十三大召开后,国家的根本任务是加快和深化改革,而法制建设必须贯穿改革全过程,由此形成了法治建国思想。邓小平指出:"从党的十一届三中全会以后就开始抓法制,没有法制不行。"❸加强社会主义法治建设,最根本的是教育人。邓小平指出:"法制教育要从娃娃开始……社会上也要进行这个教育。"❹邓小平社会主义法治思想的核心是依法治国。社会主义与法治的结合是最佳的治国方略和良策。

5. 提出要尊重和保障人权。邓小平认为,社会主义的人权是全面的多数人的人权,人权包括多个方面,如社会权利、政治权利、经济权利、文化权利等,国家应当以法律形式确认和保障公民权利。他说:"法律和制度面前人人平等……任何犯了法的人都不能逍遥法外。"❺他主张,法律的权威高于领导人。"制度和法律不因领导人的改变而改变"❻。法具有至上的权威性,法的效力高于领导人,这是社会主义法治的原则。邓小平强调,过去"主要的弊端就是官僚主义现象,权力过分集中的现象"❼。其结果,党的领导变成了个人领导,人民民主权利变成了个人特权,这与历史上封建专制主义的影响有关。

6. 提出要加强法律监督。制约和监督权力是现代法治精神,是防止腐败的根本举措。邓小平认为,宪法是国家的根本大法,党必须在宪法的范围内活动;党要管党,要加强党内外的监督,要加强国家权力运行的监督,严厉惩治贪污贿赂等犯罪行为,大力开展反腐败工作。邓小平说:"全体同志和全体干部都要按照宪法、法律、法令办事。"❽越是高级干部越应当自觉接受群

---

❶ 邓小平. 邓小平文选:第3卷[M]. 北京:人民出版社,1993:152.
❷ 邓小平. 邓小平文选:第3卷[M]. 北京:人民出版社,1993:154.
❸ 邓小平. 邓小平文选:第3卷[M]. 北京:人民出版社,1993:163.
❹ 邓小平. 邓小平文选:第3卷[M]. 北京:人民出版社,1993:164.
❺ 邓小平. 邓小平文选:第2卷[M]. 北京:人民出版社,1994:332.
❻ 邓小平. 邓小平文选:第2卷[M]. 北京:人民出版社,1994:146.
❼ 邓小平. 邓小平文选:第2卷[M]. 北京:人民出版社,1994:327.
❽ 邓小平. 邓小平文选:第2卷[M]. 北京:人民出版社,1994:331.

众的监督和约束。"我们要坚持共产党的领导，当然也有监督、有制约。"❶除了群众监督以外，专门机构的监督也非常重要。邓小平指出："最重要的是要有专门机构进行铁面无私的监督检查。"❷党员干部是人民的公仆，党员干部手中的权力是人民给的，所以在运用时必须用法律来约束，必须接受公仆的监督，忠于为人民服务的宗旨。邓小平认为，权力过分集中会妨碍社会主义民主制度的实行，会导致官僚主义。

7. 提出了"一国两制"的法治构想。"一国两制"成为妥善解决香港、澳门回归法治问题的典范。

（三）江泽民有关法治建设的重要论述

以江泽民同志为核心的党中央，继承和发展了邓小平社会主义法治理论，围绕社会主义法治建设进行了一系列探索。江泽民强调："民主和法制建设要抓紧进行"❸，并指出，绝不能以党代法。江泽民把社会主义法治建设放在改革、发展和稳定的工作大局中来看待。他强调："依法治国是社会进步……是我们建设社会主义现代化国家的必然要求。"❹江泽民的"三个代表"重要思想是对治党治国经验的总结，立党为公、执政为民是"三个代表"重要思想的本质。"三个代表"重要思想强调了党的领导和人民利益的一致性。我们党是人民意志和利益的代表者和体现者，党领导人民通过国家权力机关制定宪法和法律，把党的主张转化为国家意志，从而实现了党的领导与依法治国的统一。江泽民提出的依法治国适应了我国法治建设的需要。依法治国的目的是推进我国现代化建设。他强调，要按照民主化和法制化相结合的原则推进政治体制改革，加强法制建设；社会治安是重大政治问题，必须贯彻"严打"方针；要按照国际通行规则办事；加强普法教育，提高人民法律素质、法治意识。法制宣传教育是实行社会主义法治的基础工程。

江泽民有关社会主义法治建设的论述主要包括以下五个方面。

1. 关于法理观。江泽民提出的依法治国适应了我国法治建设的需要。依法治国的目的是推进我国现代化建设。在党的十五大报告中，江泽民系统阐

---

❶ 邓小平. 邓小平文选：第2卷 [M]. 北京：人民出版社，1994：332.
❷ 邓小平. 邓小平文选：第3卷 [M]. 北京：人民出版社，1993：311.
❸ 中共中央文献研究室. 十三大以来重要文献选编（中）[M]. 北京：人民出版社，1991：552.
❹ 江泽民文选：第1卷 [M]. 北京：人民出版社，2006：513.

第二章 社会主义法治理念教育的时代背景和理论基础

述了依法治国的内涵、意义和特点，依法治国被第一次写入党的纲领性文件。在党的领导下的依法治国，能够保障人民依法实行民主决策、民主管理和民主监督，从而切实保障人民群众的主人翁地位和合法权利，保证人民群众对政府工作的有效监督和支持。依法治国的基本内涵包括：它是人民民主的根本途径；它是党的领导的根本保证；它是实现政治文明的路径；它以国家事务、社会事务、经济文化事务为客体。坚持社会主义法治建设是我们党领导国家事务的优势和特点。江泽民强调，法治建设要在"党的领导下有步骤、有秩序地推进"[1]。发扬民主是基础，依法办事是保障。坚持依法治国，要处理好政策与法律的关系，实现党的领导和社会主义法治建设的有机统一。要加强监督制度建设，维护国家的法制统一。任何人都要接受监督，不受监督的权力必然产生腐败。江泽民在党的十五大报告中指出："一切干部都是人民的公仆，必须受到人民和法律的监督。"[2] 工会、共青团、妇联等都要充分发挥民主参与和民主监督的作用。他强调，要坚持党内监督、法律监督和群众监督相结合。江泽民高度重视加强立法工作，注重建立完善社会主义市场经济的法治体系。江泽民认为，制度问题更带有根本性、全局性、稳定性和长期性，必须发展社会主义民主，实现民主的制度化、法律化，把民主法制建设作为依法治国的重要内容。党的十五大报告提出，到2010年形成中国特色社会主义法律体系。为此，江泽民强调，要"加强立法工作，提高立法质量"[3]。做好立法工作必须发挥专家学者的作用，同时，要坚持走群众路线，广泛听取各方意见，做到集思广益。立法工作要做到体现人民的意志、维护人民的利益、得到人民的拥护。

2. 关于宪政观。坚持民主与法制相结合，推动政治体制改革，构建中国特色社会主义法律体系。要按照民主化和法制化相结合的原则推进政治体制改革，加强法制建设。江泽民指出："发展民主必须同健全法制紧密结合。"[4] 要切实保证司法机关严格执法，贯穿公正、民主和高效的原则，坚决纠正有

---

[1] 江泽民. 高举邓小平理论伟大旗帜 把建设有中国特色社会主义事业全面推向二十一世纪：在中国共产党第十五次全国代表大会上的报告（1997年9月12日）[J]. 理论与当代，1997（10）：4-23.

[2] 江泽民. 高举邓小平理论伟大旗帜 把建设有中国特色社会主义事业全面推向二十一世纪：在中国共产党第十五次全国代表大会上的报告（1997年9月12日）[J]. 理论与当代，1997（10）：4-23.

[3] 江泽民文选：第3卷 [M]. 北京：人民出版社，2006：555.

[4] 江泽民. 高举邓小平理论伟大旗帜 把建设有中国特色社会主义事业全面推向二十一世纪：在中国共产党第十五次全国代表大会上的报告（1997年9月12日）[J]. 理论与当代，1997（10）：4-23.

法不依、违法不究问题。对于政治体制改革，江泽民主要强调了两点，"一是积极稳妥地推进政治体制改革"；"二是转变政府职能，推进机构改革"。❶江泽民强调，我国国体是人民民主专政，我国根本制度是社会主义制度。因此，"坚持人民民主专政，任何时候都不能动摇"❷。人民代表大会制度是我国的特色和优势。对此，他认为，要坚持完善人民代表大会制度，坚决反对西方议会制度；要注重基层民主制度建设。关于国家结构形式，他强调，要巩固民族团结和维护国家统一，坚持民族区域自治的法制化，把"一国两制"作为解决澳门问题的基本方针。此外，他还提出了解决台湾问题的"八项主张"。

3. 关于刑法观。社会治安是重大政治问题，必须贯彻严打方针。江泽民强调，对于严重刑事犯罪，要依法从重从快惩处；要重事实、讲证据，严格依法办案；坚持惩办与宽大相结合，加大人权保护力度。要依法惩治经济领域的犯罪活动，维护良好的经济秩序。要集中查处大案要案，坚决反对腐败。他说："在整个改革开放过程中都要反对腐败。"❸ 他认为，一些人把人民赋予的职权看成既得利益，这是非常危险的。对于惩治腐败，他强调，要用重典、标本兼治，发扬民主，创新体制，要重点解决领导干部的违法违纪问题。抓住、抓好了这一重点，"其他方面的问题就比较容易解决"❹。

4. 关于国际法观。江泽民强调，要按照国际通行规则办事。加入世贸组织要求我们大力改进经济管理方式，遵循市场经济一般规律，建立健全法制、诚信、公平的市场环境，推动法治经济发展。他认为，主权与人权紧密相关。实现人权是人类的共同理想，保护人权是各国政府的职责。同时，只有维护主权才能保障人权，主权是人民享受人权的前提保障，实现人权需要各国共同努力，人权事业应当由本国政府自主解决。他还提出了和而不同的文明观。中国有追求以和为贵的优良传统，当今时代，"坚持'和'的思想依然十分重要"❺。他希望各国在平等、互尊基础上，以对话、协商、合作方式解决问题。

5. 关于普法教育观。加强普法教育，有助于提高法律素质、法治意识。

---

❶ 沈志先. 马克思主义法律思想中国化的新成果：江泽民法治思想初探 [J]. 毛泽东邓小平理论研究，2011（7）：60-66.
❷ 江泽民文选：第2卷 [M]. 北京：人民出版社，2006：169.
❸ 江泽民文选：第2卷 [M]. 北京：人民出版社，2006：46.
❹ 江泽民文选：第1卷 [M]. 北京：人民出版社，2006：408.
❺ 江泽民文选：第3卷 [M]. 北京：人民出版社，2006：523.

法制宣传教育是施行社会主义法治的基础工程。江泽民在党的十五大报告中指出，必须"深入开展普法教育"❶。领导干部应当带头学法用法，提高领导能力和管理水平。在社会主义市场经济不断发展和加强社会主义法治建设背景下，提高领导干部的法律素质已成为一项紧迫任务。

（四）胡锦涛有关法治建设的重要论述

科学发展观是我国社会主义法治建设的重要理论成果。胡锦涛"在立法、执法、司法、守法、学法和用法等诸多环节"❷探讨了社会主义法治现代化问题，他把民主法治建设作为社会主义和谐社会建设的首要内容，全面系统地阐述了和谐社会建设的总要求。"民主和法治是构建和谐社会的两大支柱。"❸构建民主法治的和谐社会必须坚持德法兼治的治国方略。他坚持社会主义民主建设与法治建设的统一，强调社会主义法治国家建设的第一要义是发展，把以人为本作为社会主义法治建设的主题和核心；强调实现法治现代化重在实践，重在法律运行实践的全面展开；把"以遵纪守法为荣、以违法乱纪为耻"列为社会主义荣辱观教育的一项重要内容。

胡锦涛有关社会主义法治建设重要论述主要包括以下五个方面。

1. 坚持社会主义民主建设与法治建设的统一。胡锦涛指出，"要把坚持党的领导、人民当家作主和依法治国有机统一起来"❹。法治建设必须坚持党的领导，实现人民民主权利。党的十七大报告首次提出，人民民主是社会主义的生命。坚持人民民主就必须不断发展公民权利。为此，胡锦涛强调，要加强"公民意识"教育，增强决策的公众参与度，制定与群众利益密切相关的法律要公开听取群众的意见。他还在以往知情权、参与权、监督权基础上，引入了"表达权"概念。他强调，要"依法保证全体社会成员平等参与、平等发展的权利"❺。

---

❶ 江泽民. 高举邓小平理论伟大旗帜 把建设有中国特色社会主义事业全面推向二十一世纪：在中国共产党第十五次全国代表大会上的报告（1997年9月12日）[J]. 理论与当代，1997（10）：4-23.

❷ 吴延溢. 胡锦涛同志法治发展观探析[J]. 毛泽东思想研究，2010（1）：69-72.

❸ 丁锐华. 胡锦涛同志民主法治与德治思想解析[J]. 毛泽东思想研究，2010（3）：82-86.

❹ 胡锦涛. 在首都各界纪念中华人民共和国宪法施行二十周年大会上的讲话[N]. 人民日报，2002-12-05.

❺ 胡锦涛. 高举中国特色社会主义伟大旗帜 为夺取全面建设小康社会新胜利而奋斗：在中国共产党第十七次全国代表大会上的报告[M]. 北京：人民出版社，2007：28.

2. 社会主义法治国家建设的第一要义是发展。在新的历史时期，胡锦涛重申发展对于加快推进社会主义现代化建设的决定性意义。他指出，要"把握发展规律、创新发展理念……实现又好又快发展"❶。实现法治现代化是社会主义现代化的关键环节。法治现代化建设是持续的、渐进的，为此，要"量力而行、尽力而为，有重点分步骤地持续推进"❷。要实现社会主义法治又好又快的发展，就必须切实提高法治建设的质量和效益，为此，要统筹兼顾、相互协调，处理好数量与质量、速度与效果、成本与效益的关系。胡锦涛反复强调坚持依法治国基本方略，强调要把这一方略贯穿整个改革开放和现代化进程。他认为，坚持依法治国对社会文明的发展意义重大，并且从法治与党建、文明、稳定的关系等视角阐述了法治的综合价值。法治对于巩固发展民主团结、生动活泼、安定和谐的政治局面意义重大。他认为，提高公民的法律意识和法制观念是依法治国的基础。依法治国首先是依宪治国，因此必须全面贯彻实施宪法。

3. 把以人为本作为社会主义法治建设的主题和核心。胡锦涛指出，以人为本的根本含义是"立党为公，执政为民"❸。法治现代化建设必须围绕以人为本这个核心展开。要合乎人性，围绕人的多元利益展开，"做到发展为了人民、发展依靠人民、发展成果由人民共享"❹，这样才能真正确保广大人民群众的社会主体地位。坚持"尊重人民主体地位……促进人的全面发展"❺，加强社会主义法治建设必须坚持人民主权、人民当家作主。加强社会主义法治理念教育有助于确立公民自我意识、权利意识和宪法意识。要尊重人格，克服传统的官本位思想、臣民思想，建构真正的公民社会、民主社会。尊重人格是法治国家建设的基本要求。尊重人格贵在行动，重在确立公民的主体地位和资格，关注人民的生存与发展。社会主义法治维护的是最广大人民的根本利益，真正的民主社会是人民主权和人民当家作主，要关注民生、保障人格。民生建设的目标是"全体人民学有所教、劳有所得、病有所医、老有所

---

❶ 胡锦涛. 高举中国特色社会主义伟大旗帜　为夺取全面建设小康社会新胜利而奋斗：在中国共产党第十七次全国代表大会上的报告 [M]. 北京：人民出版社，2007：15.
❷ 中共中央文献研究室. 十六大以来重要文献选编（下）[M]. 北京：中央文献出版社，2008：650.
❸ 科学发展观重要论述摘编 [M]. 北京：中央文献出版社，2008：31.
❹ 科学发展观重要论述摘编 [M]. 北京：中央文献出版社，2008：31.
❺ 胡锦涛. 高举中国特色社会主义伟大旗帜　为夺取全面建设小康社会新胜利而奋斗：在中国共产党第十七次全国代表大会上的报告 [M]. 北京：人民出版社，2007：15.

养、住有所居"❶。要通过立法、执法、司法和法律监督诸环节来保障民生的实现。要坚决贯彻落实公平正义的法治理念，健全保障体系和福利制度。党的十六大以来，我们党鲜明地提出尊重和保障人权。在党的十七大上，胡锦涛强调，要实现平等参与、平等发展，要创造平等机会、追求实质平等；要促进义务教育均衡发展，实现教育机会平等；要扩大劳动机会，建立城乡劳动者平等就业制度以及就业援助制度。

4. 实现法治现代化重在实践，重在法律运行实践的全面展开。胡锦涛认为，必须"坚持科学立法、民主立法"❷。他勾勒了中国未来法治的美好蓝图，提出坚持以人为本的科学发展观，强调培育公民意识和法治理念，落实平等参与权、平等表达权和平等机会权。其坚持可持续发展理念，注重生态立法，梳理了生态立法思路，通过立、改、废进一步完善了生态立法。在法律适用环节，一方面，要推动服务型政府建设，既要依法行政、严格执法，又要文明执法、公正执法，突出依法行政，注重推进服务型政府建设；另一方面，要不断优化司法职权配置，推进司法改革，建设高效权威的司法制度。在法律监督环节，他强调监督范围要由点到面，特别强调对主要领导干部和关键岗位的监督，强调发挥多种监督形式的作用，完善质询、问责、审计、署名等制度，增强权力运行的透明度和公信力，"让权力在阳光下运行"❸，切实"增强监督合力和实效"❹。

5. 把"以遵纪守法为荣、以违法乱纪为耻"列为社会主义荣辱观教育的重要内容之一。2006年，胡锦涛在全国政协十届四次会议民盟民进联组会上，提出了树立社会主义荣辱观的重要思想，即"八荣八耻"，其中就包括"以遵纪守法为荣、以违法乱纪为耻"。新时期加强社会主义荣辱观教育，对于培育遵纪守法的新一代公民具有重要意义。一方面，遵纪守法是社会主义和谐社会和现代化建设的客观需要，因为没有社会的稳定和良好的政治秩序，没有

---

❶ 胡锦涛. 高举中国特色社会主义伟大旗帜 为夺取全面建设小康社会新胜利而奋斗：在中国共产党第十七次全国代表大会上的报告 [M]. 北京：人民出版社，2007：37.
❷ 胡锦涛. 高举中国特色社会主义伟大旗帜 为夺取全面建设小康社会新胜利而奋斗：在中国共产党第十七次全国代表大会上的报告 [M]. 北京：人民出版社，2007：31.
❸ 胡锦涛. 高举中国特色社会主义伟大旗帜 为夺取全面建设小康社会新胜利而奋斗：在中国共产党第十七次全国代表大会上的报告 [M]. 北京：人民出版社，2007：33.
❹ 胡锦涛. 高举中国特色社会主义伟大旗帜 为夺取全面建设小康社会新胜利而奋斗：在中国共产党第十七次全国代表大会上的报告 [M]. 北京：人民出版社，2007：33.

安定团结，我们什么事情也做不成、做不好；另一方面，树立遵纪守法的社会主义荣辱观是促使公民认真履行宪法和法律赋予的责任义务的保障。社会主义法治建设的基本要求是人人遵纪守法、党员干部带头遵纪守法。

(五) 习近平关于法治教育的重要论述

党的十八大以来，习近平总书记在一系列重要讲话中阐述了法治教育的重要性，构成了习近平法治思想的重要内容，为新时代社会主义法治理念教育指明了方向。党的十八届四中全会强调，社会主义法治教育要围绕法治政府、法治社会和法治国家建设展开，致力于推动中国特色社会主义法治体系建设。在党的十九大报告中，习近平总书记充分肯定了过去五年社会主义法治教育的重大成果，指出民主法治建设迈出重大步伐，全社会法治观念明显增强。2017年5月3日，习近平总书记在中国政法大学考察时强调，要坚持德法兼修，培养大批高素质法治人才；在法治人才培养中，要把握时代发展脉搏，掌握法治教育教学规律，尊重学生成长规律。

1. 关于社会主义法治教育的对象和方法。习近平总书记多次强调法治人才培养教育的意义，强调法治人才是新时代中国特色社会主义法治建设的关键。

其一，全民普法是基础。习近平总书记从我国社会主义初级阶段的国情出发，强调要大力加强法制教育，"把全民普法和守法作为依法治国的长期基础性工作"❶。全民普法是依法治国的基础，是建设社会主义法治国家的基础。那么，如何推进全民普法？从横向看，就是要在全社会广泛开展普法宣传教育，通过举办报告会和开展各类群众性活动，营造全民遵纪守法氛围，实现法治精神入脑入心；从纵向看，关键是把普法宣传向基层延伸，社会主义法治教育"重在基层、重在群众"，为此，要"向基层延伸、在群众中开展"❷。基层群众人员广泛，教育的重点对象是党和国家公职人员及青少年；从教育方式看，要重点发挥好媒体在全民普法中的作用。要发挥新闻媒体的监督作用，"要坚持社会效果第一，避免炒作渲染，防止在社会上造成恐慌"❸。

其二，领导干部是关键。社会主义法治教育的重中之重是领导干部，是"关键少数"，社会主义法治教育的目标就是引导领导干部把法治的第一粒扣

---

❶ 习近平. 加快建设社会主义法治国家 [J]. 求是, 2015 (1): 5.
❷ 孙志军. 努力推进法治宣传教育开创新局面迈上新台阶 [N] 光明日报, 2018-12-05 (11).
❸ 中共中央宣传部. 习近平总书记系列重要讲话读本 [M]. 北京: 学习出版社, 2016: 94.

子扣好。习近平总书记非常重视加强领导干部的法治思想教育,就提高领导干部依法办事能力等提出许多宝贵意见。2016年,习近平在中央政治局第37次集体学习时指出:"要发挥领导干部在依法治国和以德治国中的关键作用……要坚持把领导干部带头学法、模范守法作为全面依法治国的关键。"❶领导干部只有不断提高法治工作水平,强化法治专业素质,才能担当起全面依法治国的重任。领导干部是全民守法和依法治国的"牛鼻子",在社会主义法治教育中居于关键地位。

其三,青少年学生是祖国的未来,是中国社会主义法治建设的未来,是全面依法治国的后备军和生力军。"对青少年加强法治教育,引导他们从小学习法律,遵守法律,是在全社会树立法治意识的根本之举。"❷ 学生时代是人生价值观形成发展的关键时期,在青少年学生中系统开展社会主义法治教育是培养法治人才和提升全民法治素养的根本途径。高校是法治人才培养的第一阵地,要充分发挥高校的法治教育主体作用,切实"担负起构建法学教育话语体系的重任",认真研究和解决好"为谁教、教什么、教给谁、怎样教"的问题❸。

2. 关于法治教育的原则。为提高社会主义法治教育实效,习近平提出了社会主义法治教育应当坚持的原则。

其一,坚持以人民为中心的原则。坚持以人民为中心是马克思主义群众史观的根本要求。习近平坚持马克思主义群众观,强调人民群众是全面依法治国的决定性力量。法治的根基在人民,法治力量源于人民群众对法律的信仰。一切为了群众、一切依靠群众是我们党最大的政治优势。法治国家建设重在保证人民当家作主,重在实现好、维护好、发展好人民群众的根本利益。为此,要通过深入广泛的社会主义法治教育,切实增强人民群众的法治观念。

其二,坚持以宪法为依据的原则。宪法是我国的根本大法,是开展社会主义法治教育的根本依据。习近平强调,要以宪法为统帅健全社会主义法律体系,推进法治政府、法治社会和法治国家建设,保障人民群众的合法权益。

---

❶ 习近平. 坚持依法治国和以德治国相结合 推进国家治理体系和治理能力现代化 [N]. 人民日报, 2016-12-11 (1).

❷ 王贵东. 试论党的十八大以来习近平关于法治的新论断 [J]. 学校党建与思想教育, 2017 (16): 86-87.

❸ 曹文泽. 构建法学教育话语体系对法治人才培养至关重要 [N]. 光明日报, 2018-05-03 (1).

为提高宪法意识和法制观念,"要在全社会加强宪法宣传教育"[1]。2014年,习近平在首个国家宪法日作出重要指示,要求以宪法日为契机,深入开展宪法宣传教育,弘扬宪法精神,培育宪法意识,推进宪法实施。在十九大报告中,习近平进一步强调,要"维护宪法权威",在全社会树立"宪法法律至上"的法治理念。推进社会主义法治教育要把宣传宪法放在首位,推动宪法深入人心、家喻户晓。

其三,坚持法治和德治紧密结合。法治与德治相结合要求法治教育和道德教育互不分离、相互结合。法治教育只有和道德教育相结合才能取得最佳教育效果,因此,必须坚持依法治国与以德治国相结合。道德是基石,法律是准绳,二者在国家治理中共同起作用,它们相互促进、相互补充、相得益彰,任何时候都不可偏废。一方面,要充分发挥社会主义法治教育的作用,用法治建设推动道德进步,为道德建设提供保障和支撑;另一方面,要充分发挥社会主义道德教育的作用,强调道德对法治精神的滋养和支撑作用,培育社会主义核心价值观,"弘扬中华传统美德……提高全民族思想道德水平"[2]。社会主义法治教育本身也是提升公民社会主义道德素质教育,凡是符合社会主义法律要求的,必然符合社会主义道德要求。通过社会主义法治教育提升公民道德素质,能够为法治国家建设创造良好的人文环境。

---

[1] 习近平. 在首都各界纪念现行宪法公布施行30周年大会上的讲话[N]. 人民日报,2012-12-05(2).

[2] 中共中央文献研究室. 十八大以来重要文献选编(中)[M]. 北京:中央文献出版社,2016:186.

第三章
社会主义法治理念教育的主要内容

推进社会主义法治理念教育必须弄清它的内容体系和教育要求。从目前来看，对社会主义法治理念内容体系较一致的看法是"依法治国、执法为民、公平正义、服务大局、党的领导"[1]。这五个方面的内容最早见于2006年12期《求是》刊载的《深入开展社会主义法治理念教育 切实加强政法队伍思想政治建设》一文。那么，社会主义法治理念这五个方面的内容是不是固定不变的呢？笔者认为，社会主义法治理念始终处于一脉相承、与时俱进的发展过程中，因此，开展法治理念教育应当及时吸收法治建设的理论和实践成果。以上五个方面的内容仅是针对法治工作队伍而言的，新时代开展社会主义法治理念教育，既要重点抓好法治工作队伍的法治理念教育，又要高度重视全体公民的法治理念教育，实现抓好"关键少数"和普及"绝大多数"的辩证统一。

在新时代，结合我国全面推进依法治国的实际，开展社会主义法治理念教育应当抓住抓好三个方面：其一，是法治理想信念教育。法治理想信念教育旨在培育社会主义政治理想信念、法治信仰和法治精神。党的领导是培育法治理想信念的关键；科学立法、为民执法是培育法治理想信念的基础；公正司法是培育法治理想信念的生命线；全民守法是培育法治理想信念的基石。其二，是习近平法治思想教育。深入开展社会主义法治理念教育必须把习近平法治思想的宣传教育作为重中之重。为此，要系统把握习近平法治思想的内

---

[1] 罗干. 深入开展社会主义法治理念教育 切实加强政法队伍思想政治建设 [J]. 求是，2006 (12)：3-10.

容体系，加强习近平法治思想的教育宣传力度。习近平的法治思想包括"根本政治方向""总体发展战略""系统建设目标""重要保障力量"等内容。其三，是法治职业道德教育。在全面推进依法治国和社会主义法治建设背景下，加强法治职业道德建设，要重点培育执业为民、忠于法律和公平正义的社会主义法治理念。

第一节　法治理想信念教育

把理想信念教育置于社会主义法治理念教育之中，是由社会主义法治的性质决定的。坚定的理想信念是社会主义法治的政治灵魂。法治工作队伍是社会主义法治建设的中坚力量，在新时代，加强法治工作队伍的理想信念教育才能走好社会主义法治建设道路。习近平总书记指出："必须把理想信念教育摆在政法队伍建设第一位。"❶ 对于法治工作干部来说，在社会主义法治工作中坚定理想信念，就是要"信仰法治、坚守法治"❷，始终把党中央确立的建设社会主义法治国家的远大理想和宏伟目标作为自己努力的方向。加强法治理想信念教育必须努力培育社会主义的理想信念，深入开展理想信念教育必须结合中华民族复兴的伟大实践，不断提升社会主义法治理想信念教育的思想引领力。法治精神是社会主义法治社会的灵魂，是社会主义法律制度的中枢，培育社会主义法治精神必须坚持党的领导和依法治国的统一。从法治理想信念教育的基本要求来看，培育法治理想信念必须坚持党的领导，党的领导是社会主义法治的根本保证，党的领导是我国法治的基本经验；培育法治理想信念必须坚持科学立法、为民执法，坚持有法必依、违法必究、依法执政、依法行政等；培育法治理想信念必须坚持公正司法，公正是法治的生命线，对社会发展具有价值引领作用。实现公正司法，要不断完善司法管理体制和权力运行机制，加强对司法活动的监督，让广大人民群众在法治生活中体验到公平正义的存在。

---

❶ 中共中央文献研究室. 习近平关于全面依法治国论述摘编 [M]. 北京：中央文献出版社，2015：99.

❷ 中共中央文献研究室. 十八大以来重要文献选编（上）[M]. 北京：中央文献出版社，2014：719.

一、法治理想信念教育的丰富内涵

加强法治理想信念教育旨在坚定走好中国特色社会主义法治道路,首先,加强法治理想信念教育必须努力培育社会主义的政治理想信念。社会主义法治理想与中国共产党的政治理想是辩证统一的。理想信念教育是党内政治生活的首要任务。中国共产党的政治理想包括中国特色社会主义共同理想和共产主义远大理想。深入开展理想信念教育必须洞悉时代必然趋势,把理想信念教育和中华民族伟大复兴的中国梦结合起来,不断提升社会主义法治理想信念教育的思想引领力,筑牢马克思主义信念。要厚植理想信念教育的文化底蕴,保持思想定力,筑牢精神家园。其次,加强法治理想信念教育必须努力培育法治信仰。培育中国特色社会主义法治信仰是一项全新的事业。培育法治信仰应当坚持党的领导、坚持马克思主义指导地位、坚持人民当家作主。这些构成社会主义法治信仰的核心内容。法治信仰的培育应当落脚于国家公职人员依法决策、依法管理、依法行政、依法办事,应当落脚于全体公民学习法律和信守法律。最后,加强法治理想信念教育必须大力弘扬法治精神。法治精神是社会主义法律制度的中枢。法治精神是社会主义的法律意识、法律思维、法律心理、法律文化等汇聚成的科学精神。社会主义法治精神主要包括善治精神、民主精神、人权精神、公正精神等。法治精神培育对于实施依法治国战略意义重大。

(一) 加强法治理想信念教育必须努力培育社会主义的政治理想信念

理想信念是"共产党人精神上的'钙'"[1]。理想信念是共产党人的精神价值追求和安身立命之本,丧失理想信念便会得"软骨病"。人的精神世界的"钙"就是起支撑作用的理想信念,变质、贪婪、堕落、腐化等是精神"缺钙"的表现。随着社会主义市场经济的发展,党面临改革开放、市场经济、外部环境等考验,只有"炼就金刚不坏之身",坚定理想信念,才能"在关键时刻靠得住、信得过、能放心"[2]。针对形式主义、官僚主义、享乐主义和奢靡之风对党形象的损害,习近平总书记尖锐地指出:"'四风'问题归根到底

---

[1] 中共中央文献研究室. 十八大以来重要文献选编(上)[M]. 北京:中央文献出版社,2014:80.
[2] 中共中央文献研究室. 十八大以来重要文献选编(上)[M]. 北京:中央文献出版社,2014:338.

是理想信念出现动摇所致。"❶ 理想信念坚定，法治工作干部就能够站稳立场、抵御风险、经受考验，就能够炼就拒腐防变、抵御风险的金刚不坏之身。从理想信念价值和干事创业视角看，崇高的理想信念具有激励和鞭策作用。在革命、建设、改革的各个时期，支撑共产党人流血牺牲的精神力量是"革命理想高于天"❷。理想信念是奋斗目标、强大力量和精神支柱，是我们党经受挫折而再次奋起的力量源泉。

1. 社会主义法治理想与我们党的政治理想是一致的。我们党的共同理想是建设中国特色社会主义，远大理想是建设共产主义。"对社会主义和共产主义的信念，是共产党人的政治灵魂。"❸ 共同理想和远大理想是我们党的崇高追求，是我们党能够从失败中奋起的动力源泉。选择中国特色社会主义是"近代以来中国社会发展的必然选择"❹。我们党坚持立党为公、执政为民，始终仰望共产主义远大理想，努力为实现中国特色社会主义共同理想而奋斗。习近平多次从执政党自身建设角度，强调树立理想信念的极端重要性，他指出："崇高信仰始终是我们党的强大精神支柱。"❺ 他警告全党："理想信念动摇是最危险的动摇。"❻ 理想信念是我们党生存发展的根本。我们党的理想信念是由党章明确规定的，我们党"以实现共产主义为最高理想"❼。崇高的理想信念是我们党凝聚民众的旗帜，每个党员的理想信念直接影响着执政党的凝聚力、战斗力。我们党是否坚强有力，关键要看每个党员的理想信念是否坚定不移。党员犯这样那样的错误往往根源于"信仰迷茫、精神迷失"❽，为此，必须通过法治理念教育，培育法治工作队伍的理想信念。"理想信念坚定，是好干部第一位的标准"❾，是党对法治工作队伍的根本性要求。理想信

---

❶ 中共中央纪律检查委员会，中共中央文献研究室. 习近平关于党风廉政建设和反腐败斗争论述摘编 [M]. 北京：中国方正出版社，2015：143.

❷ 中共中央文献研究室. 十八大以来重要文献选编（上）[M]. 北京：中央文献出版社，2014：338-339.

❸ 中共中央文献研究室. 十八大以来重要文献选编（上）[M]. 北京：中央文献出版社，2014：80.

❹ 中共中央文献研究室. 十八大以来重要文献选编（上）[M]. 北京：中央文献出版社，2014：74.

❺ 习近平在党的十八届一中全会上的讲话 [N]. 人民日报，2012-11-15（1）.

❻ 习近平在庆祝中国共产党成立95周年大会上的讲话 [N]. 人民日报，2016-07-02（2）.

❼ 习近平在参加河南省兰考县委常委班子专题民主生活会时的讲话 [N]. 人民日报，2014-05-09（1）.

❽ 中共中央文献研究室. 十八大以来重要文献选编（上）[M]. 北京：中央文献出版社，2014：81.

❾ 中共中央文献研究室. 十八大以来重要文献选编（上）[M]. 北京：中央文献出版社，2014：338.

念是"压舱石"和"总开关","压舱石"和"总开关"动摇了,法治工作干部就会出这样那样的问题,犯这样那样的错误。

2. 社会主义坚定信念和共产主义远大理想是法治理想信念教育的重点。我们党历来重视开展理想信念教育。在改革开放新时期,邓小平强调:"我们过去几十年艰苦奋斗,就是靠用坚定的信念把人民团结起来。"[1] 他明确提出了"中国特色社会主义共同理想"教育。理想信念教育是我们党的优良传统,理想信念教育的基本内容包括共同理想和最高理想。为了保持共产党员的先进性,共产党必须信仰马克思主义,确立共产主义崇高理想和社会主义坚定信念。党的十八大以来,理想信念教育被提升为国家治理制度的内容。习近平总书记把理想信念定义为人们思想行动的"总开关",强调"革命理想大于天",理想信念具有"精神之钙"的人生价值。党的十九届四中全会提出,"推动理想信念教育常态化",把理想信念教育纳入了国家治理现代化,成为"一项重要的国家制度"。[2] 在深入开展社会主义法治理想信念教育中,把共产主义远大理想和中国特色社会主义共同理想作为突出重点,就必须洞悉理想信念教育的时代必然趋势。我们党的理想信念是基于马克思主义指导的科学的理想信念。加强理想信念教育要厚植文化底蕴,认真汲取中华优秀传统文化、革命文化和社会主义先进文化的价值滋养,做到保持思想定力、筑牢精神家园。

(二) 加强法治理想信念教育必须努力培育法治信仰

社会主义法治是良法善治,当它被公民信仰的时候便会产生无穷的力量。法治建设要求全社会尊法学法守法用法,法治工作干部更要做尊法的模范,带头尊崇法治、敬畏法律。法治建设有利于协调和理顺错综复杂的关系,提高法治治理效能需要法治信仰的支撑。社会主义法治信仰的培育有利于"减少治理阻力,激发治理活力,提升治理能力,凝聚治理力量"[3]。在新时代培育社会主义法治信仰必须坚持党的领导,确保人民利益至上。在开展法治理念教育的过程中,我们要把法治信仰的培育作为一项全新的事业,而在培育

---

[1] 邓小平. 邓小平文选:第3卷 [M]. 北京:人民出版社,1993:190.
[2] 汤乐,陈云云. 中国共产党理想信念教育的百年探索与时代启示 [J]. 学术探索,2021 (10):143-149.
[3] 钱秋月. 国家治理视域下中国特色社会主义法治信仰的培养 [J]. 宁夏社会科学,2015 (3):33.

法治信仰的过程中必须始终坚持党的领导、坚持马克思主义指导地位、坚持人民当家作主。法治信仰的培育应当落脚于国家公职人员依法决策、依法管理、依法行政、依法办事，应当落脚于全体公民学习法律和信守法律。

1. 培育中国特色社会主义法治信仰是一项全新的事业。从国家治理角度看，没有全体公民的社会主义法治信仰，国家治理体系现代化便难以实现。因此，培育社会主义法治信仰是实现国家治理效益最大化的需要，社会主义法治信仰能够激发治理活力。

其一，法治信仰的培育能够普及法律知识、提升公民法律素养，形成追求公正、惩恶扬善的良好法治氛围，从而减少治理阻力、降低治理成本。法治顺利推行的关键在于民众普遍的法治信仰，没有人民群众普遍的法治信仰，那么，以法治为基本要求的现代国家治理体系就难以真正建构起来。法治信仰的培育重在提高公民法治素质，它能够为国家治理体系现代化建设提供内在动力。

其二，法治信仰的培育能够激发国家治理的活力。党员干部和人民群众是两大治理主体。实现国家治理体系现代化必须坚持党的领导，必须广泛吸收人民群众参与，增强人民群众对于社会主义法治理念的认同感和践行力。法治信仰能够使国家公职人员依法决策、依法管理、依法行政、依法办事，能够使公民追求和信守法律，从而确保国家治理的良好秩序。

其三，法治信仰的培育能够提高国家治理能力。治理能力的高低事关国家治理成效。只有以提高党的执政能力为重点，不断提高各级干部、各方面管理者的法治素质和治理能力，"国家治理体系才能更加有效运转"。[1] 法治信仰教育可以重塑党员领导干部的法治信仰，促使其树立法治思维，提高依法行政能力，进而从整体上提升国家治理能力。

2. 培育法治信仰必须坚持党的领导、马克思主义指导地位和人民当家作主。法治信仰的培育是社会主义意识形态建设的重要方面。一方面，社会主义意识形态可以确保社会主义法治信仰教育的推行；另一方面，社会主义意识形态可以确保社会主义法治信仰教育的正确方向。树牢法治工作干部的法治信仰，他们才能够把党和人民的利益放在至高无上的地位，才能做到党和

---

[1] 完善和发展中国特色社会主义制度　推进国家治理体系和治理能力现代化 [N]. 人民日报，2014-02-18（1）.

人民在心中、法和正义在心中。

其一,培育法治信仰要坚持党的领导。法治信仰教育是法治建设的重要内容之一。坚持党的领导是社会主义法治的根本要求。党的领导能够推动全体公民理解、支持法治的实施,其领导作用表现在指引方向、发挥带头示范作用等方面。执政党依据宪法法律治理国家,才能树立党员干部的法治信仰,从而带动全体公民法治信仰的形成。

其二,培育法治信仰要坚持马克思主义指导地位。培育法治信仰离不开马克思主义的思想指导。马克思主义是科学的世界观和方法论,在马克思主义指导下的法治信仰是科学信仰。法治工作干部应当树立马克思主义信仰,马克思主义信仰是法治工作干部的"主心骨""金钟罩",它能够增强法治工作干部的政治定力和抵制各种错误思想的能力。

其三,培育法治信仰要坚持人民当家作主。人民是法治主体,也是法治信仰的主体。只有坚持人民利益至上,人民才能真正拥护法治。人民群众对社会主义法治的信仰是法治社会的前提,依法治国要求人民群众要尊法知法守法用法。法治信仰的培育必须坚持一切为了人民,一切依靠人民,尊重和保障人民的根本利益。

(三) 加强法治理想信念教育必须大力弘扬法治精神

人民如果没有法治精神,法治建设就会成为无源之水、无本之木。人民的权益要依靠法治来保障,实现人民的幸福安康需要大力弘扬社会主义法治精神,党执政兴国,实现国家的长治久安必须弘扬社会主义法治精神。"我们应当将法治精神培育放在战略高度来认识"。❶ 法治精神是法治国家、法治政府、法治社会建设的灵魂。法治是一种治国之道,是一种社会秩序和生活方式,法治秩序体现着人民的共同意志和根本利益。法治精神要求确认公民的基本权利、自由,确认多元利益格局的合理性,保障法律面前人人平等。法治精神是一种依法办事的原则,是对于自由、民主、平等、人权、公正等的价值追求。加强法治理想信念教育,就要大力弘扬以善治、民主、人权、公正等为主要内容的社会主义法治精神,就要把法治精神的培育融入全面推进

---

❶ 本刊评论员. 大力弘扬社会主义法治精神 加快建设社会主义法治国家 [J]. 求是,2015 (7): 6-7.

依法治国的伟大实践之中，服务于中华民族的伟大复兴。

1. 大力弘扬以善治、民主、人权、公正等为主要内容的社会主义法治精神。法治精神是社会主义的法律意识、法律思维、法律心理、法律文化等汇聚而成的科学精神。社会主义法治精神包含善治、人权、公正、民主、和谐、理性等内涵，蕴藏平等、自由、安全、秩序等价值追求。先进的法治精神是党和国家机关行使权力、管理社会、服务公众的行动指南。社会主义法治精神的内涵包含以下方面。

其一，善治精神。善治就是法治，就是依法而治，反对人治。善治之法必须是准确反映社会发展规律、体现人民意志、维护人民利益的良法。善治不仅要求有良法，还要求善治之人能够做到执法为民、依法行政。

其二，民主精神。社会主义民主是法治的前提。法治建设必须弘扬社会主义民主精神。它表现为：国家的一切权力属于人民，人民在党的领导下，依照宪法法律管理国家事务。我国的民主是社会主义民主，坚持人民民主，是人民当家作主。

其三，人权精神。社会主义法治的精髓是尊重和保障人权，尊重和保障人权是社会主义法治的本质特征。弘扬法治精神就要认真对待人权、切实关注民生。

其四，公正精神。公正是法治的基本价值追求。只有把公正的法治理念贯彻到底，才能确保法治维护人民利益、推动社会健康发展。公正既体现为立法坚持公正原则，又体现为执法坚持公正原则，坚持以法律公正保障社会公正的实现。

2. 法治精神培育对于实施依法治国战略意义重大。如何把握社会主义法治精神呢？"认识社会主义法治精神的基本内涵，最为基本的就是要明确依法治国和坚持党的领导两大方面。"❶

其一，依法治国是法治之本。中国共产党是依法治国的领导力量，理应带头弘扬法治精神。人民权益需要法治保障，法治建设要依靠人民、造福人民、保护人民。培育法治精神重在"形成全民自觉守法、遇事找法、解决问

---

❶ 兰婷婷．"法理学"课程思政教学改革模式初探［J］．公安学刊：浙江警察学院学报，2019(2)：107-112．

题靠法的风气"❶。法律只有内化于心，才能真正外化于行。培育社会主义法治的忠实崇尚者、自觉遵守者和坚定捍卫者，必须从战略高度认识法治精神培育，通过加强社会主义法治理念教育，使法治精神浸润人心。法治精神是对法治理想的向往，是法治信仰的基础。弘扬法治精神就要深入开展社会主义法治理念教育。

其二，党的领导是法治之魂。法治是人类政治文明发展的成果。一个现代化国家必定是法治国家，一个先进的政党必定是依法执政。社会主义法治必须坚持党的领导，只有在党的领导下依法治国才能充分实现，而党的领导也必须依靠社会主义法治实现社会生活的程序化、法治化。法治建设关键是"坚持党的领导"❷。党的领导地位是宪法赋予的，宪法赋予了党治国理政的责任和使命，党领导法治建设具有合法性。

其三，妥善处理党的领导和依法治国的关系。党的领导具有统揽全局、协调各方的核心作用，党的领导作用与政法机关依法行使职能应当统一起来。一般而言，有良法才有善治。实现党的领导与依法治国的统一，首要的是制定良法。所谓良法，必须反映事物的本质规律和人民的共同意愿。因此，良法的制定离不开党的领导和广大人民群众的广泛参与。立法是党领导法治建设的主要体现，要坚持党要管党、全面从严治党，党员要带头守法、依法办事，做遵纪守法的模范。

二、法治理想信念教育的基本要求

党的十八届四中全会对全面推进依法治国作出整体部署和战略安排。实现中华民族伟大复兴不仅需要制度化、法治化保障，还需要法治信仰支撑、法治理想引领和法治信念推动。人民权益依靠法治保障，法治权威依靠人民维护。因此，全面推进依法治国不仅要培育全民对社会主义法治的信仰，使其尊法、学法、守法、用法，为社会主义法治建设奠定社会基础；更要着重在立法、执法、司法等环节培育法治工作队伍对社会主义法治的信仰，坚持党对法治工作的领导，始终保持法治工作的社会主义方向，始终服务中国特

---

❶ 本刊评论员. 大力弘扬社会主义法治精神 加快建设社会主义法治国家 [J]. 求是，2015 (7)：6-7.

❷ 中共中央文献研究室. 习近平关于全面依法治国论述摘编 [M]. 北京：中央文献出版社，2015：23.

色社会主义事业发展的大局。

(一) 党的领导是培育社会主义法治理想信念的关键

培育法治理想信念必须加强党的领导。习近平总书记指出："党和法的关系是一个根本问题。"❶ 总揽全局、协调各方，推进依法治国必须加强党的领导。坚持党的领导、巩固党的执政地位，才能切实维护广大人民群众的根本利益。我们党总揽全局、领导一切的核心地位是历经长期革命、建设和改革实践确立起来的。

1. 党的领导"是社会主义法治最根本的保证"❷和政治基础。法治与政治密不可分，法治中有政治、政治中有法治。"政治为法治提供方向，法治为政治提供服务。"❸ "党和法的关系是政治和法治关系的集中反映。"❹ 党的领导是我们最大的政治国情，是人民当家作主的保障，体现着社会主义的政治逻辑。"每一种法治形态背后都有一套政治理论。"❺ 法治道路的底色是政治立场、政治观点和政治方向。方向决定道路，中国法治建设必须走社会主义道路。全党全国各族人民必须在此基础上形成对全面依法治国的统一认识。走社会主义法治国家建设道路，如何确保方向和道路的正确呢？最根本的是坚持党的领导。党的领导是我们与资本主义法治的最大区别，没有党的领导，社会主义法治国家就建不起来。党的领导可以保证法治国家建设的稳定有序，坚持法治为民，坚持用法治手段治理腐败。坚持党的领导不动摇，法治的社会主义方向便不会动摇，人民当家作主的地位便不会动摇。

2. 破除"党大还是法大"的伪命题。"党"和"法"，一个是政治组织，一个是行为规则，不存在谁大谁小的问题。但是，"党大还是法大"却是现实中存在的重大问题。"党大还是法大"之问的观点认为，强调党的领导，意味

---

❶ 中共中央文献研究室. 习近平关于全面依法治国论述摘编 [M]. 北京：中央文献出版社，2015：33.

❷ 中共中央文献研究室. 习近平关于全面依法治国论述摘编 [M]. 北京：中央文献出版社，2015：33-34.

❸ 王建宇. 习近平新时代中国特色社会主义法治理念的科学内涵 [J]. 南京理工大学学报：社会科学版，2019 (4)：38-43.

❹ 中共中央文献研究室. 习近平关于全面依法治国论述摘编 [M]. 北京：中央文献出版社，2015：34.

❺ 中共中央文献研究室. 习近平关于全面依法治国论述摘编 [M]. 北京：中央文献出版社，2015：34.

着突出"党大",其结果,党的领导就会凌驾于法律之上,最终导致"人治";反之,落实依法治国,就是排除党的干预,虚化党的领导,其结果,会走向西方的三权分立。习近平总书记指出,这个问题"是一个政治陷阱,是一个伪命题"❶。既然是政治陷阱,我们就不能落入其中,既然是伪命题,我们就应当给予揭露。法律是党的主张和人民意愿的体现,党领导人民制定和实施法律,党的领导与依法治国具有统一性。党和法、政治和法治的关系是密切关联、相互渗透的,它们共同为经济基础服务。政治的作用是给国家定方向,确定活动形式、任务和内容,法律是国家强制力保障实施的行为规范,是政治统治的方式。法治体现着政治,是统治阶级行使权力的表现。政治需要法治的保障,没有脱离法治的政治。资本主义的法治是巩固资本家地位的"最强有力的支柱",但却是为工人们"准备鞭子"。❷ 政党和法治都是现代政治文明的产物。

3. 党的领导是我国法治的基本经验。这一经验的获得经历了长期的艰辛探索和不懈奋斗。中华人民共和国成立初期,我们党大力推进法治建设,颁布了"五四"宪法、婚姻法等。1957年起,人治思想开始抬头;"文化大革命"中,出现了"踢开党委闹革命"的无法无天状态,党的领导和法治遭到严重破坏,付出了沉重代价。改革开放以来,党痛定思痛、深刻反思,更加明确地确立了党的领导核心地位,依法治国则是党治国理政的基本方式。

(二) 科学立法、为民执法是培育社会主义法治理想信念的基础

社会主义法治的内容体系由三部分构成:一是作为精神支柱和理论基础的社会主义法治理论、法治信仰、法治精神、法治文化、法律权威等;二是作为运行机制和制度支撑的法律规范、法治监督、法治保障、党内法规体系;三是作为行为活动和实现方式的立法、执法、司法、守法以及有法必依、违法必究、依法执政、依法行政等。

1. 科学立法是推进社会主义法治建设的基础工程。如何实现科学立法?其一,明确立法的指导思想,旗帜鲜明地坚持中国特色社会主义理论体系的指导,特别是以习近平法治思想为指导推进立法工作。习近平法治思想的形

---

❶ 中共中央文献研究室. 习近平关于全面依法治国论述摘编 [M]. 北京:中央文献出版社,2015:34.

❷ 马克思恩格斯文集:第1卷 [M]. 北京:人民出版社,2009:462.

成为科学立法指明了正确方向，提供了理论指南。其二，科学立法必须尊重和体现社会发展规律、法律所调整的社会关系和法律体系的内在规律。科学立法要顺应时代发展要求，保障人民根本利益，切合中国制度的要求。不是所有的法都能治国、都能治好国，科学立法要从国情和实际出发，立良善、管用之法，合理和有效规范国家机关、社会组织、法人、公民的权利和责任，为经济社会发展保驾护航。其三，科学立法要与民主立法相结合，坚持人民主体地位，使法律真正反映人民共同意愿、保障人民各项权利和根本利益。坚持贯彻党的群众路线，使立法更好地汇聚民意、集中民智，体现人民的利益和需求。实现党的主张、人民意愿和依法治国的统一是立法机关的使命。检验立法成败的标准是能否顺应人民意愿、维护人民利益、增进人民福祉。其四，科学立法必须坚持党的领导。党的领导和依法治国的关系是法治建设的核心问题。加强党对科学立法的领导有利于统筹社会力量、平衡社会利益、规范社会行为。

2. 为民执法重在尊重和保障人权。尊重和保障人权是社会主义法治精神的精髓。人权是一个社会历史范畴，不同阶级有不同的人权观。我们党一直在为实现和保障人民群众的人权而进行不懈的斗争。民主革命时期，我们党领导人民把推翻"三座大山"、争取基本人权作为奋斗目标。1923年的"二七"罢工，我们党举起了"争自由、争人权"的旗帜。1935年，我们党发表了"八一宣言"，号召一切爱国人士抗日救国，"为人权自由而战"。抗日战争胜利之后，我们党又提出了"保障人权、解放民主、完成统一"的主张。1949年，中华人民共和国宣告成立，中国人民真实、平等、自由地享有了广泛的人权。2004年，"尊重和保障人权"被写入我国宪法。人权包括宪法和法律赋予公民的各项权利。人民的生存发展权、选举权、劳动权以及经济、政治、文化、社会诸多方面的权利都是宪法和法律赋予的。法治工作尊重和保障人权，必须为广大人民群众的普遍人权提供司法保障，必须坚持以人民为中心的发展理念。当人民群众的合法权利受到损害时，政法机关应当坚持执法为民的理念，切实维护人民群众的基本人权。尊重和保障人权也包括尊重和保护行政相对人、犯罪嫌疑人、被害人等的诉讼权利，政法机关在执法、管理和办案时要尊重和保障当事人的人权。

（三）公正司法是培育社会主义法治理想信念的生命线

公正是法治的生命线，对社会发展具有价值引领作用。实现公正司法，要不断完善司法管理体制和权力运行机制,加强对司法活动的监督,平等对待每个公民,让广大人民群众在法治生活中体验到公平正义的存在。

1. 自觉接受人民群众的监督是我们党的一贯主张。守法监督是国家法治建设的重要组成部分,对社会生活和经济管理有着广泛的影响。由于国家权力的所有者和行使者存在分离情况,因而极易造成权力异化。为此,必须加强权力监督,因为"一切有权力的人都容易走向滥用权力"❶。邓小平在总结以往经验教训时强调,必须加强人民群众对法治的监督,并且使之法律化、制度化。他说:"要有群众监督制度,让群众和党员监督干部,特别是领导干部。"❷ 公民是监督权力运行的最直接、最基本、最广泛的力量,公民对于国家权力运行的监督是确保权力沿着法治轨道运行的关键。法治监督体系是法治体系的重要内容之一,要"以规范和约束公权力为重点,加大监督力度,做到有权必有责、用权受监督"❸。

人民群众法治监督的意义在于,它能够保证公职人员在制度上无法滥用权力,严格依法办事、恪尽职守、廉洁自律,能够监察督促所有国家机关、社会组织和公民遵纪守法、转变作风。坚持依法治国,必须"真心实意地接受人民群众的监督"❹,以一心为民、公正执法为宗旨,把实现人民当家作主、维护人民根本利益作为价值追求。要正确处理权力与责任、权力与权利的关系,自觉约束行政权力,维护公民合法权益。人民群众监督是最直接、最广泛的监督形式,但是,如果没有一定的制度、方式、渠道等,人民群众监督就会变成"空头支票"。为此,要细化群众监督细则,推进政务公开。所谓让权力在阳光下运行,就是自觉接受群众监督。社会主义法治理念的要求在于:无论党内民主过程还是政府决策过程或者民众参政议政过程,都应当坚持法律至上,做到严格执法、遵纪守法,党必须在宪法法律允许的范围内推行民主和依法执政,政府部门和社会组织必须依照法律和政策的规定实现治国方略,公民必须依法行使监督、选举、表达、自治等权利,从而在全党全社会普遍形成依法办事、依法行政、严格执法、遵纪守法的良好氛围。

2. 平等对待是实现公平正义的方式。平等对待是无差别的对待,是法律

---

❶ 孟德斯鸠. 论法的精神 [M]. 孙立坚,等译. 西安:陕西人民出版社,2001:183.
❷ 邓小平. 邓小平文选:第2卷 [M]. 北京:人民出版社,1994:332.
❸ 中共中央关于全面推进依法治国若干重大问题的决定 [J]. 中国法学,2014(6):5-19.
❹ 臧嘉玮,张俊峰. 依法治国弘扬社会主义法治理念 [J]. 当代法学,2008(5):147-152.

面前人人平等原则的具体要求。"只要是正当权益诉求，就应当在法律上得到平等对待。"❶ 恩格斯指出，一切人"都应当有平等的政治地位和社会地位"❷。一个追求公平正义的社会要求公民参与社会合作时，应当认为相互之间持有平等的社会责任。社会主义法治建设应当为增强相互平等合作的社会关系而努力。

平等对待包括两层含义：其一，反对特权。不论西方还是东方，有一个共同的法治格言："法律面前人人平等"。这句格言的潜台词就是反对特权，用法律约束权力。平等对待反对同等条件不同待遇。特权的存在必然会损害党的形象和威信，败坏社会风气，动摇执政基础，巩固党的执政基础必须反对特权。习近平总书记多次阐述反特权思想，他的反特权思想包括决不允许公权私用和决不允许有法外之人。他说："公权为民，一丝一毫都不能私用。"❸ "制度面前人人平等、执行制度没有例外。"❹ 坚持平等对待是消解特权的唯一手段。权力、影响、地位、财富往往会成为特权的力量，但是，这些因素必须置于平等对待原则之下。平等对待要求不分地域、不分内外、不分公私、不分贫富、不分出身等，一律平等。其二，禁止歧视。禁止歧视是"社会主义法治理念的一个标志性要素"❺。平等对待就是不能因社会关系主体的地位、天赋而有所差异，就是不能歧视在社会关系中处于劣势地位的主体。不仅不应当歧视社会的弱势群体，而且应当给予他们更多的关怀和援助。社会之中最不利者能否从社会得到适当利益补偿是衡量社会公平正义的重要尺度。我们的司法救助制度、法律援助制度等是社会公平正义的重要体现。

（四）全民守法是培育社会主义法治理想信念的基石

1. 培养法治理想信念的基本途径是社会主义法治理念教育。为此，必须营造守法光荣、违法可耻的社会氛围，大力强化全民守法意识，培育社会主

---

❶ 张会峰. 坚持走中国特色社会主义法治道路 [J]. 教学与研究，2020 (6)：92-102.
❷ 马克思恩格斯文集：第9卷 [M]. 北京：人民出版社，2009：109.
❸ 中共中央纪律检查委员会，中共中央文献研究室. 习近平关于党风廉政建设和反腐败斗争论述摘编 [M]. 北京：中央文献出版社，2015：80.
❹ 中共中央纪律检查委员会，中共中央文献研究室. 习近平关于党风廉政建设和反腐败斗争论述摘编 [M]. 北京：中央文献出版社，2015：131.
❺ 中央政法委政法队伍建设指导室，中央政法委政法研究所. 社会主义法治理念教育辅导 [M]. 北京：中国长安出版社，2006：68.

义法治的忠实崇尚者、自觉遵守者和坚定捍卫者。中国特色社会主义法律体系集中反映了人民群众的共同意志，它的生命力和有效性依赖全民的法治信念和守法践行。全民守法教育是培育社会主义法治理想信念的基础工作。法治要发挥在国家治理现代化中的应有作用，必须以全社会的社会主义法治信仰为前提。如果社会的绝大多数人不相信法律，认为法律解决不了他们遇到的问题，那么法治社会建设便无从谈起。只有始终坚持法治理想信念教育，真正把法律规定内化于心、外化于行，才能奠定法治国家建设的思想基础。开展全民普法、守法教育是一项长期的基础工作。普法、守法教育的意义在于把法律交给亿万人民，它有利于提高公民法律素质和法治意识。从法制宣传教育到法治宣传教育的转变，更加突出了法治理念、法治精神和法治理想的培育，更进一步强调了要运用法治思维和法治方式解决问题。

2. 探索法治理想信念教育的途径。为提高法治理想信念教育的实效性，应当创新宣传形式、探索教育途径。其一，领导干部带头学法、模范守法能够为培育全社会的社会主义法治理想信念提供楷模。要认真做好领导干部学法用法工作、完善学法用法制度，增强各级领导干部依法执政、依法行政的自觉性，带头维护宪法和法律权威，善于运用法治思维、法治方式破解改革、发展和稳定工作中的各种问题。其二，把法治理想信念教育纳入国民教育体系。坚持从青少年抓起，列入中小学教学大纲，保证在校学生能够普遍接受基本法律知识和法治理念教育。其三，建立学校、家庭、社会一体化的法治理想信念教育网络，通过丰富多彩、喜闻乐见的形式，增强法治教育的吸引力、感染力。其四，把社会主义法治理念教育纳入精神文明创建内容，把尊法、学法、守法、用法等作为精神文明建设的基本指标。

3. 坚持依法治国和以德治国相结合。儒法并用、德主刑辅是我国历史上常用的治理方式，法治与德治相辅相成是我国社会主义法治建设的成功经验。我们要通过教育引导、舆论宣传、文化熏陶、实践养成、制度保障等，实现德治与法治的融会贯通、一体发展，这样有利于提高全社会的法治素质和道德水平。公民的思想道德素质直接影响社会主义法治建设进程，为此，必须积极培育社会主义核心价值观，使每个公民都争做诚信风尚的引领者、公平正义的维护者和道德人格的示范者。

(五) 服务大局是培育社会主义法治理想信念的要求

所谓"大局",是指整体的局面或局势。"大局"通常主导着整体局面发展的趋势和走向,是决定全局发展演变的枢纽,是事关整体格局的战略利益。法治理想信念教育必须培育法治工作干部服务大局意识,即服从和服务于党和国家的事业,服从和服务于中国特色社会主义现代化建设,服从和服务于中华民族的伟大复兴。服务大局要求法治工作干部要站在全局高度去思考,围绕大局事业去行动。

1. 服务大局是社会主义法治的本质要求。法治是巩固发展国家政权的基本手段和重要工具。国不能无法而治,国家和法治不可分割。法治承载着国家的性质、目的和根本任务,国家的性质、目的和根本任务决定着依法治国的方式。法治的使命与国家的发展目标是相一致的,"社会主义法治的使命就是服从于党和国家的根本任务和共同目标。"❶ 党和国家的根本任务和共同目标对法治具有统领性、引导性。法律作为国家意志的集中体现,必须服务党和国家的大局,维护人民群众的根本利益。法律是以国家意志形式表现出来的统治阶级的意志,社会主义法律应当体现广大人民群众的普遍意志和根本利益。恩格斯在阐述法律的产生时指出:"在社会发展某个很早的阶段……借以使个人服从生产和交换的共同条件。这个规则……不久便成了法律。"❷ 法治是为一定经济基础服务的。在社会主义社会,法治是为社会主义现代化建设服务的。服务大局是社会主义法治的本质要求,它以坚持党对法治工作思想政治的组织领导为前提。

2. 服务大局是法治工作干部的政治责任。依法治国与执政为民具有极为密切的关系。在阶级社会,法治受政治的制约,并为政治服务。政治关系的变化必然带来法治的发展变化,政治体制影响着法治模式和方向,同时,法治又能够调整和确认政治关系,能够直接影响政治关系的发展。法治为政治服务的直接表现就是为我们党和国家的根本任务和发展目标服务。政法机关是执行法律的专门机关,理应坚持法治的社会主义方向,服务党和政府的中心工作,为国家和人民掌好用好执法权力。服务大局是法治"承担的重大政

---

❶ 中央政法委政法队伍建设指导室,中央政法委政法研究所. 社会主义法治理念教育辅导 [M]. 北京:中国长安出版社,2006:83.

❷ 马克思恩格斯选集:第3卷 [M]. 北京:人民出版社,1995:211.

治与法律责任"[1]。对于政法机关来说，保增长、保民生、保稳定等，都体现了服务大局、有为有位的要求，有利于在人民群众中树立良好的司法形象。有学者认为："'为大局司法'的'道义'可能随时压垮司法的'铁肩'。"[2] 司法如果负担过重的政治使命，"会引发'过劳死'的恶果"[3]。这种司法服务大局的批评者认为，司法服务大局走得过远。而司法服务大局的支持者则认为，服务大局是一个不证自明的价值目标。坚持服务大局才能协调好政法机关和其他部门的关系以及政法机关内部的关系，服务大局是对法治工作干部的普遍性要求。

3. 服务大局是破解法治工作现实问题的客观需要。在社会主义初级阶段，人民内部矛盾凸显、对敌斗争复杂，敌对势力颠覆渗透活动一刻也没有终止，并且出现了一些新变化新特点，他们与我们党争夺民心、争夺群众的斗争日趋激烈，党的执政基础面临威胁。人民内部矛盾诱发的违法犯罪等消极因素大量存在，维护社会和谐稳定的难度加大。经济安全成为国家安全的重要方面，打击经济犯罪、维护市场经济秩序成为一项艰巨复杂的任务。把握和服务好大局成为政法机关的严峻考验和挑战。为此，政法机关要加强服务大局理念教育，提高服务大局能力，为推动中国特色社会主义现代化建设作出自己应有的贡献。

科学认识和准确研判形势发展，是做好法治工作的前提。从国际形势看，我国对国际事务的参与持续加深，世界对我们的影响也持续扩大，因此，要在复杂的国际关系中及时发现苗头性、倾向性的问题。从经济新常态看，经济转向中高速增长、发展走向高端水平，在妥善解决增长矛盾时也不断产生新的矛盾。从社会发展趋势看，信息化、城镇化、农业现代化、新型工业化带来更大的开放性、更强的流动性，社会治理难度增加。从依法治国要求看，党的十八届四中全会以来，我党提出了法治重在约束权力、公正是法治生命线、平等是社会主义法律的属性等新观点，这些要求我们坚持依法治权、消除特权，维护公平正义。现实国情社情的变化要求法治工作更新服务大局观念，创新工作机制，推动法治工作有秩序、有活力的发展。我们要坚持从大局着眼，从小处着手，不断提高法治工作解决现实问题的能力和水平。"从党

---

[1] 胡云腾. 构建人民法院服务大局观[N]. 法制日报, 2008-08-17.
[2] 刘练军. 比较法视野下的司法能动[J]. 法商研究, 2011 (3): 19-27.
[3] 董茂云. 从废止齐案"批复"看司法改革的方向[J]. 法学, 2009 (3): 36-39.

和国家事业发展全局出发，谋划、提出改革举措"[1]，要敢于刀刃向内、自我革新，忠实履行好维护社会大局稳定的职责使命。

第二节 习近平法治思想教育

习近平法治思想是对全面推进法治国家建设理论和实践问题的回答，是推进国家治理现代化的根本遵循，是马克思主义与中国实际相结合的最新理论成果。深入开展社会主义法治理念教育必须把习近平法治思想的宣传教育作为重中之重。为此，要系统把握习近平法治思想的内容体系，加强习近平法治思想的教育宣传力度。新时代，习近平对法治理念进行了深刻全面的阐述。他强调人民民主的法治理念，把人民当家作主理解为社会主义法治的本质特征；他强调宪法法律至上的法治理念，把树立宪法法律权威理解为社会主义法治的根本要求；他强调公平正义的法治理念，把公平正义理解为社会主义法治的根本价值；他强调人权保障的法治理念，把保障人权理解为社会主义的基本原则；他强调权力监督的法治理念，把权力监督理解为社会主义法治的内在机制；他强调法律平等的法治理念，把平等自由理解为社会主义法治的崇高理想；他重视全球治理中的平等原则，强调权利、机会、规则平等，推动了国际范围内"法律平等"理念的发展。从习近平法治思想教育的基本要求来看，要正确理解和把握"三统一"，即社会主义法治建设必须坚持党的领导、人民当家作主和依法治国的统一；要正确把握贯彻党的方针政策和执行国家法律的关系，党的政策与国家的法律是国家治理体系的重要组成部分；要正确把握坚持党的领导和司法机关依法独立行使职权的关系，坚持党对依法治国的思想、政治和组织领导。

一、习近平法治思想的丰富内涵

在新时代，习近平法治思想回答了全面推进依法治国是什么、为什么、怎么做等问题，为法治中国建设指明了方向。习近平把治国理政的科学方法

---

[1] 孟建柱. 坚持以法治为引领 提高政法机关服务大局的能力和水平 [J]. 求是，2015 (6)：3-8.

用于分析解决法治中国建设问题，形成了结构完整、逻辑严谨的法治思想体系，具体包括紧密关联、内在统一的"11个坚持"：第1~3个坚持，是"根本政治方向"；第4~9个坚持，是"基本总体目标"；第10~11个坚持，是"重要保障力量"。

(一) 法治的"根本政治方向"

坚持中国特色社会主义的政治方向是全面推进依法治国的根本遵循，是习近平多次强调的"底线思维"。正确的政治方向是底线、红线、高压线，绝对不能突破。依法治国的"根本政治方向"具体包括：坚持党的领导、以人民为中心和中国特色社会主义法治道路。

1. 党的领导是依法治国的政治底线。加强法治建设是加强党的领导的内容之一。加强法治建设是巩固党的执政地位、完善党的执政方式、增强党的执政能力的必然要求。1997年，党的十五大把依法治国确立为治国的基本方略。1999年，在第九届全国人大第二次会议上，"依法治国"被正式写入宪法修正案。依法治国方略的确立，具有重大而深远的历史意义。依法治国是我们党治国理政理念的根本转变，是对人治的否定和超越，是实现国家长治久安的根本保证，是维护社会和谐稳定的制度化解决方案。法治是由历史和现实证明了的最有效的治国理政方式，为了更好地完成治国理政的战略任务必须坚持依法治国。党的领导是中国特色社会主义最本质的特征，新时代加强党的领导就要按照依法治国的新要求自我约束和自我提升。全面依法治国是提升党的领导科学化水平的推动机制，"是事关我们党执政兴国的一个全局性问题"❶。坚持依法治国的根本目的是管好党、治好党，法治建设重在"从制度上、法律上保证党的执政地位"❷。必须通过社会主义法治理念教育强化党的领导理念和执政意识来保证党的执政地位。开展依法治国理念教育是党对法治建设规律的自觉认识，是提高党的执政能力、落实依法治国方略的必然选择。依法治国理念教育要坚持树立法大于权、法高于权的理念。坚持用依法治国的理念指导法治工作，就要坚持严格执法、遵纪守法，自觉接受人民群众的监督。

---

❶ 中共中央文献研究室. 习近平关于全面依法治国论述摘编 [M]. 北京：中央文献出版社，2015：7.

❷ 习近平. 之江新语 [M]. 杭州：浙江人民出版社，2013：207.

2. 坚持以人民为中心是全面依法治国的价值底线。社会主义法治建设要以满足人民对美好生活的追求为根本旨趣,以人民更加充实、更有保障的获得感、幸福感、安全感为根本旨归。人民群众是检验依法治国成败得失的价值主体,社会主义法治建设应当把人民群众是否拥护、是否赞成、是否高兴、是否答应作为出发点和落脚点。只有以人民群众是否满意为标准,把人民满意的标准贯穿于立法、执法、司法和普法的全过程,才能切实提升人民群众对依法治国的认同和信任。立法必须"符合宪法精神、反映人民意愿、得到人民拥护"[1]。立法要充分反映人民群众切身利益就必须不断扩大人民群众对于立法工作的参与程度,"全面听取和吸纳普通群众的利益诉求"[2],确保立法体现民意、贴近实际。执法、司法工作要始终坚持公平公正原则,切实保护人民群众不受侵害,切实惩罚一切违法犯罪分子,法治工作才能获得人民群众的信赖,法律才能充分发挥定分止争作用。为此,要"努力让人民群众在每一个司法案件中都能感受到公平正义"[3]。普法工作抓得紧不紧,直接关系到社会主义法治理念教育的成效,直接关系到人民群众法律意识的增强和法律素质的提高。人民群众对法治建设的获得感和满意度是检验社会主义法治理念教育成效的根本标准。

3. 坚持社会主义法治道路是依法治国的道路底线。依法治国必须旗帜鲜明地走中国特色社会主义道路,突破了道路底线,法治建设就会走向邪路和歪路。走中国特色社会主义法治道路是依法治国的"根本问题",必须长期坚持,必须"丰富和发展符合中国实际、具有中国特色、体现社会发展规律的社会主义法治理论"[4]。因此,既不能脱离中国国情搞法治建设,也不能关起门来搞法治建设。既要立足当前,用法治方式解决我们面临的问题,又要着眼长远,筑牢法治根基。要深刻总结我们党领导人民进行法治建设的成功经验,同时,学习借鉴世界各国优秀法治文明成果;要坚持传承中华优秀法律

---

[1] 中共中央文献研究室. 习近平关于全面依法治国论述摘编 [M]. 北京:中央文献出版社, 2015:47.

[2] 李芳,陈慧. 以人民为中心:新时代中国特色社会主义法治建设的理论之核与实践之维 [J]. 理论探讨, 2019 (2):38-43.

[3] 中共中央文献研究室. 习近平关于全面依法治国论述摘编 [M]. 北京:中央文献出版社, 2015:67-68.

[4] 中共中央文献研究室. 习近平关于全面依法治国论述摘编 [M]. 北京:中央文献出版社, 2015:32.

文化和借鉴国外法治有益成果相结合，为实现中华民族伟大复兴奠定法治基础。

(二) 法治的"总体发展战略"

第4~5个坚持，抓住了法治建设的根本和全局，体现了法治建设的战略思维。"坚持依宪治国、依宪执政"抓住了根本。宪法是社会主义法治体系的根基，打牢宪法根基，法治的"参天大树"才能茁壮成长。"坚持在法治轨道上推进国家治理体系和治理能力现代化"明确了法治的方向以及国家治理现代化的要求，有利于实现国家治理的科学化、制度化、规范化。

1. 坚持依宪治国、依宪执政。2014年12月3日，习近平在首个国家宪法日到来之际，提出依宪治国和依宪执政。我们党历来重视宪法与法制建设，尤其重视尊崇和执行宪法，把党的活动限制在宪法法律的范围内。任何组织和个人必须在宪法法律范围内活动，坚决反对以言代法、以权压法、徇私枉法，坚决纠正有法不依、执法不严、违法不究行为。❶建设社会主义法治国家必须把宪法的要求贯彻到治国、执政的全过程、各环节，在治国、执政的运行效能和宪法、法律的具体实施中体现党和人民的意志。

2. 把国家治理现代化"构筑在坚实的制度基础之上"❷。坚持在法治轨道上推进国家治理体系和治理能力现代化，是习近平法治思想的核心内容之一。法治建设是国家治理现代化的基础工程、战略任务，因此要妥善解决好三个问题：一是改革与法治相互促进。在深化改革中完善法治，在法治建设中推进改革。通过法律的立改废释，推动改革向前发展。二是"依法治国与制度治党、依规治党统筹推进"❸。依规治党是依法治国的基础，依规治党就是要通过党的自我革命推动社会革命。三是顶层设计与法治实践紧密结合。突出法治的政治保障和理论导航作用，借助系统的顶层设计用法治建设的理论成果指导新时代的法治建设实践。

---

❶ 中共中央关于全面推进依法治国若干重大问题的决定 [M]. 北京：人民出版社，2014：7.
❷ 公丕祥. 坚持依法治国与制度治党、依规治党统筹推进、一体建设 [J]. 群众，2017 (9)：26-27.
❸ 习近平. 坚持依法治国与制度治党、依规治党统筹推进、一体建设 [N]. 人民日报，2016-12-26 (1).

(三) 法治的"系统建设目标"

第6~9个坚持体现了依法治国的系统思维。建设中国特色社会主义法治体系要全面推进依法治国。治国是系统工程，应当坚持"共同推进、一体建设"。

1. 坚持建设中国特色社会主义法治体系。具体包括立法、实施、监督、保障、党内法规等方面。立法离不开实施、监督与保障，否则，立法就会被束之高阁。同时，依法治国与依规治党关系密切，党纪与国法的协同能为法治提供支撑和动力。法治体系建设是依法治国的总纲领和总抓手。一是建设"完备的立法体系"，特别是通过重点领域立法，通过社会主义法律体系化建设，提高法律效能，回应人民群众的利益诉求。二是建设"高效的法治实施体系"，实现执法、司法、守法的一体联动机制，培育执法为民、公平正义和遵纪守法的思想，推进法治的高效实施。三是建设"严密的法治监督体系"，坚持党的领导与人民监督相结合，实现法治监督的全方位全过程，建构系统化的监督体系。四是建设"有力的法治保障体系"，加强党的领导，培养高素质法治队伍，保障法治的高效实施。五是建设"完善的党内法规体系"，实现党内法规和国家法律的有效衔接，建立健全党内法规体系，奠定全面从严治党的制度基础。

2. 坚持"共同推进、一体建设"。"共同推进"包括依法治国、依法执政、依法行政三个方面。"一体建设"是指法治国家、法治政府、法治社会"三位一体"。依法治国的目标是法治国家建设，依法治国就是在党的领导下，依据宪法法律治理国家，管理国家社会事务，实现社会主义民主的制度化、法律化。依法执政是我们党的基本执政方式，其目标是法治政府建设。依法执政的职能是通过建立立法、行政、司法和监察机关来实现的。依法行政的目标是法治社会建设。法治国家是统领，法治政府是支撑，法治社会是基础。法治国家要求国家权力严格依据宪法和法律建构，对违法用权、滥权、怠权行为严格追究责任。

3. 推进科学立法、严格执法、公正司法、全民守法。随着改革开放的深入推进，我国社会主义法治建设获得长足发展，依法治国成为全党和全国各族人民的共同法治信念。我们党坚持破立结合，推进科学立法、严格执法、公正司法、全民守法。

其一,"科学立法"的核心在于尊重和体现社会发展的客观规律,尊重和体现法律所调整的社会关系的客观规律和法律体系的内在规律。党的十八届四中全会强调,推进科学立法、民主立法是提高立法质量的根本途径。党的十九大报告提出了"依法立法"的原则。

其二,"严格执法"主要是对国家公职人员的要求。"严格执法"是"提高执法司法公信力"的首要之义,是"法治中国的根本要求",❶ 是促进社会和谐稳定的必然选择。政法机关"必须严格执法,公正司法"❷。"严格执法"是对执法主体的执法活动的要求,是为了保证宪法法律得以正确实施,做到有法必依、执法必严、违法必究。"严格执法"的内涵在于:一是执法的最高标准和依据是宪法和法律,执法必须以事实为依据、以法律为准绳,否则就要承担法律责任和后果;二是执法机关要严格在法律规定的范围内行使权力,不作为、枉作为以及越权乱作都将承担法律后果。

其三,"公正司法"是依法治国的生命线。坚持公正司法才能不断提高司法公信力。党的十八届四中全会强调,保证公正司法,提高司法公信力。为了实现公正司法就必须实施司法体制改革,即完善确保依法独立公正行使审判权和检察权的制度、优化司法职权配置、推进严格司法、保障人民群众参与司法、加强人权司法保障、加强对司法活动的监督。

其四,"全民守法"主要是对公民的普遍性要求,但是,对于公职人员和党的领导干部来说,更应当做守法的模范。公职人员和党的领导干部带头学法、带头依法办事、带头遵纪守法,就能够引导广大人民群众相信法律面前人人平等,从而形成崇尚法治的社会风气。公职人员和党的领导干部要"守住遵纪守法的道德底线,练好慎独慎微这两项基本功"❸。要追求慎独境界,常怀律己之心,用好批评武器;要警惕"温水效应",关注小事小节,保持警钟长鸣;要心中有党,筑牢忠党之魂;要心中有民,常怀为民之心;要心中有责,扛起担当之职;要心中有戒,严守纪律规矩。

4. 坚持统筹推进国内法治和涉外法治,实现更高水平的对外开放和更深层次的合作共赢,增强参与国际法律的话语权,在国际投资、人身财产安全方面维护国家和人民的利益。

---

❶ 隋从容. 论习近平的"严格执法、公正司法"思想[J]. 东岳论丛, 2016(2): 165-171.
❷ 中共中央文献研究室. 十八大以来重要文献选编[M]. 北京: 中央文献出版社, 2014: 717.
❸ 周良书. 慎独慎微,提升党员干部遵纪守法的自觉性[J]. 重庆社会科学, 2015(6): 100-104.

(四) 法治的"重要保障力量"

第 10~11 个坚持体现了精准化的法治思维。实现法治现代化关键是解决人的现代化问题。为此，"坚持建设德才兼备的高素质法治工作队伍"和"坚持抓住领导干部这个'关键少数'"，这两个"坚持"明确了依法治国的保障力量。

1. 建设法治工作队伍。法治工作队伍的法律素质和履职能力直接影响和制约着国家治理法治化的进程。全面推进依法治国，做好新时代的法治工作，需要一支政治过硬、业务精湛、作风优良的队伍。为此，要按照正规化、专业化、职业化的要求，建设一支高素质法治工作队伍，贯彻全面从严治党原则，严明党的纪律和政治规矩，保证法治工作队伍忠诚可靠。法治工作队伍是党和人民的刀把子，要把刀把子牢牢掌握在党和人民手中，必须要严格党的政治纪律，确保其始终做人民的忠诚卫士。政治信念的动摇是最危险的动摇，为此，要用新时代中国特色社会主义思想武装头脑，深入推进党风廉政建设和反腐败斗争，努力提高法治工作队伍的拒腐防变能力。反腐败没有禁区、特区和盲区，要把正面教育和反面警示结合起来，形成不敢腐、不能腐、不想腐的有效机制。

高素质的法治工作队伍"是培育出来的，也是严管出来的"[1]。对于法治工作队伍要敢抓敢管、会抓会管。要坚持整治特权思想、衙门习气、霸道作风，对于滥用职权、贪赃枉法的人要一查到底、决不姑息。用制度管党治党最有效最持久，为此，要扎紧制度的篱笆，科学配置权力，健全监督机制，堵塞执法漏洞；要把专业化建设摆在更重要位置来抓，作为法治工作队伍的核心战斗力抓住、抓好；要加强所、队、庭等基层一线领导和骨干的教育培训，把所、队、庭作为提高法治工作队伍综合素质和履职能力的着力点；要坚持党对法治工作的绝对领导，始终把思想政治建设放在首位；要在法治工作队伍思想政治、业务能力和纪律作风建设上下大力气，培育执法为民、清正廉洁的法治工作队伍，为国家长治久安和中华民族伟大复兴提供有力保障。

2. 坚持抓住领导干部这个"关键少数"。"全面依法治国必须抓住领导干

---

[1] 孟建柱. 坚持以法治为引领 提高政法机关服务大局的能力和水平 [J]. 求是, 2015 (6): 3-8.

部这个'关键少数'。"❶ 抓住立法、执法、司法决策权和关键岗位的领导干部是习近平对社会主义法治建设精准把脉、精准施策的法治思维的体现。领导干部如果轻视法律、不懂法治,甚至以言代法、以权压法、干预司法,不仅会阻碍依法治国的进程,而且会损害党和国家形象。因此,习近平强调:"高级干部要做尊法学法守法用法的模范。"❷ 为此,要建立健全执法用权机制,以机制约束人;要建立健全地方经济事务重大决策的法律审查机制,把法治建设成效作为各级领导干部实绩考核的重要内容;要重点加强领导干部的法治理念教育,使领导干部尊法在先、信法在先、用法在先、守法在先,大力营造依法行政的良好环境。

二、习近平法治理念的创新发展

社会主义法治理念具有政治性、人民性、科学性、开放性等特点,它的精髓是党的领导、人民当家作主和依法治国的统一。作为中国特色社会主义理论在法治建设中的体现,社会主义法治理念是随着社会主义法治建设的不断发展而发展的。弘扬社会主义法治理念要求完善立法、依法行政、公正司法、监督制约、诚信守法、依法执政等。新时代,习近平对法治理念给予了深刻全面的阐述。他强调了人民民主的法治理念、宪法法律至上的法治理念、公平正义的法治理念、人权保障的法治理念、权力监督的法治理念、法律平等的法治理念,等等。

(一) 关于人民民主的法治理念

民主是我们党和人民始终坚持的重要理念。根据我国人民民主实践,习近平深刻阐述了我们党的民主思想,尤其是阐发了全过程人民民主思想。他认为:"中国的民主是人民民主。"❸ 人民民主的法治理念"深刻阐明了中国式民主的鲜明特色和显著优势",❹ 集中反映了我们党十八大以来领导民主

---

❶ 习近平. 领导干部要做尊法学法守法用法的模范 带动全党全国共同全面推进依法治国[N]. 人民日报, 2015-02-03 (1).

❷ 中共中央文献研究室. 习近平关于全面依法治国论述摘编[M]. 北京:中央文献出版社, 2015:121.

❸ 中华人民共和国国务院新闻办公室. 中国的民主[N]. 人民日报, 2021-12-05 (5).

❹ 深入学习习近平总书记关于全过程人民民主的重要论述 发挥好人民代表大会保证人民当家作主的制度保障作用[N]. 人民日报, 2021-08-21 (3).

政治建设的成果。

人民民主是在马克思主义指导下的社会主义民主。列宁指出："民主是多数人的统治。"❶ 中国共产党坚持一切权力属于人民，高举人民民主的旗帜。毛泽东强调，人民民主是社会主义民主的本质特征，强调我们的民主"是人民民主"，❷ 旗帜鲜明地反对资产阶级民主。邓小平也强调，中国人民需要的民主，"只能是社会主义民主"。❸ 江泽民和胡锦涛则强调，我们的社会主义民主本质是人民当家作主。

党的十八大以来，习近平对人民民主作了更深层的思考。其关于人民民主的观点主要包括以下五个方面：其一，它是社会主义的生命。没有人民民主就没有社会主义。实现现代化和中华民族的伟大复兴都不能离开人民民主这一核心。脱离人民民主就会走向歪路和邪路。其二，人民民主就是人民当家作主。人民是国家和社会的主人。发展人民民主就是要更加真切地体现人民意志、满足人民需要、保障人民利益，法治建设的根本旨趣就是用法律制度确保人民当家作主。其三，中国的社会主义政治发展道路就是人民民主专政的道路。坚持人民民主体现了党的本质属性，践行了党的根本宗旨。其四，人民民主主要有两种实现形式，一是通过投票选举的方式参与重大决策；二是通过人民内部协商的方式参与重大决策，即协商民主。其五，发展人民民主必须推进制度化、规范化和程序化建设，充分彰显人民民主的特点和优势，确保国家兴旺发达、社会长治久安。

在新时代，习近平提出了"发展全过程人民民主"的思想，❹ 强调重大决策都应当通过民主决策产生。全过程民主的贡献在于强调"全过程性"和"人民性"。全过程是人民当家作主的保障。全过程人民民主坚持了以人民为中心的价值立场，实现了过程与成果、程序与实质的统一。如果人民只是在投票时才被唤醒，之后便休眠，那是形式主义的民主。公民只有全过程参与，贯穿选举、协商、决策、管理、监督全过程，才是真正的完整的民主。习近平在我们党的历史上首次提出了评价"民主"的八项标准，即"权力交接、民主管理、利益表达、社会参与、科学民主决策、选人用人、依法执政、权力

---

❶ 列宁全集：第22卷 [M]．北京：人民出版社，1990：53．
❷ 毛泽东著作选读：下册 [M]．北京：人民出版社，1986：708-709．
❸ 邓小平．邓小平文选：第2卷 [M]．北京：人民出版社，1994：175．
❹ 习近平．在庆祝中国共产党成立100周年大会上的讲话 [M]．北京：人民出版社，2021：12．

制约监督"。❶ 习近平还特别阐述了推动协商民主发展的思想。协商民主包括立法、行政、参政、社会协商等方面，是社会主义民主政治的运行方式和独特优势，❷ 协商民主成为党领导人民有效治理国家的制度设计，保障了人民当家作主的权利。

(二) 关于宪法法律至上的法治理念

把集中党和人民意志的宪法法律置于至高无上的地位，确保国家机关依法行使权力，才能真正实现人民民主。宪法法律至上是指宪法法律在国家所有规范中享有最高权威。宪法法律至上是现代法治的基本标志，是我们党和国家的明确主张。同样是宪法法律至上，西方资本主义国家的宪法法律体现的是资产阶级意志，我国宪法法律体现的是党和人民的意志。党的十一届三中全会公报明确指出，"不允许任何人有超于法律之上的特权"，❸ 初步提出了法律至上思想。1982年，"任何组织或者个人都不得有超越宪法和法律的特权"纳入宪法。

在新时代，习近平根据法治在党和国家中的重要地位和突出作用，对宪法法律至上的法治理念给予了创新发展，提出了"宪法以其至上的法制地位和强大的法制力量"，❹ 对我国政治、经济、文化等产生了极为深刻的影响。在党的十九大报告中进一步明确提出"树立宪法法律至上、法律面前人人平等的法治理念"。❺ 习近平把政治表达和法治话语相结合，对于宪法法律至上的法治理念作出了多方面的原创性贡献：其一，概括宪法法律至上的内涵。习近平对党的领导以及公民、社会组织和国家机关的行为准则给予了重新定位，即必须在宪法法律规定的范围内活动，"必须以宪法法律为行为准则"。❻ 坚持宪法法律至上就要加强和改善党的领导，它是实现宪法法律至上的政治保障和首要原则。其二，突出宪法的至上性。宪法法律至上的核心是宪法至

---

❶ 习近平. 论坚持全面依法治国 [M]. 北京：中央文献出版社，2020：79.
❷ 关于加强社会主义协商民主建设的意见 [M]. 北京：人民出版社，2015：1.
❸ 中国共产党第十一届中央委员会第三次全体会议公报 [M]. 北京：人民出版社，1978：12.
❹ 习近平. 论坚持全面依法治国 [M]. 北京：中央文献出版社，2020：9.
❺ 习近平. 决胜全面建成小康社会 夺取新时代中国特色社会主义伟大胜利：在中国共产党第十九次全国代表大会上的报告 [M]. 北京：人民出版社，2017：39.
❻ 习近平. 论坚持全面依法治国 [M]. 北京：中央文献出版社，2020：230.

上。宪法是"联系政治过程和法治体系的根本法",[1] 既是政治领导的最高权威的文件,又是法律体系的最高规范。习近平强调,宪法"是全面依法治国的根本依据",[2] 树立法治权威关键是树立宪法权威,全党全国都要以宪法为根本活动准则。其三,坚持宪法法律至上的法治理念必须妥善解决好宪法法律与党的意志、人民意志的关系,必须妥善解决好宪法法律至上与党的领导的关系,必须妥善解决好国家法律和党的政策的关系。坚持宪法法律至上就必须培育法治理念,加大普法力度,弘扬法治精神。其四,明确了宪法法律至上的具体要求,如领导干部要做模范,带头尊法学法守法用法;坚持社会主义法治文化建设;培育全体公民的法治信仰、法治思维。宪法和法律的生命力在于实施,有法律不实施而是束之高阁,那便无济于事,因而必须通过制度建设确保法律的有效实施。

(三) 关于公平正义的法治理念

公平正义是法治最基本、最普遍的价值表述,是人类始终追求的法治理念。加快司法体制改革就是要维护社会的公平正义,进而满足全社会对公平正义的渴望。改革开放以来,我们党更加重视社会的公平正义建设。从党的十四届三中全会到党的十五大都提出,"坚持效率优先、兼顾公平"。把效率置于公正之上,其结果是在一定程度上导致了对公平的忽视。党的十七大强调"实现社会公平正义是中国共产党人的一贯主张",强调要"处理好效率和公平的关系"。由此,开始有意识地调节效率和公正的关系问题。

公平正义是社会主义现代化建设的本质要求,是全面深化改革的落脚点,是从严治党的价值取向,是社会主义法治建设的生命线。在新时代,习近平将维护和促进公平正义作为核心价值追求,强调公平正义是执法司法工作的生命线,是我们党非常崇高的价值追求。习近平从新时代人民群众对公平正义的更高期待出发,把公平正义作为社会主义法治建设的价值引领,进一步深化公平正义的法治理念。

其一,把公平正义纳入社会主义核心价值追求,以公平正义为价值指引,谋划中华民族伟大复兴。党的十八大提出,"公平正义是中国特色社会主义的

---

[1] 秦前红. 宪法至上:全面依法治国的基石 [J]. 清华法学, 2021 (2): 5-20.
[2] 习近平. 论坚持全面依法治国 [M]. 北京:中央文献出版社, 2020: 201, 215.

内在要求"，❶ 党的十八届三中全会又强调，把"促进社会公平正义"作为党的各项工作的出发点和落脚点。党的十九届五中全会把"社会公平正义进一步彰显"作为经济社会发展的主要目标之一。习近平强调，法治建设"更要求公平正义得到维护和实现"，❷ "全心全意为人民服务的宗旨决定了我们必须追求公平正义"。❸

其二，强调公平正义覆盖社会各个领域、惠及全体人民。为此，要不断完善涉及权利、机会、规则公平的制度建设，补齐民生发展短板、促进公平正义，用心用情用力解决好就业、教育、社保、医疗、住房等实际问题。

其三，指明了实现公平正义的可靠路径。习近平强调，要依靠全面推进依法治国来保障和促进公平正义的实现，让人民群众从法律规范、执法决定、司法案件等的处理中感受到公平正义的存在。"健全社会公平正义法治保障制度"，❹ 具体而言，就是要通过创新制度安排更好地体现公平正义。

其四，大力倡导践行公平正义。在践行公平正义的实践中，要把精准扶贫作为实践公平正义的着力点，强调实现共同富裕，一个都不能掉队。要把深化收入分配制度改革作为促进公平正义的重心，让改革发展的成果更多地惠及全体人民。要营造司法公正的制度环境，用法律法规保障公平正义的实现。司法机关担负着维护社会公平正义的责任，具有涵养社会公平正义的功能。习近平公平正义的法治理念贯穿了以人民为中心的发展思想，突出了保障人民生存权的优先性，把改革成果共享置于基础性地位，强调对权力进行有效的制度约束等，极大地丰富发展了公平正义法治理念的思想内涵。

（四）关于人权保障的法治理念

现代法治的根本价值追求是尊重和保障人权。我们党坚持以人民为中心，把生存发展权作为首要人权，探索了一条具有中国特色的尊重和保障人权的道路。中国共产党自成立起，就表明了争取人权的立场，在党和国家的文献中主要使用"人民权利"这一概念。改革开放以来，尊重和保障人权成为我

---

❶ 中共中央文献研究室. 十八大以来重要文献选编（上）[M]. 北京：中央文献出版社，2014：11.

❷ 中共中央文献研究室. 习近平关于社会主义社会建设论述摘编[M]. 北京：中央文献出版社，2017：30.

❸ 习近平. 习近平谈治国理政：第2卷[M]. 北京：外文出版社，2017：129.

❹ 习近平. 论坚持全面依法治国[M]. 北京：中央文献出版社，2020：5.

们党的执政理念，中国的人权事业得到迅速发展，人民群众的生存发展权和各项基本权利得到了更好的保障。党的十五大把"尊重和保障人权"写入了大会报告，强调要保证人民依法享有广泛的权利和自由。党的十六大重申"尊重和保障人权"，强调对人民群众经济、政治与文化权益的保障。2004年，"国家尊重和保障人权"写入宪法。2007年，党的十七大把"尊重和保障人权"写入大会报告，并且载入《中国共产党章程》。

尊重和保障人权是党的根本宗旨的体现，是习近平法治思想的根本价值关切。党的十九大报告描绘了我国人权事业的美好蓝图。在新时代，习近平对尊重人权、保障人权、发展人权等问题进行了深入思考，创新发展了尊重和保障人权的法治理念。其一，提出"人民幸福生活是最大的人权"，赋予新时代中国人权事业发展全新意涵，把依法保障人权作为依法治国的根本目的。衡量人权事业的标准是中国人民的获得感、幸福感和安全感。提出"以发展促人权"的理念，❶把生存发展权理解为首要的人权，"发展权更加注重人的全面发展"❷。把推动经济社会文化发展作为实现人权的根本手段。把生存发展权作为首要的基本的人权是完全符合中国国情民情的人权发展道路。人民的生存发展权的实现需要一个安全稳定的环境，然而战争和战乱却危及着人民的生存，也危及着国家的生存。因此，生存发展权不仅是指公民个人的权利，而且是指民族国家在社会意义上的生存得到保障的权利。其二，强调"人权事业必须也只能按照各国国情和人民需求加以推进"，❸积极探索中国特色的人权发展道路。强调尊重和保障人权必须坚持党的领导。发展好人权事业，不断提高人权保障水平，才能实现国家的长治久安、繁荣发展。其三，强调通过法治建设保障人权的实现。人民权益要靠法律保障，人权的司法保障是人权保障体系的最后防线。习近平多次在党的重大会议上强调，要"完善人权司法保障制度"，"加强人权司法保障"，把"人权得到切实保障"作为法治建设的主要目标等。其四，推进全人类人权事业的共同发展。积极倡导符合全人类的公正、正义、民主、自由的和平发展的共同价值追求，强调每个国家"都是全球治理的平等参与者"。❹习近平高度重视国际法治建设，

---

❶ 习近平. 致首届"南南人权论坛"的贺信［N］. 人民日报，2017-12-08（1）.
❷ 张文显. 习近平法治思想的理论体系［J］. 法制与社会发展，2021（1）：5-54.
❸ 习近平. 致首届"南南人权论坛"的贺信［N］. 人民日报，2017-12-08（1）.
❹ 何农. 构建人类命运共同体是世界人权事业的中国方案［N］. 光明日报，2017-06-15（10）.

倡导"民主、平等、正义"的国际法治建设原则，努力创造奉行法治、公平正义的未来。

(五) 关于权力监督的法治理念

约束和限制权力是法律最基本的作用，现代法治的重要价值在于监督和制约公权力。我们党自成立起就重视权力制约和监督问题。毛泽东提出了"让人民来监督政府"的思想，主张发扬党内民主，注重党内监督，有效巩固了党的执政地位。改革开放之后，我们党恢复了党和国家的权力监督制约机制。邓小平从防治权力腐败出发，提出了权力制约问题。他强调，要用制度制约权力，用专门机构制约权力，"权力要下放"。❶ 江泽民强调，"党内监督、法律监督、群众监督结合起来"。❷ 胡锦涛提出，"让权力在阳光下运行"，❸ 强调事前、事中、事后监督相结合，党内监督、民主监督、法律监督、舆论监督相结合，强调对主要领导干部的权力监督。

新时代，习近平揭示了权力运行规律，阐明了权力监督思想。其一，权力监督的价值旨归是人民。法治建设为了人民、依靠人民，法治建设成果由人民共享。以人民为中心是权力监督的最终依归。权力监督的目的是保证公权力的正确行使，保障人民赋予的权力始终服务于人民。党员干部要坚持以人民为中心的发展思想，认真履职尽责、干事创业，积极发挥公权力的作用，促进人民福祉。习近平强调，"整治不担当、不作为、慢作为、假作为"。❹ 其二，加强党的领导是实施权力监督的根本保证。立法、执法、司法等整个过程都必须坚持党的全面领导，提出把党的监督体系和国家监察体系一起来，发挥党内监督的带动作用，"构建党统一指挥、全面覆盖、权威高效的监督体系"。❺ 党内监督要和国家机关、民主党派、群众及舆论监督结合起来，实现监督全覆盖。其三，"把权力关进制度的笼子里"，❻ 运用法治制约权力。

---

❶ 邓小平. 邓小平文选：第 3 卷 [M]. 北京：人民出版社，1993：177.
❷ 中共中央文献研究室. 十五大以来重要文献选编（上）[M]. 北京：人民出版社，2000：34.
❸ 中共中央文献研究室. 十八大以来重要文献选编（上）[M]. 北京：中央文献出版社，2014：23.
❹ 习近平. 论坚持全面依法治国 [M]. 北京：中央文献出版社，2020：242.
❺ 习近平. 习近平谈治国理政：第 3 卷 [M]. 北京：外文出版社，2020：53.
❻ 中共中央文献研究室. 习近平关于全面依法治国论述摘编 [M]. 北京：中央文献出版社，2015：127-128.

权力制约是实现权力监督的有效途径，权力的制约监督最终以人民根本利益为归宿。通过权力运行的公开透明来树立政府的权威，权力只有在阳光下运行才能产生公信力。法治是规范权力行使、遏制权力腐败的重要方式。习近平把构建严密的法治监督体系纳入社会主义法治体系，强调构建法治监督网络，突出对行政权、监察权、审判权、检察权的有效监督。其四，提出权力监督的重点是反腐败。腐败是党面临的最大威胁，坚决防治腐败是我们党自我革命的重大政治任务。习近平强调，反腐败无禁区、全覆盖、零容忍，强调管好"绝大多数"，抓住"关键少数"，坚定不移地开展"打虎""拍蝇""猎狐"工作，坚持以法治方式反对腐败、惩治腐败，强调"一体推进不敢腐、不能腐、不想腐"，❶ 实现党的自我净化、自我完善和自我革新。

（六）关于法律平等的法治理念

平等是社会主义法治的基本要求。平等与民主、自由、公平、正义、人权等交织在一起，是人类原初的法治追求。西方现代法治语境中的"平等"是资产阶级为了反对封建专制而提出的，具有明显的资产阶级性质。我们党和国家历来把平等作为重要的法治理念来追求，并且在实践中不断促进法律平等的实现。改革开放以来，我们党重申"法律面前人人平等"。邓小平坚持反对特权，提出了"有法必依，执法必严，违法必究，在法律面前人人平等"的原则。❷ 我国现行宪法不仅有"在法律上一律平等"原则，还有"民族平等、男女平等、政治权利平等"等具体规定。❸ 党的十八大把"平等"作为社会层面的核心价值观与自由、公正、法治相并列。

习近平不仅重视法律适用上的平等，而且更加重视实质平等，从而深化了"法律面前人人平等"的理论内涵。他把"平等"定位为社会主义法治的本质属性，高度重视法治的平等价值，阐明了"法律平等"的社会主义法治理念。

其一，强调法律平等要体现在法治全过程，即"体现在立法、执法、司法、守法各个方面"。❹ 平等不仅体现在结果之中，还体现在过程之中，必须

---

❶ 习近平. 习近平谈治国理政：第3卷 [M]. 北京：外文出版社，2020：549.
❷ 邓小平. 邓小平文选：第2卷 [M]. 北京：人民出版社，1994：254.
❸ 林来梵. 从宪法规范到规范宪法：规范宪法学的一种前言 [M]. 北京：法律出版社，2001：110.
❹ 习近平. 论坚持全面依法治国 [M]. 北京：中央文献出版社，2020：108.

让所有人产生过程中的公平感。法律平等首先要体现在立法过程，实现法律内容的平等，绝不能把不平等的东西写入法律。法治内容方面的平等是良法善治的基本要求。平等不仅是价值观念，还是一种制度安排。也就是要通过制度安排，明确规定平等的目标范围和具体内容，对于违反平等原则的情况进行制度衡量和调整控制。

其二，突出重视实质平等的实现。习近平所强调的法律平等超越了形式平等的要求，更加关注和关心实质平等。为了实现实质平等，保障公民的人身权、财产权、人格权和基本政治权利，确保法律面前人人平等，就必须"加快完善体现权利公平、机会公平、规则公平的法律制度"，❶ 也就是说，要通过加快法治建设来实现实质平等。

其三，重视全球治理中的平等原则。强调权利、机会、规则平等，推动了国际范围内"法律平等"理念的发展。习近平多次强调建立平等的新国际秩序，实现不同文明的平等交流，倡导和平发展、共同进步。面对霸权主义、强权政治和剥削掠夺等无视平等互利的现象，习近平倡导主权国家平等参与、互相磋商解决国际争端问题。

其四，着力解决发展不平衡、不充分的问题。法律平等的一个重要表征就是让全体人民共享发展成果，解决好发展不平衡、不充分的问题，满足人民日益增长的美好生活需要，促进社会公平正义。通过制度安排和法治手段，推动共同富裕的实现。他强调，共同富裕是"中国式现代化的重要特征"，是"社会主义的本质要求"。❷ 实现法律平等还要致力于解决好地区差距、城乡差距、收入差距等问题，让发展的成果更多、更公平地惠及全体人民。

三、习近平法治思想教育的基本要求

党的领导是依法治国的保障，依法治国必须坚持党的领导。领导不同于强制，其本质是以吸引力为基础的人际影响力，是领导者和被领导者之间自愿发生且能自愿解除的支配权和被支配权。邓小平指出，党的领导"主要依靠于我党主张的正确"❸。党的领导是全面推进依法治国的首要原则。坚持党

---

❶ 习近平. 论坚持全面依法治国 [M]. 北京：中央文献出版社，2020：218.
❷ 在高质量发展中促进共同富裕 统筹做好重大金融风险防范化解工作 [N]. 人民日报，2021-08-18（1）.
❸ 邓小平. 邓小平文选：第1卷 [M]. 北京：人民出版社，1994：9.

的领导的关键是充分认识党的领导与社会主义政治和社会主义法治的高度一致性。邓小平指出，党的领导原则"是不能动摇的"[1]。否定了党的领导就会导致社会的分裂和混乱，社会主义现代化便无从谈起。

（一）正确理解和把握"三统一"

所谓"三统一"，是指社会主义法治建设必须坚持党的领导、人民当家作主和依法治国的统一。法治建设是社会主义现代化建设的有机构成。离开党的领导，国家就会陷入无政府状态，也就谈不上依法治国。党的领导是人民当家作主的保障。在我国，一切权力属于人民，人民民主专政是我国社会主义国家性质的标志。社会主义法治必须表达人民意志、维护人民利益。政法机关的权力是人民通过法定程序赋予的，必须对人民负责、为人民谋利。民主选举是民主决策、民主管理、民主监督的前提，没有人民的选举权便没有人民的一切。我国实行的是普选制度，选举方式包括直接选举和间接选举两种。依法治国是治国理政的基本方略。党必须维护宪法和法律的权威，不能有超越法律的特权。党的领导体现在立法、执法、司法等过程之中，并通过党组织的卓越工作和党员的模范作用彰显出来。

正确理解和把握"三统一"应从以下三个方面入手。

1. 正确理解和把握"三统一"的源头和提出。"三统一"的思想源头是邓小平关于加强和改善党的领导，实现民主与法制结合的思想。中华人民共和国成立后，我们党实行高度集中的一元化领导体制。党的十一届三中全会后，邓小平提出了加强和改善党的领导问题。党的领导事关社会安定、民主发展和国家统一。但是，要加强党的领导就必须改善党的领导。为此，他提出了改变权力过分集中的设想，即党政分开和下放权力。他还把"领导人民当家作主""坚决按法律办事"列为党的领导的内容。邓小平否定了无法无天的"大民主"，强调要"充分发扬人民民主"，[2]并且提出了社会主义民主与法制相结合的思想。因为，没有广泛的民主不行，没有健全的法制也不行。这些思想成为"三统一"的源头。江泽民在党的十五大上提出"依法治国把坚持党的领导、发扬人民民主和严格依法办事统一起来"，第一次以权威文件

---

[1] 邓小平. 邓小平文选：第2卷 [M]. 北京：人民出版社，1994：267-268.
[2] 邓小平. 邓小平文选：第2卷 [M]. 北京：人民出版社，1994：322.

方式论述了"三统一"的思想。2002年,江泽民在中央党校做报告时提出"坚持党的领导、人民当家作主和依法治国的有机结合"。在党的十六大报告中,"三统一"成为最高权威的核心命题。

2. 正确理解和把握"三统一"的基本含义。中国共产党是中国特色社会主义事业的领导核心,党的领导是宪法赋予的权力。党的领导并不是以党治国或以党代政,而是基于依法治国的领导。党的领导重在保障人民当家作主。依法治国要在党的领导下,按照宪法法律规定管理国家事务,实现民主制度化、法律化。从"三统一"的关系看,党的领导是根本保证,它既保障人民当家作主,又保障依法治国;人民当家作主是本质要求,它既是党的领导的主要内容,又是依法治国的民意基石;依法治国是基本方略,它是党领导下的治国方略,又是人民当家作主的法律保证。党的领导离不开人民当家作主和依法治国,否则,就回到了过去集中统一的一元化领导;人民当家作主离不开党的领导和依法治国,否则,就回到了过去的无法无天的"大民主";依法治国离不开党的领导和人民当家作主,否则,就回到了以党治国的老路。

3. 正确理解和把握"三统一"的价值取向。"三统一"包含的价值取向主要体现在以下三个方面:一是肯定性的价值取向,它对三者有机统一给予了充分肯定。党的领导就是中国共产党的领导和执政,它代表着我国社会生活中的政治权威,否定政权权威就会陷入无政府主义,把权威绝对化就会走向个人崇拜。人民当家作主是强调人民民主的价值取向,它否定了专制和特权,保障了绝大多数人享有民主权利。依法治国代表按照法律治国的政治价值取向,它与人治相对立。二是关联性的价值取向。关联性是指其中的每一个要素都对其他要素有着直接的影响。依法治国对党的领导和人民当家作主有推动作用,党的领导对依法治国和人民当家作主也有推动作用。三是协调性的价值取向。三者之间是协调统一的,不能因过分强调一个因素而忽视另外的因素。三者结合得越紧密,越能够发挥协调性的作用。也就是说,强调党的领导不能排斥民主和法治,反而要提高党的领导的民主化和法治化水平;强调民主不能忽视党的领导和法治;强调法治不能抛弃党的领导和人民民主。

(二) 正确把握贯彻党的方针政策和执行国家法律的关系

执政党的政策和国家的法律关系密切。党的政策与国家的法律是国家治理体系的重要组成部分。通常,执政党总是借助国家政权机关利用法律手段贯彻自己的政策。一般而言，一项法律的创制总是具有一定的政策背景，受执政党政策的影响。党的政策和国家法律的区别有四个方面：其一，产生渠道不同。政策由党的组织制定，法律由立法机关制定。其二，表现形式不同。政策通过宣言、纲领、决议、文件等表现出来，法律通过立法机关的决定、法律文本等表现出来。其三，承载的内容不同。政策是对社会政治生活、经济事务的原则性规定，法律是对公民和法人权利义务的具体确定。其四，效力和作用不同。政策的作用是引领、指导，法律是政策的具体化，是党的意志向国家意志的提升并借助国家强制力保障实行。党的政策和国家法律的一致性在于：它们服务于社会主义的经济基础，体现人民的意志，有着共同的指导思想、价值取向和社会目的。

党的政策和法律有着密切而不可分的关系，主要体现在以下三个方面。

1. 政策是法律的灵魂、精髓和核心内容。从根本上说，党的主张体现着人民的利益和共同意志。党借助政策法律化来实现自己的政治领导。党的政策推动社会主义法治建设的发展主要借助把政策"贯彻于社会主义法律制定、实施和适用的过程"[1]。党的政策还不是法律，但是，通过法定程序把党的政策上升为国家法律，这个过程就是政策法律化。

2. 法律是贯彻党的政策的方式。政策法律化的结果是法律政策化。法律政策化意味着运用国家权力保障党的政策的实现。党的政策制定和实施要以法律为限度，在执法和司法过程中，要严格执行国家法律并且以党的路线方针政策为指导。党的十八大把依法治国作为党领导治理国家的基本方略。习近平指出，我们要"善于使党的主张通过法定程序成为国家意志……善于通过国家政权机关实施党对国家和社会的领导"[2]。党的政策是国家法律的先导，国家法律又是具体政策的依据。

3. 党的政策的贯彻执行有利于法律的实施，有利于树立法治权威。把政策和法律对立起来，借口强调党的领导而否认依法治国是错误的；把政策和法律等同起来，以党的政策代替法治的作用也是错误的。因此，要把贯彻党的政策和执行国家法律有机结合起来，在执法和司法活动中实现法律效果和

---

[1] 周祖成，万方亮. 党的政策与国家法律 70 年关系的发展历程 [J]. 现代法学，2019（6）：28-39.

[2] 中共中央文献研究室. 十八大以来重要文献选编（上）[M]. 北京：中央文献出版社，2014：91-92.

社会效果的有机统一。

(三) 正确把握坚持党的领导和司法机关依法独立行使职权的关系

坚持党的领导和司法机关依法独立行使职权是我国宪法明确规定的原则。正确处理党的领导和司法机关依法独立行使职权的关系必须克服两种错误倾向：其一，必须克服个别党政领导存在的干预司法的现象，尤其是在案件的事实认定和法律适用等方面给执法、司法部门施加压力，这种错误在于借口党的领导，否定司法机关有依法独立行使职权的权力；其二，一些司法部门的领导和工作人员对于党的领导缺乏正确的认识，错误地把党委领导关心、督促司法部门严格执法和公正执法当作干预司法，这种错误在于借口司法机关独立行使职权而否定党的领导。

正确把握坚持党的领导和司法机关依法独立行使职权的关系需要注意三个方面。

1. 加强和改进党对社会主义法治建设的领导方式是改进党的执政方式的重要方面。为此，要重点解决好党对于司法工作如何领导、领导什么的问题。党的领导包括思想领导、政治领导和组织领导，重在贯彻落实党的路线方针政策，维护国家安全和社会稳定，指导司法部门为维护经济和社会发展提供强有力的法治保障，加强司法干部队伍建设，加强对于司法活动的监督检察，加强司法部门的领导班子建设等。

2. 明确党的领导方法主要是总揽全局、协调各方，不是包办具体业务，更不能代替司法机关对具体案件给予定性和处理。党的领导的作用在于谋全局、抓大事、把方向，集中精力抓住、抓好战略性、全面性的重大问题。为此，要不断改进领导方式，总揽不是包揽，协调不是替代，指挥不是包办，要确保司法机关独立公正行使执法司法权力，不插手干预正常的执法和司法活动，不搞地方保护主义和部门利益。

3. 司法机关要正确认识和把握司法机关独立行使职权的问题。我国《宪法》规定，国家司法权只能由司法机关统一行使，其他组织和个人无权行使；司法机关独立行使司法权力。但是，也应该认识到，司法机关独立行使司法权力绝不是"以法废党"，绝不是放弃党的领导和监督。

(四) 坚持党对依法治国的思想领导、政治领导和组织领导

坚持党的领导必须加强党的执政能力、巩固党的执政地位，增强党性意

识，坚持马克思主义指导地位，自觉执行党的路线方针政策。坚持党的领导是由党的先进性决定的，是历史的选择、人民的选择。实践证明，只有坚持党的领导，才能将人民当家作主和依法治国落到实处，才能完成艰巨复杂的法治建设任务。党的领导是全面领导，是总揽全局、协调各方。党的十八大以来，习近平多次阐述了党的领导和依法治国的关系。依法治国实际是把党的主张和人民意志法律化，法律体现着党和人民的意志。依法治国确认了党领导的合法性，为坚持党的领导提供了宪法依据。党的领导和依法治国相互需要。没有依法治国，党的领导就会失去方寸；没有党的领导，依法治国就会寸步难行。依法治国规定了党的活动范围。处理好二者的关系，要防止"以党代法"和"法治至上"两种错误倾向。

1. 党对依法治国的思想领导。全面推进依法治国必须坚持新时代中国特色社会主义思想指导。要不断增强政法队伍的党性意志，在思想上、政治上、行动上与党中央保持高度一致，努力做到忠于党、忠于人民、忠于祖国、忠于法律。要牢固树立立党为公、执法为民的思想，坚持不忘初心、牢记使命。加强对依法治国的思想领导重在用法治理念、法治思维涵养精神家园。坚持党对依法治国的思想领导包括：坚持马克思主义立场、观点和方法；加强政法机关的思想政治建设；建立健全普法教育宣传机制；加强党员干部和公务员法治教育和学习；等等。

2. 坚持党对依法治国的政治领导。坚持党对依法治国政治领导的核心问题是对党的路线、方针和政策的领导。要坚持走社会主义法治建设道路。法治理念教育重在凝聚共识，推动社会主义法治建设。我们决不能照抄照搬西方资本主义法治模式。建设法治中国要始终坚持人民民主专政和人民代表大会制度，充分发挥制度优势，充分考虑社会主义初级阶段的国情。要坚持和完善我国的司法制度，坚持党的路线方针政策。党的政治领导的根本途径就是用政策指引立法方向，实现政策法律化。我国宪法根据党的政策做过多次修改，党的政策和国家法律高度一致。政策是法律的灵魂，党通过政策法律化实现领导。把握法治的社会主义方向，坚持党对依法治国的政治领导就要坚持走好社会主义法治建设道路、坚持完善社会主义法律体系、坚持完善立法体制和保障宪法法律实施。

3. 坚持党对依法治国的组织领导。党对依法治国的组织领导，主要是通过推荐干部、加强政法机关组织建设、发挥党组织的政治核心作用等方式实现的。加强党对依法治国的组织领导，就要充分发挥党组织的领导核心作用，着力培养"忠诚于党、服务人民的社会主义法治队伍"[1]。党政主要负责人是履行法治建设的第一责任人。党委对于政法机关具有领导责任。坚持党的领导就是要让党的理论和路线方针政策贯彻到底、落地生根。加强党对依法治国的组织领导要求坚持党管干部的原则，要求加强党的组织建设，要求着力建设社会主义法治队伍。

第三节 法治职业道德教育

全面推进依法治国，建设社会主义法治国家，对法治工作队伍建设提出了新的更高的要求。党的十八届四中全会强调，大力提高法治工作队伍的思想政治素质、业务工作能力和职业道德水准，建设一支忠于党、忠于国家、忠于人民、忠于法律的法治工作队伍。在社会主义法治理念教育过程中，应当切实加强法治工作队伍的职业道德。加强法治工作队伍的职业道德是全面落实依法治国战略的要求，是推进国家治理体系和治理能力现代化的需要，是推进社会主义法治教育创新和法治理论建设的要求。在全面推进依法治国和社会主义法治建设背景下，加强法治职业道德建设，要重点培育法治工作队伍执业为民、忠于法律和公平正义的社会主义法治理念。

一、执业为民的职业道德教育

执业为民是执法为民这一社会主义法治理念对于法治工作干部职业道德和执业纪律的根本要求。坚持执业为民旨在实现好、维护好、发展好人民的根本利益。执业为民是从目的和宗旨角度对法治工作地位和作用的确定，是社会主义法治队伍建设的出发点和落脚点。目的和宗旨是最根本的东西，决定着人们行为的性质。执业为民科学界定了社会主义法治的性质和目的，即一切为了最广大人民的根本利益。执业为民充分体现了社会主义法治的本质要求，加强社会主义法治理念教育要着力培养法治队伍执业为民的职业道德和执业纪律。

---

[1] 章天戢. 党领导依法治国的实现方式 [J]. 邓小平研究，2016（3）：107-115.

(一) 执业为民：法治理念教育的本质要求

执业为民的理论依据在于我们党为人民服务的根本宗旨和我国社会主义国家政权的性质。我们党是人民群众根本利益的忠实代表，执业为民是由我们党的性质决定的。中国共产党是最广大人民利益的忠实代表，"三个代表"重要思想的本质是立党为公、执政为民。政法机关干部的执政为民是由我们党为人民服务的宗旨所决定的。人民民主是执业为民的政治基础，执业为民是依法治国的价值追求。执业为民直接回答了法治工作相信谁、依靠谁、为了谁的问题，为解决法治工作的一些突出问题以及保持法治工作的社会主义政治方向提供了依据。法治工作的核心是维护和保障人民的根本利益。坚持执业为民才能始终保持法治工作为人民服务、为社会主义服务的政治方向。

1. 执业为民是我们党立党为公、执政为民的必然要求。立党为公、执政为民是马克思主义唯物史观的内在要求。"历史是人民书写的，一切成就归功于人民。"[1] 党的根基在人民、力量在人民。习近平指出："我们要始终把人民立场作为根本立场。"[2] 团结带领人民共创历史伟业，这是中国共产党不忘初心、牢记使命的历史担当。坚持立党为公、执政为民，坚持以人民为中心的发展理念，是我们党始终如一的政治立场，是建设法治国家必须坚持的原则。政法机关是我们党领导的人民民主专政的工具，一切为了人民、一切依靠人民是法治工作的必然选择。执业为民是我们党执政为民理念对于法治工作队伍的根本要求，立党为公、执政为民就要坚持执业为民。落实执业为民的理念就要把它根植于每个警种、每个民警和执法的每个环节。检察机关要坚持"立检为公"，法院系统要坚持"司法为民"。在加强党的执政能力建设过程中，我们党提出了转变执政方式的要求，倡导科学、民主和依法执政。科学执政重在尊重社会主义建设规律和执政规律；民主执政重在"为人民执政，靠人民执政"[3]；依法执政重在推进法治国家建设。坚持执业为民，必须把人民的根本利益作为法治工作的出发点和落脚点，做到权为民所用、情为

---

[1] 新时代要有新气象更要有新作为 中国人民生活一定会一年更比一年好 [N]. 人民日报, 2017-10-26 (2).

[2] 习近平. 在纪念马克思诞辰 200 周年大会上的讲话 [N]. 人民日报, 2018-05-05 (2).

[3] 张文宽. 试论执法为民是社会主义法治理念的本质要求 [J]. 当代法学, 2008 (S1): 42-47.

民所系、利为民所谋。

2. 执业为民是坚持社会主义政治方向的思想保证。执业为民是我们党立党为公、执政为民的必然要求,是保持社会主义政治方向的根本保证,是人民当家作主的生动体现。执业为民解决了社会主义民主和社会主义法制的统一问题,是民主制度化、法律化的具体体现。坚持执业为民就是不断满足人民需要、实现人民愿望、维护人民利益。"共产党执政就是领导和支持人民当家作主。"[1] 党通过领导人民制定宪法法律,可以把人民群众当家作主的民主权利用法律和制度固定下来,从而保障人民的合法权利得以实现。法治工作坚持执业为民重在践行为人民服务的宗旨,为维护社会稳定和推动经济发展作出应有的贡献。但是,在实际的法治工作中,仍然存在着特权思想,有的高高在上、脱离群众;有的滥用权力、徇私枉法等。这些问题存在的根源在于缺少群众观念、缺乏群众感情,没有深刻认识到权从何来、为谁用权的问题。为此,必须正本清源,大力弘扬执业为民理念,坚决克服和纠正各种错误的执法观念,确保法治工作的社会主义政治方向。坚持执业为民就必须把维护人民群众的根本利益与维护公民合法权益统一起来,就必须把维护国家安全、维护社会稳定、打击违法犯罪与保护人民群众利益统一起来。坚持执业为民要求政法机关干部要保持政治上的坚定、清醒和敏感。保持政治上的坚定就是要始终坚持党的领导、坚持社会主义制度、坚持党的基本路线不动摇,在思想上、行动上时刻同党中央保持高度一致;保持政治上的清醒、敏感就是对于国内外、境内外出现的苗头性问题,要有政治鉴别力和政治敏锐性,要能够以小见大、见微知著,学会从政治上观察、分析和思考问题,始终把法治工作和巩固党的执政地位、巩固人民民主专政联系起来。

(二) 准确把握执业为民的深刻内涵

社会主义法治理念是指导依法治国实践的总方针、总原则。培育法治工作队伍的社会主义法治理念是一项重大而艰巨的政治任务。执业为民是党的根本宗旨在政法领域的体现,是社会主义法治建设的本质要求。解决好为谁掌权、为谁执法、为谁服务的问题,培育正确的权力观和价值观,就必须准

---

[1] 来立群. 牢固树立执法为民理念 确保检察工作永葆正确的政治方向 [J]. 当代法学,2008 (S1): 95-98.

确把握执业为民的深刻内涵。弄清政法机关的权力源自何处、为谁行使、怎样行使等问题，决定着执业为民理念的认知和践行。从执业为民的基本内涵来看，一切为了人民是目的，一切依靠人民是方法，人民满意不满意是检验执业为民的唯一标准。

1. 坚持一切为了人民的目的论。法律是掌握国家政权的统治阶级意志的表现，法律意志的主体是统治阶级。在我国，人民是国家的主人，人民代表大会制度是根本政治制度，所以，法律必须体现人民意志、实现人民利益。社会主义法治建设必须要从人民立场出发，自觉维护和实现人民利益。"一切为了人民"体现了社会主义法治建设的根本目的。从我国法律的具体内容看，实现和维护好人民根本利益和长远利益是立法的前提。国家机关工作人员的权力来自人民，理应权为民所用、利为民所谋。列宁指出："宪法就是一张写着人民权利的纸。"❶ 党的十八届四中全会明确指出，人民是法治建设的主体和力量源泉。坚持依法治国就要坚持一切为了人民，尊重和维护人民主体地位。一切为了人民的意思，就是把维护人民利益作为根本目的，满足人民最关心、最直接、最现实的利益。一切为了人民是执业为民的核心和本质。在具体的执法实践中，要自觉倾听人民呼声，把人民利益作为第一考虑。从法治工作实际看，"一切为了人民"包括三个方面的内涵：其一，"一切为了人民"要求法治工作人员必须恪尽职守，切实保证公民的人身、财产和民主权利，严厉打击违法犯罪行为。要妥善解决好人民群众反映强烈的治安问题，维护稳定、保护人民，坚决反对有案不立、立案不查、久拖不决等行为。其二，"一切为了人民"要求法治工作人员必须根据形势变化，及时把握人民群众的利益诉求。由于利益主体多元化、利益诉求多样化，造成因利益冲突的纠纷越来越多，把握和处理好这些利益冲突是法治工作维护稳定发展的着力点。其三，"一切为了人民"要求法治工作人员必须坚决反对以权谋私、部门利益。要坚决反对背离人民利益、以权谋私的行为。

2. 坚持一切依靠人民的方法论。执业为民不仅是一种法治世界观，还是一种法治方法论。坚持一切依靠人民的方法论，才能切实推进马克思主义法治思想中国化。按照群众史观，人民群众是推动历史发展的最终决定力量。离开广大人民群众的支持，社会主义法治建设就会走向它的反面。人民群众

---

❶ 列宁全集：第12卷 [M]. 北京：人民出版社，2017：50.

是社会主义法治实践的主体。保持与人民群众的鱼水关系、血肉联系是我们党推进社会主义法治建设的一条成功经验。人民群众是法治建设的源泉和保证。轻视和脱离群众，社会主义法治建设就会遭受挫折。一切依靠人民就要广泛吸引人民参与法治建设。一方面，人民群众最了解纠纷产生原因、问题症结，因此，在社会主义法治建设中要充分尊重和切实保障人民群众的发言权，激发群众的首创精神，积极引领群众运用法治方式解决问题；另一方面，依靠群众是我们破解法治难题的法宝，紧紧依靠群众，我们才能始终立于不败之地。群众路线是我们党的优良传统，是党领导人民取得革命和建设事业不断走向胜利的三大法宝之一。坚持走群众路线是实现为人民服务根本宗旨的保证和途径。只有深入群众之中，我们才能真正了解群众的切实利益诉求以及群众对法治工作的真实期待。只有坚持群众路线，我们的政策才能符合群众要求，才能有效解决群众的问题。坚持走群众路线也是克服官僚主义和衙门作风的必然选择。门难进、脸难看、话难听、事难办的衙门作风必然会严重损害政法机关和政法干部的良好形象。坚持走群众路线就要正确处理政法机关工作与群众路线的关系，政法机关的专门机构建设重在充分发挥职能作用，而做好群众工作，赢得群众支持，是法治工作的力量源泉。

(三) 全面践行执业为民的要求

各级政法机关在执法过程中要坚持法定职责必须为、法无授权不可为，坚持依法行政，全面践行执业为民理念。习近平总书记强调："要坚守职业良知、执法为民……树立惩恶扬善、执法如山的浩然正气。"[1] 在执法实践中，要准确把握群众情绪和社会心态，规范执业言行，落实柔性执法、阳光执法，反对粗暴执法。全面践行执业为民理念，要求政法机关工作人员坚持求真务实、甘当人民公仆、坚持文明执法。

1. 坚持求真务实。执业为民是法治工作的出发点和落脚点。执业为民最基本的要求就是立足本职，坚持严格执法、公正执法。求真务实就是立足实际、实事求是，就是勤奋工作，及时、方便、高效地实现和满足人民群众具体、直接和现实的利益诉求。工作的重点要指向人民群众关心和希望的事情，整改的重点要指向人民群众意见最多、最不满足的事情。制定制度、措施要

---

[1] 习近平. 习近平谈治国理政 [M]. 北京：外文出版社，2014：149.

充分考虑国情、社情、民情，任何不切实际的想法、做法都会给人民群众带来不必要的损失，要反对弄虚作假、空话连篇、形式主义、表面文章。求真务实要体现在立法、执法、司法和守法的各个环节，要"针对法治领域广大干部群众反映强烈的问题"[1]。坚持求真务实本质上是对人民意志的尊重和人民利益的重视。

在法治工作中，人民群众反映强烈的问题之一就是各种形式的不作为、乱作为现象。不作为主要表现为缺乏工作热情，有警不出、有案不立、案件久拖不决等，对人民利益诉求不理不睬，对人民疾苦不闻不问；也表现为执法办案怕犯错误、担责任，本着多一事不如少一事的心理，消极应付。乱作为主要表现为漠视案件的客观事实，违反法律规定滥用执法权力，把执法作为谋取私利的手段，也表现为执法随意，不认真、不准确地适用法定程序、手段和措施，对同类行为做不同的对待和处理。不作为和乱作为有悖于求真务实、实事求是的思想作风，其性质是一个执法态度问题，其原因在于执法宗旨不端正、执法目的不纯洁。为解决这些问题，必须加强社会主义法治理念教育，培育执业为民的法治理念。

2. 甘当人民公仆。政法机关工作人员坚持执业为民是社会主义法治的本质要求。执业为民是我们党为人民服务宗旨的体现。做合格的人民公仆就必须把实现最广大人民的根本利益作为工作的最高目的。政法干部本身是人民的公仆，因此，应当在工作岗位中强化服务人民意识，自觉把执业为民落实到行动之中。各级干部特别是领导干部都必须把实现最广大人民的根本利益作为工作的最高目的，做合格的人民公仆。执业为民，做好人民的公仆，必须正确处理管理与服务的关系。如何正确处理管理与服务的关系呢？其一，端正认识。要认识到执法机关的社会管理权是为了服务人民的需要而设立的，管理行为是手段，服务人民是目的。其二，摆正位置。执法人员不能以管人者自居，高高在上、盛气凌人，要甘当人民的勤务员。其三，主动工作。要提高服务意识，明确角色定位，为社会和当事人提供及时、方便、快捷的服务。

管理的根本目的是为整个社会和人民群众服务，是为了创造良好的社会环境。政法机关管理权力的行使要落脚于为社会和人民服务。管理是手段，

---

[1] 习近平. 论坚持全面深化改革[M]. 北京：中央文献出版社，2018：141.

服务是目的，管理体现服务，服务强化管理，管理和服务是统一的。不能以加强管理为借口损害群众利益，更不能把管理权力作为谋取私利的工具。强化管理不能盛气凌人，强化服务不能放任自流。越是事关广大人民群众的切实利益越要强化管理、严格管理。当好人民的公仆就必须具有无私奉献精神和牺牲精神。法治工作任务重、警力少，为此，工作超负荷，经常加班加点，这就要求有奉献精神、牺牲精神。广大政法干警要以英模为榜样，从维护和发展人民利益出发，甘于奉献、勇于牺牲，一切为了人民，当好人民公仆。

3. 坚持文明执法。文明执法是社会主义政治文明的体现，是政法机关执业为民的本质要求，是社会主义道德对于法治工作的基本要求。文明执法有利于化解矛盾，密切党群关系，增强人民对法治工作的信任。法治工作所遇到的大多是人民内部矛盾，因此，只要工作到位，坚持晓之以理、动之以情，就能够把问题解决、把矛盾化解。

从文明执法的具体要求来看，应该做到以下四点：其一，文明执法要注重态度和蔼。政法机关工作人员在执法过程中要对人民群众说话和气、办事热情、考虑细致、服务周到，多提供方便、少增添麻烦。其二，文明执法要做到举止文明。执法者语气生硬、态度恶劣、举止粗暴并不是法律的权威和执法的严肃。政法机关工作人员在执法中应当尊重当事人人格，既要体现法律威严，又要耐心倾听、态度端正，自觉维护执法形象。法律的权威性、执法的严肃性不等于执法态度生硬、执法行为粗野。政法干警既要严格执法，又要文明执法。其三，文明执法要做到相互尊重。执法人员要尊重相对人感受和社会风俗，在检查、清查、区域整治、公开宣判等工作中，尽量做到"不扰民，不影响群众的工作生活秩序"[1]。对待案件当事人，要尊重其人格，不挖苦讽刺，不污辱欺凌。文明执法对于政法机关履职尽责意义重大。其四，文明执法要注重公务形象。文明执法要求要有良好的警容风纪，并且自觉维护政法干警的良好形象。仪容整洁、举止文明，就容易使群众亲近和信任，就容易得到群众的理解和配合，反之，就容易激化矛盾，引起不满、败坏形象。

---

[1]《求是》杂志政治编辑部. 社会主义法治理念教育学习问答［M］. 北京：红旗出版社，2006：151.

二、忠于法律的职业道德教育

法治队伍必须以宪法和法律为活动准则，坚持严格执法，这是宪法和法律对法治工作主体的要求。从法治主体视角来看，要求法治工作干部必须忠于法律，自觉维护法律的尊严和权威。忠于法律作为职业道德和执业纪律要求，是指法治工作干部在职务活动中能够自觉、主动、积极、真诚、忠实地履行法律规定的责任，不受任何干扰，尽心尽力地忠诚于法律。忠于法律的主体主要是指法治工作干部，忠于法律的对象主要是指国家的宪法和法律。法治工作干部作为执法者，他们执法的唯一依据是法律，法律具有绝对权威，执法不受任何干扰。忠于法律要求法治工作干部严格依法治理，自觉用法律约束自己的言行。忠于法律意味着对法律的服从、遵守和执行。忠于法律是社会主义法治国家建设的条件之一。

（一）忠于法律：全面推进依法治国的必然要求

无论是国家依法立法还是司法机关依法执法，都必须忠于法律。法治是人类社会最合理的国家治理方式。全面推进依法治国，必须走对路，必须走中国特色社会主义法治道路。中国特色社会主义法治道路要坚持党的领导、坚持人民主体地位、坚持法律面前人人平等、坚持法治与德治相结合。建设一支德才兼备的法治工作队伍是全面推进依法治国的关键。法治工作队伍良好的职业道德是以德治国的要求，法治工作队伍良好的执业纪律是依法治国的要求。法治工作干部不仅要信仰法律、坚守法治、端稳天平、握牢法槌，铁面无私、公正执法，而且要树立社会主义法治理念，恪守职业道德，做到忠于党、忠于国家、忠于人民、忠于法律。我们党依法治国的支撑是"社会主义民主政治"[1]，坚持了人民性与社会性的统一。社会主义法治具有鲜明的人民性，人民是决定党和国家前途命运的根本力量。为人民服务"是我们党一切行动的根本出发点和落脚点"[2]。我们党是最广大人民根本利益的代表者。人民得实惠、生活得改善、权益得保障是衡量我们党一切工作成效的标准。自由民主、安全稳定、生态文明等都是人民群众对于美好生活的需求，都是

---

[1] 查庆九. 牢固树立依法治国的理念 [J]. 中国司法，2007 (4)：17-22.
[2] 习近平. 习近平谈治国理政 [M]. 北京：外文出版社，2014：28.

社会主义法治建设的价值追求。

1. 忠于法律是建设社会主义法治国家的必要条件。建设社会主义法治国家有两个基本前提：国家立法机关依法立法和司法机关依法执法。无论是立法还是执法，都必须忠于法律。法治是人类社会最合理的国家治理方式。

改革开放以来，我们党总结了"文革"时期的教训，重新反思法治的意义，在实现党的工作重心转移中提出了健全社会主义法制战略，开启了依法治国的新时代。邓小平强调："一手抓建设，一手抓法制。"❶ 1979 年 7 月 1 日，五届人大二次会议通过了《中华人民共和国刑法》等七部法律。"一日七法"反映了人民对法治的渴望。1980 年，全国人大设立特别法庭审理林彪、"四人帮"反革命集团。1982 年 12 月，五届人大五次会议通过了新宪法。1989 年 4 月，七届人大二次会议通过了《中华人民共和国行政诉讼法》，第一次从法律上确认人民政府也并非一贯正确，这一被称为"民告官"的法律表明我们党对法治认识的提高。1994 年，法学家走进中南海，开始给中央领导讲法治课。1997 年，在党的十五大报告中确立了依法治国的基本方略。依法治国战略的实施标志着对封建"人治"思想的彻底抛弃，明确了社会主义法治建设的方向，是我们党治国理政理念的重大转变。2002 年，党的十六大报告提出了"领导人民治理国家"的命题。党的十六届四中全会上，我们党又进一步明确了"依法执政"的基本原则。把"依法治国"作为治国理政方略是我们党和政府治国观念的进一步转变。2007 年，党的十七大提出"领导人民有效治理国家"的命题。2012 年，党的十八大提出，"更加注重发挥法治在国家治理和社会管理中的重要作用"❷。党的十八届四中全会提出，"推进国家治理体系和治理能力现代化"。由此，依法治国在国家治理、政府治理、社会治理中的地位更加突出，依法治国成为国家治理现代化的基本理念。对于立法工作人员而言，要具有良好的思想政治素质，具备遵循规律、发扬民主、加强协调、凝聚共识的能力。对于执法工作人员而言，必须忠于法律、捍卫法律，严格执法、敢于担当。

2. 忠于法律是建设社会主义民主政治的必然要求。我国是人民当家作主的国家，依法治国与人民当家作主是统一的。忠于法律是我国民主政治建设

---

❶ 邓小平. 邓小平文选：第 3 卷 [M]. 北京：人民出版社，1993：154.
❷ 胡锦涛. 坚定不移沿着中国特色社会主义道路前进　为全面建成小康社会而奋斗：在中国共产党第十八次全国代表大会上的报告 [J]. 求是，2012（22）：3-25.

的需要。法治工作干部忠于法律，便能够以法律为标准检视自己的言行，从而保护和服务人民。我国的宪法和法律旨在保护人民群众的根本利益和长远利益，因此，忠于法律就是忠于人民，它是我们党立党为公、执政为民的必然要求，是一切权力属于人民的宪法原则要求，也是坚持社会主义法治方向的必然要求。坚持一切权力属于人民有助于发挥我国社会主义的制度优势，有助于激活公民权利。人民民主是社会主义民主政治的本质内容。在我国，人民行使国家权力的根本形式是人民代表大会制度。一切权力属于人民是人民代表大会制度的第一个理念依据。1997年，党的十五大在总结我们党治国理政经验基础上，提出了"依法治国"方略，确定了"建设社会主义法治国家"的目标，并强调"国家一切权力属于人民。"❶ 这是由我国宪法明确规定的，它明确了人民的权力主体地位。习近平强调："我们必须坚持国家一切权力属于人民。"❷ 人民当家作主有着多种多样的形式，而执掌国家政权、行使国家权力是最根本、最重要的形式。坚持执法为民就要坚持法治为民，把保护人民、造福人民作为一切工作的出发点和落脚点。"要切实保证国家的一切权力属于人民，扩大人民民主，保证人民当家作主。"❸ 要在党的领导下，保证人民依法参与管理国家事务，实现社会主义民主的制度化、法律化。

（二）准确把握忠于法律的深刻内涵

法律面前人人平等是"社会公平的根本诉求"❹，是法治民主性和人民性的必然要求。社会公平的一个前提条件就是在法律面前人人平等，没有人有超越法律的特权。什么是公平？世界银行《2006年世界发展报告：公平与发展》给出的定义是："第一项是'机会公平'……第二项原则是'避免剥夺享受成果的权利'。"❺ 也就是机会公平和权利公平。在现实生活中，社会主义市场经济的发展存在着机会不公平现象，社会日常生活中存在着权利不公

---

❶ 中共中央政策研究室，中共中央文献研究室. 江泽民论加强和改进执政党建设 [M]. 北京：中央文献出版社，2004：187.
❷ 习近平. 在庆祝全国人民代表大会成立六十周年大会上的讲话 [J]. 求知，2019 (10)：4-15.
❸ 《法理学》编写组. 法理学 [M]. 北京：人民出版社，2010：237.
❹ 危玉妹. 法律面前人人平等是社会公平的根本诉求 [J]. 福建论坛：人文社会科学版，2006 (12)：149-152.
❺ 世界银行. 2006世界发展报告：公平与发展 [M]. 中国科学院—清华大学国情研究中心，译. 北京：清华大学出版社，2006：18.

平现象，如享受教育的权利，享受医疗、卫生服务的权利，享受社会保障的权利。法律权威是法律的尊严、力量和威信。法律以国家权力为后盾，以国家强制力保证实施，因而具有权威性。依法办事、依法管理主要是对专门履行执法、司法职责的政法机关的要求，它对"维护法律的尊严和中央的权威关系十分重大"❶。依法办事、依法管理就是在任何时候和任何情况下，执法部门和执法人员都要坚持在法律、法规所允许的范围内进行执法活动，不允许没有根据的擅自行事，更不能置法律规定于不顾。

1. 坚持法律面前人人平等。坚持法律面前人人平等的原则旨在纠正社会生活中制度设置的缺失和不公平，切实保障人民的根本利益。对于法律面前人人平等的理解体现在以下三个方面：其一，公民法律地位平等，依法平等享有权利和履行义务。公民法律面前一律平等，违背这一原则，依法治国就会产生消极的后果。有人认为，法律面前人人平等是司法原则不是立法原则。实际上，作为一种法治原则，法律面前人人平等体现在立法、司法、执法、监督等各个方面。但是，它首先应当体现在立法方面，因为只有从立法上确认了这一原则才能保障公民法律地位平等。没有立法上的法律地位平等，法律适用上的平等就会变成空中楼阁。马克思说："如果认为在立法者偏私的情况下可以有公正的法官，那简直是愚蠢而不切实际的幻想！"❷ 这说明，资本主义国家的立法与司法是脱节的。我国是社会主义国家，坚持人民当家作主，因此必须落实立法与司法的统一。其二，任何组织和个人都没有超越宪法法律的特权。坚持依法治国，没有法外特殊公民。特权就是凌驾于宪法法律之上，凌驾于党、国家和人民之上。彭真同志将特权意识概括为居功自傲论、干部特殊论、党员特殊论、人民特殊论、多享受权利论、国家机关特殊论。❸坚持法律面前一律平等意味着法律必须对全体公民起作用，不能只对一部分公民起作用。那些认为自己可以超越法律之上的思想是封建时代特权思想的反映。其三，公民合法权益一律平等受到保护。我们要坚持违法必究，维护法律尊严和权威，任何人不得使公民受到法律以外的惩罚，不得强迫任何公

---

❶ 李铁映. 解放思想 转变观念 建立社会主义市场经济法律体系 [J]. 法学研究，1997（2）：3.

❷ 马克思恩格斯全集：第1卷 [M]. 北京：人民出版社，1995：287.

❸ 刘国利. 学习彭真"在法律面前人人平等"的法律思想 [J]. 毛泽东思想研究，2012（1）：34-38.

民承担法律以外的义务。违法不究就会影响法律的崇高地位和威信。人民群众最盼望法律面前一视同仁，最痛恨官官相护。

2. 牢固树立和维护法律权威。法治高于人治，法律权威高于个人权威。"法律是令人信服的力量或行动理由。"[1] 维护法律权威应做到以下四个方面：其一，维护宪法和法律的权威。党必须在宪法和法律的范围内活动，每个党员干部都应当模范遵守国家的宪法和法律。坚决反对以党代法、以权代法、以言代法的现象。邓小平指出："全党同志和全体干部都要按照宪法、法律、法令办事。"[2] 宪法是国家的根本大法，是其他法律规则的本源，是"法律的法律"，居于至高无上的地位。宪法规定了国家的政治、经济和社会根本制度，以及公民的基本权利义务。宪法体现着人民的共同意志和根本利益，宪法是一切组织和个人的根本活动准则。坚持依法治国必须首先确立对宪法的忠诚和信仰。其二，坚持把法律作为基本的日常行为准则。法律是人们必须遵守的最基本、最重要的规则。法律是制约行为的基本方式，是调节冲突的有效手段。维护法律权威可以保证法律更有效地发挥控制社会行为、维护社会秩序的作用。要维护法律权威就要培养人们的法治理念，形成普遍的守法意识，这是维护法律权威、实现法治的重要条件。当然，法律权威确立的关键还在于严格依法办事，使法律成为公民基本的日常行为准则。其三，维护法治的统一。这是我国宪法的一条重要原则。我国《宪法》规定，国家维护社会主义法治的统一。维护法治统一有助于形成公民不愿、不能和不敢违法的环境，没有法治的统一就不能维护国家统一、政治安定和社会稳定。法治的统一要求一切违反宪法法律的行为都要追究。一些地方搞"你有法律、我有对策"的土政策是对国家法治统一的严重破坏，是对人民利益的严重损害。要实现法治统一，就要坚持立法、司法、执法的统一，要严格遵守宪法法律，要坚决反对特权。其四，树立执法部门的公信力。只有坚持执法如山、公平公正，法律权威才能得到维护。法律权威是与执法机关的公信力相辅相成的。执法机关坚持依法办事，就能够提升法律权威；执法机关不能依法办事，不仅会降低公信力，还会伤害法律权威，危及人们心中的法治信念。执法机关只有广泛确立公信力才能让法律权威充分体现出来。

---

[1] 冉杰. 法律权威的正当性基础 [J]. 求索, 2016 (10): 69-74.
[2] 邓小平. 邓小平文选: 第2卷 [M]. 北京: 人民出版社, 1994: 371.

3. 严格依法办事、依法管理。依法办事、依法管理是法治与人治最为重要的区别。依法办事要有法必依、执法必严、违法必究。依法办事、依法管理具体包含四重含义：其一，职权由法定。职权法定是执法合法性的基础。执法机关要严格按法律规定履行职责，坚决反对越权行为。越权行为实质就是违法行为。其二，有权必有责。权力是实现职责的必要手段，实现职责是行使权力的目的。无责之权和无权之责是不存在的。行使权力必须承担由此引起的法律后果，对行使权力的过程和结果承担法律责任。不主动行使法律赋予权力的失职渎职也要承担法律责任。其三，用权受监督。监督权力运行是法治的重要原则。监督权力行使是防止权力滥用和腐败的有效措施。权力产生腐败，绝对的权力产生绝对的腐败。英国思想家阿克顿指出："腐化是指国家官员为了谋取私利而违反公认准则的行为。"[1] 执法人员要消除特权思想，牢固树立权力来自人民、用权接受监督的意识，正确理解履行职责和接受监督的关系。其四，违法必追究。违法必究是法律权威和尊严的体现。任何组织和个人的违法行为都必须依法追究，只有坚持违法必究的原则，才能给整个社会树立依法办事的良好示范。

(三) 坚持忠于法律的要求

坚持忠于法律就必须做到秉公执法，就必须做到"以事实为依据、以法律为准绳"，就必须做到清正廉洁。秉公执法是忠于法律的基本要求，是依法办事、严格执法的体现。秉公执法从古代到现代一直受到人们的推崇。违背了秉公执法就意味着背离了公平正义，背离了法律的初衷。政法干部忠于法律必须坚持以事实为根据、以法律为准绳，自觉维护社会公平正义。以事实为根据和以法律为准绳是不可分割的两个方面，是我们党在法治实践中创造的诉讼原则。违背了以事实为根据，便不能正确适用法律；不坚持以法律为准绳，即便有真实可靠的案件事实，也不可能正确处理案件和正确定罪量刑。清正廉洁是对政法干部职业道德的基本要求，是维护司法公正、树立法治权威的基石。清正廉洁是指政法干部能够合理处理公职与私利关系，正确对待不当利益，保持生活俭朴，自觉维护法律的尊严和公信力，在物质精神生活

---

[1] 塞缪尔·P. 亨廷顿. 变化社会中的政治秩序 [M]. 王冠华，等译. 上海：上海人民出版社，2008：54.

方面保持清廉和纯洁。

1. 坚持秉公执法。所谓秉公执法就是"执法过程不带任何个人的感情因素，完全以事实为根据，以法律为准绳"[1]。社会主义法律制定出来以后，绝不能将其束之高阁，只有最大限度地抓好抓紧法律制度的实施和执行，才能实现社会主义依法治国的目的。坚持秉公执法的政法干部必然会受到人民的爱戴。坚持秉公执法主要应做到以下四个方面：其一，要出于公心，维护公益。坚持以维护人民、国家和社会利益为己任，确保法律的权威和尊严。坚持严格执法，才能把人们的行为纳入法治轨道，从而实现整个社会权利与义务的统一，达到整个社会的公平正义。如果不能秉公执法，法律就会失去人们的信任，并且丧失其应有的社会调整功能。其二，要弘扬正气，摒弃邪恶。政法干部要有刚直不阿的锐气、惩恶扬善的正气、为民除害的勇气，依法维护公民权益和社会秩序，敢于同违法犯罪行为作斗争。其三，克服私欲，不谋私利。无私则无畏，要正确处理公与私、情与法的关系，不为情所困、不为钱所迷、不为色所诱、不为权所屈，不办人情案、关系案、金钱案。其四，态度公允，不偏不倚。执法人员要有公正执法之立场、维护正义之能力、辨别善恶之胆识，既重视"大节"又重视"小节"。只有坚持忠于法律、忠于事实，才能在执法中不枉不纵、不偏不倚，才能出于公心、公断是非、公正处理。

2. 坚持以事实为依据、以法律为准绳。贯彻以事实为根据、以法律为准绳要重点抓好两个方面：其一，严把证据关。要客观全面地收集和审查证据，以证据为依据认定事实，树立正确的证据意识。要力求做到基本事实清楚、基本证据确凿，不搞有罪推定。发现和认定事实要依赖证据，离开证据事实便成为一种抽象的存在。诉讼过程实际上就是出示证据——认定事实——运用法律的过程。以事实为根据的事实必须是由证据证明的事实。但是，法律上的事实是证据事实，不等于客观事实。在诉讼过程中，以事实为根据的原则要求做到基本事实清楚、基本证据确凿，这样才能实事求是。其二，严把法律关。法律是审判的准则和依据，不能因错误理解和适用法律而导致枉法错判。要不断提高法律素养，严把法律适用关，切实维护公平正义。以法律

---

[1]《求是》杂志政治编辑部. 社会主义法治理念教育学习问答 [M]. 北京：红旗出版社，2006：177.

为准绳要求政法机关和政法干警在起诉、审理、定罪量刑的过程中，必须以法律规定作为根据，原告与被告的责任认定、有罪无罪的判定等都必须根据法律规定。只有坚持以法律为准绳才能不枉不纵，确保国家法律得以正确实施。以法律为准绳的原则要贯彻到整个诉讼过程的始终，同时，执法机关的执法活动只服从法律而不受任何机关、团体和个人的干涉。

3. 保持清正廉洁。清正廉洁是一个常说常新的话题。古人深谙为政清廉才能取信于民、秉公用权才能赢得人心的道理。保持清正廉洁体现在以下两个方面：其一，清正廉洁是忠于法律的体现，是防止腐败的关键。政法队伍忠于法律重在以身作则，自身率先遵纪守法，保持清正廉洁的良好形象。政法干部的清正廉洁"关系人心向背，关系党和国家的长治久安"❶。忠于法律要求政法干警清正廉洁、奉公守法，权为民所用、利为民所谋，不把人民赋予的权力作为牟利的工具。"执法者是否清正廉洁，是为公执法还是为私执法的集中体现。"❷ 保持清正廉洁是党纪国法对于政法队伍的必然要求，是人民群众对政法干警的职业道德和执业纪律的期待。政法机关是社会公平的最后防线，担负着反腐倡廉、维护正义的社会责任。政法机关不能清正廉洁，人民群众就会失去对法律正义的期待和信任，国家长治久安的根基就会动摇。因此，政法干警必须警钟长鸣、忠于法律，用执法为民的理念武装头脑，正确对待金钱、权力，自觉培育社会主义核心价值观，坚持抵制拜金主义、享乐主义和极端个人主义的侵蚀。正确处理私情与法律的关系，真正做到不因私情而枉法，不因私情而渎职，力求铁面无私、刚直不阿、一身正气、两袖清风。其二，清正廉洁是中国共产党人的政治本色。党的十八大以来，习近平高度重视和反复强调要始终保持清正廉洁的政治本色。他指出："大量事实告诉我们，腐败问题越演越烈，最终必然会亡党亡国！我们要警醒啊！"❸ 政法干部要堂堂正正做人，清清白白做官，严于律己，廉洁奉公，决不把权力变成牟取个人或少数人私利的工具。政法干部只有忠于法律，始终做到严格、公正、文明、廉洁执法，才能获得人民的拥护支持和国家的法律保障。

---

❶ 本书编写组. 党内政治生活必须牢记的50条准则 [M]. 北京：中国方正出版社, 2017：365.
❷ 胡建明. "五五"普法干部读本 [M]. 北京：长江出版社, 2007：8.
❸ 习近平. 习近平谈治国理政 [M]. 北京：外文出版社, 2014：16.

三、公平正义的职业道德教育

中国古代的"法"字就有"平之如水""触不直以去之"的含义,即包含着对公平正义的追求。作为法治理念的公平正义是指公民依法"实现权利和义务,并受到法律的保护"[1]。社会主义法治的根本目的就是以维护、实现和发展最广大人民群众根本利益为宗旨的公平正义。培育法治工作干部践行公平正义的职业操守,才能妥善协调各种利益关系和处理各种社会矛盾。公平正义的价值追求,是由我国的性质决定的,也是广大人民群众的期盼。维护公平正义是法治工作干部的神圣职责。政法机关和政法干警是法律的执行者,是公平正义的维护者。只有大力加强政法干警的公平正义思想教育,他们才能提高执法水平,并担负起维护公平正义的责任。

(一) 公平正义:法治队伍应有的价值追求

党的十八届四中全会强调,"公正是法治的生命线"。没有公平正义就没有依法治国。法律追求的价值目标是多种多样的,公平正义是法律所追求的综合性、至上性的价值目标。公平正义的追求是动态的,随着社会的发展而发展。法国哲学家雅克·马里旦说:"只有具体的正义,没有抽象的正义。"[2] 法律的价值在于实现公平正义,坚持依法治国是实现公平正义的手段。习近平强调,要"进一步实现社会公平正义"[3]。法律是实现公平正义最为长效、最为稳定的手段。公平正义重在社会各方面的利益关系妥善协调、社会各种矛盾得到正确处理。公平正义是权利义务的合理配置,是依法治国的灵魂,是法治工作的生命线,是社会主义法治理念教育对于法治队伍应有的职业道德要求。

1. 公平正义是社会主义法治的目标和内容。公平正义包括立法的公平正义、执法的公平正义和司法的公平正义。立法公正是前提,执法公正是基础,司法公正是底线。[4] 全面推进依法治国重在保障人民当家作主的主体地位,为

---

[1] 郑自文. 社会主义法治理念与法治建设 [M]. 北京:中国广播影视出版社,2013:29.
[2] 何勤华. 西方法律思想史 [M]. 上海:复旦大学出版社,2005:377.
[3] 习近平. 加强对改革重大问题调查研究 提高全面深化改革决策科学性 [N]. 人民日报,2013-07-25 (1).
[4] 冯颜利. 公正是法治的生命线 [N]. 人民日报,2014-12-30 (007).

公平正义的实现提供保障。全面依法治国的目标是确保一切权力属于人民、一切权力用于人民。这是最广泛、最基本、最实在的公平正义。党的十六大报告强调，司法制度要保障实现公平正义。公平正义要求有法可依、有法必依、执法必严、违法必究。党的十八大以来，我们党全面推进依法治国，人民权利得到了更加充分的保障，人民利益得到了更加有力的维护。党和政府把解决公平正义问题放到更加突出的位置。党的十九大报告提出："加强人权法治保障，保证人民依法享有广泛权利和自由。"[1] 社会主义法治建设不仅拥有完善的法律体系、硬性的制度规定、复杂的工作机制，还使公平正义的价值追求借助法律的制定和实施得以贯彻、彰显和弘扬。公平正义是法治的生命线，它的实现程度是衡量社会主义法治建设水平的尺度。法是理和力的结合，理是公平正义，力是国家权力。法律就是借助国家权力的力量对社会公平正义进行维护。法治工作的主题和职责就是维护和实现社会的公平正义，维护和实现公平正义是法治工作健康发展的生命线。只有把公平正义的精神融入社会主义法治实践，才能真正实现法治现代化和发挥社会主义法治建设在实现中华民族伟大复兴中的重要作用。

2. 公平正义是新时代广大人民群众的强烈愿望。人类对公平正义的追求自古有之。改革开放以来，解放和发展生产力成为社会主义的根本任务，综合国力的明显提高、社会财富的巨大增长为公平正义的实现提供了物质条件。同时，伴随社会主义法治建设的推进，人们对于公平正义的诉求也在不断增长，但现实生活中违背公平正义的现象还大量存在。因此，实现和维护公平正义已经成为法治建设面临的重大任务。如果不注重维护公平正义，就容易失去人民群众的信任，从而影响社会主义现代化建设的大局。目前，我国处于体制转换、结构调整和全面深化改革开放的过程中，就业问题、腐败问题、治安问题、环境问题等易发多发，人民群众反映强烈。这些问题与社会的公平正义直接关联。如果各种利益冲突和矛盾不能得到及时解决和调整，极易引发社会动荡。过去，我们曾经提出"效率优先，兼顾公平""让一部分人先富起来"，现在来看，社会财富的获取与社会责任的分配是最为重要的公平正义问题。

---

[1] 习近平. 决胜全面建成小康社会　夺取新时代中国特色社会主义伟大胜利：在中国共产党第十九次全国代表大会上的报告［M］. 北京：人民出版社，2017：37.

公平正义是新时代人民群众的根本期望。其一，增进人民福祉、促进公平正义是解决社会突出问题的必然要求。一方面，社会上不公平、不正义的现象大量存在，内容涉及政治、经济、文化、社会、生态等诸多领域；另一方面，随着社会主义法治理念教育的发展，人民群众的公平意识、民主观念、维权思想不断提高，对违背公平正义的问题反响强烈。在社会主义法治建设中，坚持公平正义原则有利于社会突出问题的解决。其二，增进人民福祉、促进公平正义是坚持和发展中国特色社会主义的本质要求，是走好中国特色社会主义道路、实现中华民族伟大复兴的必然选择。政法机关只有切实树立公平正义法治理念，坚持公正执法、公平公正，不断提高办案质量，严厉打击各种违法犯罪行为，才能真正赢得人民群众的拥护和爱戴，从而巩固安定团结的大好局面和维护国家的长治久安。

（二）深刻理解公平正义的丰富内涵

公平正义是社会主义法治建设的价值追求。法律的价值系统包括目的系统、评价系统、形式价值等，公平正义属于法律的目的系统，体现着法律追求的社会理想。公平正义是法律价值系统的核心和灵魂，对整个法律价值系统起着定向和支配作用。社会主义公平正义的法治理念不仅影响着人民民主权利的实现，还影响着社会稳定和国家的长治久安。法律必须体现公平正义，失去公平正义的法律就是恶法。恩格斯说："法权本身最抽象的表现，即公平。"[1] 公平正义的核心内涵包括两个方面："一是'一视同仁'，二是'得所应得'。"[2] 法是公平观的体现，公平是法的思想渊源。法律直接体现公平正义，法律的实施直接影响公平正义。在建设社会主义法治国家过程中贯穿公平正义的法治理念，要求做到合法合理、平等对待和及时高效。

1. 合法合理。合法性就是法律体现着人民群众的意志和利益，蕴含着公平正义的价值追求和道德精神。政法机关严格执法要切合公平正义的要求，这意味着执法机关不能擅自突破法律规定，公民也不能拒绝执行法律，因为只有维护法律的权威才能保障社会的公平正义。合理性是指在执法过程中要正确行使裁量权，作出的决定要合乎理性、符合事实、符合公平原则和方针

---

[1] 马克思恩格斯全集：第18卷 [M]. 北京：人民出版社，1964：538.
[2] 司马俊莲. 公平正义：和谐社会的基本法治理念 [J]. 行政与法，2007（8）：23-25.

政策的要求。执法行为是否合理，主要看其是否符合立法目的，是否做到了同样情形同样处理以及危害与刑罚的一致。

合法合理具体有三个方面的要求：其一，要合乎法律的规定和要求。执法和司法过程要遵守法律规定和要求。我国地域广阔，各地情况千差万别，案件具有复杂多样性，因此，立法机关制定法律时规定了责罚的多个档次，这就给执法机关以较大的选择余地和自由裁量权。这种自由裁量权必须根据具体情况具体分析，按照合理且公正的原则作出正确的选择和判断。自由裁量不等于任意裁量，自由裁量不等于不接受监督的裁量。自由裁量必须坚持以事实为依据、以法律为准绳的原则，符合公平正义的要求。其二，利益均衡。凡是涉及社会利益分配和调整的重大事项，在国家立法、行政、执法、司法过程中所要恪守的理念、设计的制度、作出的决策、实施的过程和最后的结果等，都必须从公平正义原则出发，充分考虑不同利益群体的诉求，最大限度兼顾各方的利益，力求做到合理恰当。其三，理性兼顾。制定的法律、作出的法律裁定等只有从道理上讲明白、说透彻，做到晓之以理，才能真正解开当事人的法结和心结，才能真正让当事人接受、理解、认可和信从，才能真正树立社会主义法治的权威和公信力。同时，要立足国情民情，符合公序良俗，这样才能被人民群众接受和贯彻。

2. 及时高效。迟来的公平等于非公平，迟来的正义等于非正义。可见，执法效率对于公平正义的实现具有重要意义，实现依法治国的公平正义必须做到及时高效，在执法的过程中要讲究时效，提高工作效率，减少工作拖延。及时高效的执法行为可以提高程序效益，节约司法成本，减少相对人的负累。因此，及时高效作为司法过程一种共通性的准则，应当得到普遍适用和遵守。及时高效是检验政法机关打击犯罪、执法为民、维护稳定能力的重要标准。"及时高效是行政执法应遵循的正当程序。"❶ 及时高效意味着尽快获取证据，防止证据的毁损和转移；及时高效意味着案件的及时处理，它有利于维护法律的权威性、严肃性，有利于彰显正义的价值和法治的力量；对于社会而言，及时高效可以使法律秩序及时恢复，被害人的权利及时得到救济。

及时高效原则有三个方面的要求：其一，减少拖延，提高效率。坚持及

---

❶ 于元祝，徐冉. 及时高效是正当行政程序的应有之义 [J]. 人民司法·案例，2016（8）：100-102.

时立案、及时侦破、及时审结，维护公民对法治和公平正义的信任。要严把证据关、法律关。贯彻及时高效原则，不能违背以事实为根据、以法律为准绳的原则，否则，就会造成很多冤假错案。因此，在执法和司法过程中，政法干警要坚持"基本事实清楚、基本证据确凿"❶，不搞主观臆测，不纠缠细枝末节。其二，节约成本，提高效益。实现公平正义的资源是有限的、有价的，因此要坚持低成本投入、低资源消耗，追求最佳法律社会效果；要坚持执法公开，增强法治工作的透明度，落实党务、财务、审务、检务、警务、狱务公开的各项规定，把执法置于社会监督之下，保证公民对于法治工作的知情权和监督权，推动公平正义的实现。其三，提高制度的科学性。制度不合理必然降低执法效率。及时高效是一个与程序效益密切相关的问题。"程序效益涉及提高行政效率和降低行政成本两个方面的问题。"❷ 为了提高程序效益，应当规定执法、司法运行的时限和责任，充分考虑节约行政成本和保障当事人的权利，实现程序分流、化繁为简。当然，及时高效的前提是保证执法质量、维护公平公正，当效率与公正相冲突时，效率必须服从公正。

(三) 公平正义理念对法治工作的要求

政法机关是我国法律实施的专门机关。司法公平正义的实现，政法机关肩负着最为主要的责任。追求公平正义是政法机关的使命，为了履行这一使命，政法机关要树立公平正义理念，在执法为民、司法为民的法治实践中自觉践行公平正义，始终以公平正义的社会主义法治理念为指导。公平正义理念对于法治工作有三个方面的要求。

1. 坚持实体公正和程序公正并重。在司法实践中，政法机关要注重实现程序公正和实体公正的有机统一。程序公正是实体公正的重要保障，只重结果不重程序的"程序虚无主义"是错误的。实体公正是程序公正的价值追求，只重程序而达不到实体公正，必然导致冤假错案。重视程序公正并不是先定后审走过场，真正的程序公正必须认真、严格地履行法定程序而后再最终决定。要维护程序公正的严肃性，不断加强对程序公正的监督检查和责任追究力度。

---

❶ 本书编写组. 社会主义法治理念问答 [M]. 北京：新华出版社，2009：140.
❷ 江必新. 论行政程序的正当性及其监督 [J]. 法治研究，2011 (1)：4-14.

政法机关坚持程序公正和实体公正需要注意两个方面：其一，实体公正是程序公正的价值追求。实体公正直接关涉社会利益的分配和社会矛盾的解决。在一定的社会历史时期，社会利益的分配和社会矛盾的解决受社会经济发展水平的制约，因此，实体公正只是相对意义上的公正。程序公正的中心是保障人的自由和尊严，程序公正表现为程序机会的均等性、程序过程的公开性、程序交涉的互动性等，它能够让人们看见实体公正的实现，从而吸纳社会的不满情绪，彰显社会的人文关怀，弥补实体公正的不足之处。其二，程序公正是实体公正实现的保障和前提。公平正义应当以人们看得见、摸得着的方式得以实现。实体公正是结果公正，程序公正是过程公正，结果公正通过过程公正才能实现。程序不同直接影响事物的性质和方向，指向正义的程序和指向非正义的程序，结果是不一样的。程序公正体现着公平正义的价值理念，也是当事人感受民主、公平、正义的过程。在社会主义法治建设中，坚持程序公正能够有效保障人民当家作主的权利，充分彰显法治的精神追求。

2. 坚持公正与效率并重。公正与效率是法治的共同价值追求，是执法为民的行为准则。效率是公正的条件，公正是效率的目的。怎样才能做到胜败皆服呢？关键是公平公正、一心为民。社会主义法治建设的公平正义体现在立法、司法和执法三个层面。立法的公平正义是落在纸上的抽象公正、可期待公正；司法的公平正义是具体的公正、现实化的公正。坚持公正与效率并重是司法为民的价值要素，是"司法为民最核心、最根本的要求"[1]，公正是司法为民的核心价值追求，是保证司法权威的灵魂，同时，司法运行需要支付高昂的成本，所以在追求司法公正的同时还要重视司法效率、节约司法资源。法治建设必须实现公正与效率的均衡，割裂公正与效率，终将损害公平正义。诉讼效率追求的是以最经济的方式、以最快捷的速度达到公平公正的目的。

政法机关正确处理公正和效率的关系有两个方面的要求：其一，要求政法机关严格执行法律规定的办案时限。办案的最长时限规定也是办案的最低要求。法律规定的时限包括"针对政法机关的规定"和"针对相对人、当事人的规定"[2]。对于政法机关工作人员来说应提高工作效率，缩短办案时间，

---

[1] 孙章季. 论社会主义法治理念与"司法为民"[J]. 江西社会科学，2006（10）：215-219.
[2] 《求是》杂志社政治编辑部. 社会主义法治理念教育学习问答[M]. 北京：红旗出版社，2006：180.

尊重相对人、当事人时限。其二，要求坚持公正与效率并重，妥善处理好办案数量和质量的关系。坚持以数量为载体、以质量为灵魂。数量体现着工作力度，质量体现着工作绩效，要坚持质量第一、质量为本，用质量统领数量，努力做到多办案、办好案。

3. 坚持以公开促公正。阳光是最好的防腐剂，防止司法腐败就必须让权力在阳光下运行。坚持司法公开是实现司法公正、防止司法腐败的防腐剂。司法公开就是司法的环节和过程公开，防止暗箱操作，彰显司法公正。"对执法司法权的制约除了依靠制度约束，还要依靠人民群众的监督。"❶ 司法公开就是要保障公民的知情权、监督权。要坚持以公开促公正，不断优化法治工作的公开形式、载体和内容，扩大群众的知情权、参与权和监督权。新时代，人民群众对于司法工作提出了新需求新期待，不仅期待更多参与司法过程，还期待更多的知情权、表达权和监督权；不仅重视程序正义，还更加重视实体正义。司法工作要做到合民心、顺民意，就必须坚持执法公开，以公开促公正。

司法公开是培育良好司法环境的重要环节之一。为此，习近平总书记强调，要"加大司法公开力度，回应人民群众对司法公正公开的关注和期待"❷。政法机关要着力加大司法民主改革，依法推进司法全过程公开；要完善人民陪审员制度，自觉接受人民群众监督，大力提升司法公信力。习近平强调："要坚持以公开促公正、树公信，构建开放、动态、透明、便民的阳光司法机制。"❸ 政法机关要把司法工作的公开运行作为培育司法公信力的重要环节，长抓不懈、持之以恒；要坚持"以透明保廉洁"❹，自觉接受监督，创造依法及时公开机制，让暗箱操作失去空间，让司法腐败无处藏身。

---

❶ 隋从容. 论习近平的"严格执法、公正司法"思想 [J]. 东岳论丛, 2016（2）：165-171.
❷ 习近平. 习近平谈治国理政：第1卷 [M]. 北京：外文出版社, 2014：145.
❸ 习近平. 习近平谈治国理政：第2卷 [M]. 北京：外文出版社, 2017：121.
❹ 中共中央文献研究室. 十八大以来重要文献选编（上）[M]. 北京：中央文献出版社, 2014：720.

第四章
社会主义法治理念教育的实施方略

新时代加强社会主义法治理念教育的前提是总结以往法治理念教育的成绩和问题，明确未来法治理念教育的形势和任务。坚持社会主义法治理念教育的问题导向，提高教育的针对性和实效性；实现法治理念教育的目标，完成法治理念教育的任务必须坚持社会主义法治理念教育的基本原则，同时，积极探索多种行之有效的实施路径。

第一节 社会主义法治理念教育实施的现状分析

社会主义法治理念教育是一个有机联系的整体。新时代推进社会主义法治理念教育必须准确把握教育对象的法治理念现状以及实施社会主义法治理念教育以来取得的成效及不足。坚持问题导向和靶向思维，努力提高新时代社会主义法治理念教育的针对性和实效性。

一、社会主义法治理念教育实施的主要成效

社会主义法治理念教育从全国政法系统试点到公务员系统实施，再到全社会普遍开展，经历了由点到面的实施过程。其中，教育实施成果比较突出的是法治工作系统和高校系统。法治工作系统的法治理念教育培养了过硬的法治工作队伍，为维护国家长治久安作出了突出贡献。高校系统的法治理念教育为全面推进依法治国培养了大批法治工作人才。法治工作系统和高校的社会主义法治理念教育积累了丰富且宝贵的经验。

(一) 法治工作系统社会主义法治理念教育实施的主要成效

1. 巩固和发展了法治工作系统的社会主义意识形态。思想政治教育是我党的政治优势和优良传统。社会主义法治理念教育是法治工作队伍保持战斗力的生命线。对外开放和社会主义市场经济的发展，对人们的人生价值观产生了深刻、广泛和复杂的影响。特别是极端个人主义、享乐主义、拜金主义、无政府主义、全盘西化等错误思潮对法治工作队伍产生了不可小视的影响。更有甚者，打着改革旗号否定社会主义制度和社会主义道路，打着法治的旗号否定党的领导和马克思主义指导地位，利用个案炒作诋毁党和国家形象，在意识形态领域造成了极坏的影响。为了消除这些错误影响，我们党提出了牢牢掌握意识形态领导权、管理权和话语权的命题。在法治工作系统内部，也出现了一些崇洋媚外的思想倾向，一些人崇尚西方资本主义法治思想和法律制度，甚至对资本主义民主制度和"三权分立"等丧失了政治鉴别力。这就需要通过在法治工作系统开展社会主义法治理念教育，着重解决社会主义法治与资本主义法治的本质区别问题，弄清权从何来、为谁掌权、为谁执法、如何执法等法治建设的重大问题。坚持用社会主义法治思想统一头脑、统一执法理念，巩固和发展马克思主义的指导地位，用马克思主义法治思想中国化的最新理论成果武装法治工作队伍。习近平法治思想的提出，是我国推进依法治国的最新理论成果。社会主义法治教育开展以来，特别是党的十八届四中全会以来，法治工作队伍忠于党、忠于国家、忠于人民、忠于法律的法治信念得到进一步强化。当然，社会主义法治理念教育是一项持之以恒的事业，需要建立健全科学规范的体制机制，需要融入社会主义法治建设的最新理论成果，需要不断创新方式方法。

2. 培养和提高了法治工作队伍的综合素质和执法能力。我国的法治工作队伍是全面推进依法治国的专业化、职业化力量。树立正确的执法理念、培养规范的执法行为是社会主义法治建设成败得失的关键。在全面深化改革开放的过程中，人民内部矛盾突出，刑事犯罪高发，对敌斗争复杂，维护社会和谐稳定和国家长治久安的任务艰巨，对此，法治工作队伍担当着神圣职责。实践证明，我们法治工作队伍能够坚持党的领导，具有强大的战斗力，但同时也存在着一些不可忽视的问题，有些法治工作部门人浮于事，办事效率低下，办案久拖不结；有的法治工作干部办事程序不公正，办案暗箱操作；有的法治工作干部作风简单粗暴，对当事人态度恶劣；有的法治工作干部不作为或乱作为；有的法治工作干部贪污腐化、谋取私利。这些问题的存在，严重损坏了法治工作队伍形象，而这些问题恰恰也是多年来社会主义法治理念教育着力要解决的问题，究其根本原因是执法理念、法治信仰出现了偏差。通过社会主义法治理念教育，重点解决了权从何来、为谁掌权、为谁执法、如何执法等深层次思想问题。通过形式多样的法治理念教育活动，重点解决了党的领导、人民当家作主和依法治国的关系问题；借鉴世界法治文明成果与抵制资本主义法治思想的关系问题；严格执法与文明执法的关系问题等。为了保证学习教育效果，提出了"分级分类组织学习培训"的要求，举办了各级专题培训研讨班，规定了集中培训、轮训的时间要求，保证了社会主义法治理念教育的效果。

3. 对新任法治工作系统领导干部和新进法治工作队伍工作人员进行社会主义法治理念集中培训。对于新任领导干部以形势政策教育为主，对于新进法治工作队伍工作人员以执法为民、服务大局的思想教育为主。特别是注重加强十八届三中、四中、五中全会和十九届四中、五中全会精神的学习与研讨。坚持把社会主义法治理念作为法治工作干部晋升提拔的必考内容，把法治理念教育贯穿于干部选拔、任用、奖惩、培训等环节，推动了法治工作队伍的科学化、正规化建设，提高了公民对于法治工作的满意度。社会主义法治理念教育提出以来，经过十几年的教育实践，逐步得到全社会的认可。

(二) 高等院校社会主义法治理念教育实施的主要成效

社会主义法治理念教育提出以来，尤其是新时代全面推进依法治国以来，高等院校社会主义法治理念教育回应了法治建设对法治人才的需要，取得了长足发展和丰硕成果。

1. 坚持法治理念教育与思想品德教育紧密结合。在高校思想政治理论课"98方案"中，法律基础课程和思想道德修养课程开始走向融合。"05方案"实施之后，二者合并为一门课程，即"思想道德修养与法律基础课"，从形式方面，二者完全融为一体。2006年社会主义法治理念教育提出后，高校采取的策略仍然是法治理念教育与道德观念教育的结合。实践证明，法治教育与道德教育的融合是新时代高校开展社会主义法治理念教育应当坚持的，这完全符合我们党提出的坚持依法治国和以德治国相结合的思想。党的十八届四中全会提出，要"以法治体现道德理念、强化法律对道德建设的促进作用，以道德滋养法治精神"❶，更是为高校法治教育与道德教育的融合提供了理论依据和现实际遇。依法治国与以德治国的并重切合了社会发展对道德和法律的共同渴求以及公民对道德和法律的双重需要。因此，道德教育与法治教育融会贯通、共同融入高校思想政治教育，提高了教育的实效性。社会主义法治教育与道德教育具有根本的一致性，道德内在感化方式同样适用于法治理念教育，道德温情和人文关怀对社会主义法治理念教育具有滋补功效，利于增进大学生对于社会主义法治理念的认知认同。

2. 融入高等院校社会主义法治教育体系。在2016年的全国高校思想政治工作会议上，习近平提出，坚持全员、全程和全方位育人，把思想政治工作贯穿教育教学全过程。社会主义法治理念教育是高校思想政治教育的组成部分。其一，融入法治理念有助于完善高校法治教育体系。一方面，法治教育体系的完整化体现在课程体系之中。在"05方案"之中，"思想道德修养与法律基础课"成为高校大学生必修的思想政治理论课程。另一方面，随着课程思政与思政课程同向同行理念的提出，课程思政建设成为高校教学改革的努力方向。从而，为把社会主义法治理念教育融入专业课教育教学开辟了广阔空间。其二，教育教学方式的多元化推动高校法治教育体系完整化。社会主义法治建设的推进，为法治理念的教育实践活动开辟了广阔的社会空间。教育部2018年发布的《新时代高校思想政治理论课教学工作基本要求》中要求，高等院校要专门拿出1~2个学分开展实践教学，从而为开辟社会主义法治理念教育实践活动提供了政策依据。其三，法治教育的完整性还表现为法治教育与道德教育的有机结合。突出道德教育而忽视法治教育或者以道德教育取代法治教育都是不可取的，只有坚持法治教育和道德教育的结合、渗透，对于大学生来说才是一种完整的教育。

二、社会主义法治理念教育实施的问题诊断

法治理念教育能增强公民尊法、学法、守法、用法的自觉性。新时代开展法治理念教育，要结合法治建设中存在的主要问题，通过问题诊断，探其根源，才能对症下药，提高社会主义法治理念教育的实效性。社会主义法治

---

❶ 中共中央关于全面推进依法治国若干重大问题的决定［N］．人民日报，2014-10-29（1）．

理念教育取得的成就是显著的，但在实践中也存在一些问题，主要表现为有些人对社会主义法治理念教育内容认识的"褊狭化"、社会主义法治理念教育方法认识的"知识化"和社会主义法治理念教育定位认识的"模糊化"。

(一) 社会主义法治理念教育内容认识的"褊狭化"

掌握好法治理念的教育内容，实现教育对象接受和认同教育内容，是社会主义法治理念教育成败的关键。所谓社会主义法治理念教育认识"褊狭化"主要有两种表现。

1. 存在法律专业知识与中国国情认知的割裂倾向。一定时代的法律体系是这一时代国情社情的反映。法律是统治阶级意志的体现，法律体制总是反映一定的社会需求。在我们党总结的五大法治理念中，"依法治国、执法为民、公平正义"侧重法治的要求，"党的领导、服从大局"侧重国情体现。一些人弄不清二者的区别，错误地认为"依法治国、执法为民、公平正义"属于社会主义法治理念，而"党的领导、服从大局"不属于社会主义法治理念，破解这一问题就必须认清法治理念的专业知识与国情认知的辩证统一。

社会主义法治理念教育必须以一定的法律知识体系为依托，具有很强的专业性。法治理念问题归根结底是法治建设问题，离不开法律专业知识的传授。但是，中国的法治和西方资本主义国家的法治有着根本性质的不同。我国的法治是中国特色社会主义法治。"党的领导、服从大局"恰恰是中国特色社会主义国家性质在法治理念中的体现，是人民当家作主的体现。改革开放以来，伴随普法教育的开展，公民法治意识显著增强。从人治与法治的讨论，到社会主义法治体系的形成，再到依法治国方略的确立，法治中国建设稳步推进。但是，一些别有用心之人总是试图让中国的法治偏离中国特色社会主义轨道，盲目崇拜西方资本主义法治。实际上，社会主义法治理念教育的重中之重就是坚守中国特色社会主义法治道路。中国法治建设是在党的领导下的社会主义法治建设，党的领导是中国特色社会主义的本质。脱离党的领导，不仅实现不了现代化，还会陷入混乱。中国法治建设的实践证明，必须坚定中国共产党领导的政府推进型法治道路。

2. 存在继承传统法治思想与借鉴西方法治文明的失衡倾向。改革开放以来，中国法治建设的话语逐步被激活，在大胆学习借鉴西方科学文化的背景下，西方资本主义法治思想涌入，甚至掩蔽了一些人的双眼。与之对应，中国传统多层次、多向度的法治思想遭到一定程度的贬抑。中国传统社会被定义为缺乏法治传统，其结果是，限制了人们对中国传统社会法治思想成果的继承和发扬。比如，一些学者认为，中国传统的法治文化工具合理性多、价值合理性少，特别是缺少西方语境的自然法，缺乏对真善美和公平正义的价值追求。然而，中国传统法治文化中真的没有自然法思想吗？真的没有价值合理性追求吗？梁启超先生指出："儒家论法，其第一前提曰：有自然法；其第二前提曰：惟知自然法者为能立法；其第三前提曰：惟圣人为能知自然法。"❶ 中国古代先贤崇尚"道法自然"，把自然法视为基础与核心。西方资本主义法治文化虽然具有鲜明的现代性，但我们并不能因此而忽视它的资产阶级本质。中国法治传统虽然缺少某些现代法治元素，但不可否认它蕴含着现代法治的文化基因，这是我们必须继承和珍视的。推进社会主义法治理念教育要求我们秉持一种开放包容的态度，对中国传统法治文化坚持古为今用的原则，汲取中华传统法治文化的积极成果；对西方现代法治文化坚持洋为中用的原则，批判地学习西方法治文明的有益成果。

（二）社会主义法治理念教育方法认识的"知识化"

社会主义法治理念教育要取得预期的效果，就必须内化于心、外化于行，实现从认知到认同的飞跃。一方面，需要解决好社会主义法治理念教育实施过程中的知、情、意的统一问题；另一方面，需要解决好社会主义法治理念教育实施过程中知识确定性与价值确定性的平衡问题。从社会主义法治理念教育实践看，存在着重知识传播、轻感情教育，重理论讲授、轻实践育人等"知识化"问题。

1. 在知、情、意的关系把握方面，存在着重认知轻视情感和意志过程的倾向。这一过程大体包括三个层面：一是"知"的层面。这是一个从感性认识到理性认识的过程。具体而言就是通过宣传教育，使教育对象了解社会主义法治理念的概念、本质、特点和运作规律，形成整体认识，掌握法治建设专业化知识体系，它体现着人们对社会主义法学和法律现象的理解程度。二是"情"的层面。这是对社会主义法治理念的肯定性或否定性的情感以及价值评价，是对社会主义法治理念的认可或反对。具体而言，法治情感表现为

---

❶ 梁启超. 中国法理学发达史论 [M] //梁启超. 饮冰室合集 [M]. 北京：中华书局，1989：60.

基于社会主义法治认知的依赖感，基于社会主义法治的维权领悟的幸福感，基于遵纪守法体认的社会主义法治神圣感。三是"意"的层面。其表现为对社会主义法治信仰的恪守、对社会主义法治理想的追求、对社会主义法治精神的奉行，具有参与立法、严格守法、依法作为的思想观念和行为能力。认知、情感、意志是不可分割的。认知是法治理念教育的基础，没有对法治理念的正确认知，便不能对法治实践作出正确判断；情感是法治理念教育的延伸，有了情感认同，人们便能够更加自觉、更加主动地参与法治建设；意志则是人们自觉参与立法、执法、守法的行为能力。所谓"知识化"倾向，是指法治理念教育停留在"知"的层面，生动活泼的法治理念教育蜕变成为简单的法律知识传播。理念建构变成了纯粹的知识记忆，其结果必然背离社会主义法治理念教育的初衷。

2. 在知识确定性与价值确定性关系把握方面，存在着重知识确定性、轻价值确定性的倾向。人生的确定性需要和追求分为知识确定性和价值确定性。知识确定性是人类把握世界的最基本的方式，人们总是希望获得对某件事情的准确、定性、稳定的认识，科学的任务就是获取确定性认识，即真理性的认识。价值确定性则是价值领域，在生活和价值观领域。知识确定性是基础，价值确定性是指引，二者辩证统一、不可分割。社会主义法治理念教育既是一种知识传播，又是一种价值引领，过分强调知识确定性的法治理念教育，往往流于为知识理论而知识理论，忽视了价值确定性。社会主义法治理念的"三进"（进教材、进课堂、进头脑）绝不仅是知识灌输过程，更是价值定向过程。社会主义法治理念教育不能止于知识确定性，而应当实现知识确定性与价值确定性的统一。立法者不能违反事物的本质而恣意妄为，而应当体现事物的法的本质。把握知识确定性和价值确定性的辩证统一，要求我们在社会主义法治理念教育过程中坚持知识传输和价值导向有机结合。党的十八大报告强调，"树立社会主义法治理念，增强全社会学法尊法守法用法意识"[1]。社会主义法治理念教育要重视深化公民社会主义法治的制度基础、法律边界、法律文化等问题的教育，这是社会主义法治最为扎实的现实着力点，是法治精神转化为法治行为的基础。同时，要从多层次深入、有效推进法治精神、

---

[1] 胡锦涛. 坚定不移沿着中国特色社会主义道路前进　为全面建成小康社会而奋斗：在中国共产党第十八次全国代表大会上的报告 [J]. 求是，2012（22）：3-25.

法治信仰教育，确立公民法治价值定向，这样才能真正使社会主义法治理念学入人心。基于知识传输的价值导向教育，要讲清法治的社会主义本质，阐明社会主义法治意识形态的优越性。我国社会主义法治建设面临着复杂的国内国际形势，西方资本主义法治思想的渗透以及诸多不确定性因素的增加，对我们国际事务处理与发展道路选择造成巨大压力。同时，国内贫富差距逐渐拉大，区域和行业间发展的不充分、不平衡问题突出，在这种情形下开展社会主义法治理念教育必须旗帜鲜明地弘扬社会主义核心价值观，唱响社会主义意识形态主旋律。为此，要充分发挥舆论宣传的引导功能，树立社会主义法治威信，增强社会主义法治理念教育的渗透力和覆盖面，切实发挥社会主义法治理念教育的价值导向作用，从而在知识传输和价值导向的有机结合中提高社会主义法治理念教育的实效。

(三) 社会主义法治理念教育定位认识的"模糊化"

社会主义法治理念教育是社会主义法治教育的核心，是社会主义意识形态教育的重要方面，是思想政治教育的重要形式。但是，在开展社会主义法治理念教育的过程中，有些人对社会主义法治理念教育的定位认识比较模糊，认识不到社会主义法治理念教育在社会主义法治建设和政治建设中的重要作用，没有将法治教育、道德教育和政治教育结合起来，其结果是弱化了社会主义法治理念教育的道德功能和政治功能，缺乏足够的"情感"投入。

1. 社会主义法治理念教育定位认识的"模糊化"，表现为有些人弱化法治理念教育的政治功能、道德功能。社会主义法治理念教育要求正确处理法治理念与政治、道德的关系。其一，从法治理念教育与政治教育的关系看，政治是法治的权力基础，法治是政治的实现手段。社会主义法治服务于人民当家作主，立法、执法、司法都依赖政治权力的保障。法治为民主政治提供规则、秩序和正义。因此，法治理念教育必然关涉政治教育内容。其中，坚持党的领导，既是法治理念教育的内容，又是政治教育的要求。然而，在实际的社会主义法治理念教育中，一些人存在着讲法治理念就不应当讲政治的错误思想，究其原因就是模糊了法治理念教育与政治教育的关系。其二，从法治理念教育与道德教育的关系看，法律与道德具有内在的复杂的关系。立法、执法、司法、守法的环节都包含道德要求，而道德教育中又包含着法律规范的要求。"法律是成文的道德，道德是心中的法律。"法治理念教育既包括法律知识教育，也包括法律价值教育。党的十八大强调，法治是良法善治，其中便阐明了法治之中内蕴着道德内涵。高校"05方案"中把思想道德修养和法律基础列为一门课程，其实质就是基于法治教育与道德教育的不可分割。

2. 社会主义法治理念教育定位认识的"模糊化"，表现为有的地方开展社会主义法治理念教育缺乏应有的"情感"投入。情感是对外部刺激产生的肯定或否定的心理反应。人是一个受动的存在物，也是一个激情的存在物，是认识的存在物和情感的存在物。社会主义法治理念教育只有激发教育对象积极的、肯定的情感反应，才能收到事半功倍的效果。如果教育对象对法治理念教育持一种厌恶、鄙视的情感体验，就不可能达到预期的教育效果。教育过程是一个从认知、情感到意志的过程，情感是认知和意志过程的中介环节，对于教育对象确定对社会主义法治的坚定信念发挥着决定性的影响。教育情感往往与人们在日常生活中的法治体验有着密切的关系。在社会主义法治建设过程中，比较而言，法治的"硬件"系统如法律制度容易建构和引进，而法治的"软件"系统即法治情感、法治精神的培育则更需要一个耐心细致的教育过程。法治建设是物质性、制度性的"硬件"建构和精神性、情感性的"软件"建构的统一。法治情感、法治精神是法治建设的灵魂。因此，为了培育公民的法治情感、法治精神，在社会主义法治理念教育中必须坚持知识传授与实践育人相结合，以多种形式的实践参与为载体，让公民获得良性的法治体验和法治互动，从而培育全社会成员对社会主义法治理念的正向性、肯定性的情感体验。

第二节　社会主义法治理念教育实施的原则

社会主义法治理念、法治精神蕴含在社会主义法律之中，彰显着社会主义制度的显著优势。社会主义法治理念教育是推动社会主义法律入脑入心和彰显社会主义制度优势的必然要求。推进法治理念教育要坚持政治性、系统性和实践性原则。政治性原则是党的领导、人民当家作主和依法治国有机统一的体现。政治性原则要求法治国家建设必须坚持党的领导和人民当家作主，大力培育社会主义法治文化。系统性原则就是要发挥法治理念教育的自我建构和自我调节功能，实现法治理念教育对利益关系的系统整合、对社会结构的系统整合、对法治观念的系统整合；就是要充分发挥法治理念的系统整体优势，坚持法治建设的"共同推进、一体建设"原则；就是要充分发挥法治理论的系统融合优势，传承中国古代法治建设积极成果，借鉴西方社会法治建设的有益经验。实践性原则旨在实现知行统一，解决好理论教育与实践教育的关系问题。要充分考虑人民群众对法治理念教育的感性化需求，解决好教育形式多样性问题。要妥善解决抓好"关键少数"和普及"绝大多数"的问题。对于社会主义法治理念教育的评价要坚持静态评估和动态预测相结合。

一、坚持法治理念教育的政治性原则

政治性原则就是强调把推进依法治国和党的领导、人民当家作主统一起来。政治性原则主要体现在三个方面：其一，政治性原则要求社会主义法治理念教育必须坚持党的领导。坚持党的领导是全面推进依法治国的根本保障。党的领导是社会主义最本质的特征，是社会主义制度的最大优势。坚持依法治国是加强党的领导的必然选择。依法治国是发展社会主义民主政治的重要保障，是深化改革的内在需要，是实现国家长治久安的重要保障，是反腐治权的治本之策。其二，政治性原则要求社会主义法治理念教育必须坚持人民当家作主。人民当家作主是培育法治理念的本质要求。坚持人民当家作主才能实现共同富裕，从而彰显社会主义法治的本质。人民当家作主通过广泛的政治参与才能实现。执法为民是社会主义法治理念教育的重要内容之一。开展执法为民教育旨在培育正确的权力价值观，解决好为谁掌权、为谁执法、为谁服务的问题。其三，政治性原则要求社会主义法治理念教育必须重视法治文化建设。社会主义法治文化是一个政治概念，培育社会主义法治文化属于政治教育范畴。社会主义法治文化建设是我们党基于新的治国理政方略所做的政治承诺。坚持社会主义法治理念教育是保持法治文化建设正确方向的重要途径。

（一）政治性原则要求社会主义法治理念教育必须坚持党的领导

党的领导是法治理念教育的内容，也是法治理念教育的必要条件。法治是社会主义核心价值观的内容之一。法治理念教育是巩固马克思主义主导意识形态的要求。法治理念教育的政治性归根结底是由我国人民民主专政的国家性质决定的。法治理念教育必须坚持社会主义的根本性和原则性指引。从

第四章　社会主义法治理念教育的实施方略

现实看，在网络化、信息化和全球化的冲击下，西方资本主义法治理念给我国法治建设带来了强烈冲击，只有坚持社会主义立场，才能明辨是非、把握方向。从历史看，传统的法治之中渗透着人治，精华与糟粕共存，只有坚持汲取其精华、抛弃其糟粕，才能有益于社会主义法治建设。守望社会主义法治理念教育的正确方向，关键是要清醒地认识到"为谁培养人""培养什么样的人"的问题。法治理念教育必须坚持马克思主义的指导地位，坚持为党育人、为国育才。政治性是法治理念的本质属性。法治理念受特定的生产方式和交往方式制约。以社会主义公有制为主体、多种经济成分共同发展，是社会主义法治理念教育的现实依据。

1. 坚持党的领导是全面推进依法治国的根本保障。党的领导是社会主义最本质的特征，是社会主义制度的最大优势。开展社会主义法治理念教育就必须讲清楚党的领导在社会主义法治政府、法治社会、法治国家建设中的地位和作用，就必须讲清楚党的领导是社会主义法治之魂。在新时代，习近平系统阐明了党的领导与全面依法治国的关系。其一，从政治角度看，党的领导是社会主义法治的灵魂。坚持党对一切工作的领导必然包括坚持党对全面依法治国的领导。"坚持中国特色社会主义法治道路，最根本的是坚持中国共产党的领导"。[1] 坚持党的领导能够"为推进依法治国把好方向"，"为攻克法治难题汇聚力量"，"为实现人民权益提供后盾"。[2] 其二，从法理角度看，回答了党的领导和依法治国的统一性的问题。党的领导和依法治国的关系是政治和法治的关系。建设社会主义法治国家必须从理论和实践上解决好党和法的关系问题。习近平反复强调，"只有坚持党的领导，人民当家作主才能充分实现"。[3] 党和法不是对立的而是统一的，党不仅领导人民制定宪法法律，而且领导人民实施宪法法律。割裂党和法的关系就会犯政治错误。其三，从体制角度看，阐明了党的领导的宪法依据和规范内涵。法治的基石是宪法，依法治国首先是依宪执政。党的领导地位是由宪法确立的。党的领导是总揽不包揽、协调不取代。其四，从领导方式看，党依法执政对厉行法治具有重大作用。加强党对法治建设的领导必须改进领导方式。依法执政是党治国理政的基本方式，依法执政的关键是依宪执政。依法执政必须坚持依法治国和依

---

[1] 习近平. 论坚持全面依法治国 [M]. 北京：中央文献出版社，2020：106.
[2] 蒋清华. 坚持党的领导：习近平法治思想开篇之论 [J]. 法治社会，2021（1）：1-14.
[3] 习近平. 论坚持全面依法治国 [M]. 北京：中央文献出版社，2020：42.

规治党的统一。

2. 坚持依法治国是巩固和发展党的领导的必然选择。家有家规,国有国法。宪法法律是我们党治国理政的最大规矩。因此,必须把法治作为治国理政的基本方式。依法治国对于加强党的领导作用体现在三个方面:其一,依法治国是发展社会主义民主政治的重要保障。人民是治国理政的主体,我国的社会主义民主本质是人民当家作主。党领导人民治理国家,必须善于运用法治方式,带头知法守法用法。社会主义民主建设的政治前提是党的领导,制度保障是社会主义法治。忽视法治建设,就会使社会陷入无序状态,必然会使党和国家付出沉重的代价。其二,依法治国是深化改革的内在需要。全面推进改革开放,建立社会主义市场经济体制,越来越需要发挥社会主义法治的规范、引导、制约、保障和服务作用,清晰划分政府和市场的作用,健全社会主义法治经济,提高改革的科学性和政策的协调性,保障人民群众共享发展成果等,这些都必须发挥社会主义法治的作用。习近平强调,"凡属重大改革都要于法有据"[1],这意味着把改革开放纳入法治轨道,强调以法治方式推进改革,从而营造公平公正的法治经济环境。其三,依法治国是国家长治久安的重要保证。法律为国之重器。法治昌明,才能有效化解社会矛盾,实现社会稳定。宪法法律是人民民主的集中体现。全面依法治国能够坚持人民当家作主,确保国家长治久安,从而使党跳出执政的"历史周期律"。其四,依法治国是反腐治权的治本之策。腐败是党长期执政的最大隐患。腐败的根源在于对公权力缺乏有效的制约和监督。为此,必须坚持道德反腐和制度反腐并举,加强反腐败立法,把权力关进制度的笼子里;完善不想腐、不能腐、不敢腐的体制机制。总之,必须站在巩固党的执政地位的高度全面认识依法治国的重要性。

(二) 政治性原则要求社会主义法治理念教育必须坚持人民当家作主

人民当家作主是培育社会主义法治理念的本质要求。"广泛的人民性是政法机关最根本的政治属性。"[2] 法律体现着中国最广大人民的根本利益,社会主义法治的出发点和落脚点是实现好、维护好、发展好最广大人民群众的根

---

[1] 在法治轨道上深化改革:学习贯彻习近平总书记在中央全面深化改革领导小组第二次会议重要讲话之二 [N]. 西藏日报, 2014-03-09 (3).

[2] 张文宽. 试论执法为民是社会主义法治理念的本质要求 [J]. 当代法学, 2008 (S1):42-47.

本利益和长远利益。脱离人民当家作主的法治理念教育就会陷入人治的泥潭，就会背离我国人民民主专政的现实。社会主义法治理念必须表现出"科学性"和"人民性"。❶ 现代社会的法治国家和传统社会的专制国家相比，法治的权威性更加凸显，法治的人民性更加突出和彻底。法律是增进文明的工具。法律面前人人平等，任何组织和个人不能游离于法律之外。社会主义法治理念是先进的现代法治理念，它的"先进性体现在彻底的人民性、科学的唯物性和鲜明的政治性"❷。社会主义法治的根本目的在于实现人民当家作主和共同富裕。社会主义法治坚持以人民为中心，体现着人民主权原则，确认了人民的法治主体地位。社会主义法治维护和实现的是最广大人民的根本利益，人民满意不满意、人民答应不答应、人民幸福不幸福是衡量法治成败得失的标准。

1. 人民当家作主是社会主义民主的本质。实现人民当家作主的主要方式是人民广泛的政治参与。为此，必须切实保障人民群众的"民主选举、民主协商、民主决策、民主管理、民主监督"权利。❸ 坚持党的领导和依法治国是坚持人民当家作主的两大基石。依法治国是党领导人民治理国家的基本方式，党的领导、人民当家作主和依法治国统一于社会主义民主政治实践之中。社会主义法治体系建设和社会主义法治理念教育必须建立在三者的统一基础之上。实现人民当家作主必须切实推进社会主义民主政治制度化建设，"用制度体系保证人民当家作主"。❹ 立治有体，施治有序。实现国家长治久安必须加强政治制度体系建设。为此，习近平提出了"国家治理体系"现代化的目标定位。国家治理现代化是从"制度层面"对我国现代化目标的新定位，❺ 是完善和发展中国特色社会主义制度的必然要求。用制度体系保证人民当家作主就要积极稳妥地推进政治体制改革，"不断提高运用中国特色社会主义制度

---

❶ 吴一平. 高校应如何进行社会主义法治理念教育［J］. 国家教育行政学院学报，2011（9）：38-42.

❷ 卜晓颖. 试论社会主义法治理念的历史地位［J］. 理论导刊，2011（7）：47-50.

❸ 习近平. 决胜全面建成小康社会 夺取新时代中国特色社会主义伟大胜利：在中国共产党第十九次全国代表大会上的报告［M］. 北京：人民出版社，2017：37.

❹ 习近平. 决胜全面建成小康社会 夺取新时代中国特色社会主义伟大胜利：在中国共产党第十九次全国代表大会上的报告［M］. 北京：人民出版社，2017：36.

❺ 胡伟. 人民当家作主是社会主义民主政治的本质：习近平论社会主义民主政治发展道路［J］. 毛泽东邓小平理论研究，2018（10）：39-43.

有效治理国家的能力"。❶ 用制度体系保障人民当家作主就要防止出现人民形式有权而实质无权的现象。用宪法法律的方式即依法治国的方式才能更好地实现人民群众实质有权的问题，真正把人民当家作主的权利落到实处。

2. 执法为民是社会主义法治理念教育的重要内容之一，是社会主义法治为民性、人民性的具体体现。执法为民"集中体现出社会主义法治广泛的人民性"❷。社会主义法治建设就是为了人民福祉。西方资本主义法治是为资产阶级利益服务的。资本主义社会的各个政党"首先谋取的是本党的利益"❸。社会主义找到了法治，法治找到了社会主义，从而实现了制度与治国的最佳结合。社会主义法治使人类法治真正走上了为人民服务和追求人类解放的金光大道。开展执法为民教育首先必须准确把握执法为民理念的深刻内涵。执法为民要求政法机关要树立正确的权力价值观，认真解决好为谁掌权、为谁执法、为谁服务的问题，从思想上弄清权力来自何处，权力为谁行使以及怎样行使权力等问题。我国是社会主义国家，坚持人民民主专政，一切权力来源于人民，因此要为人民掌好权、执好政。坚持权力服务于人民，把为人民服务作为权力的根本归宿。政治问题归根结底是对人民群众的态度问题，政法机关行使权力旨在尊重和保障人民的权利。要做到执法为民，必须要对人民怀有浓厚的感情。通过深入的社会主义法治理念教育，培育政法干部为人民服务的人生价值观，使其深怀爱民之心、恪守为民之责、多办利民之事。要做到执法为民，就必须不断完善做好群众工作的机制，不断提高做好群众工作的本领，努力掌握做好群众工作的方法。

（三）政治性原则要求社会主义法治理念教育必须重视法治文化建设

提高法治理念教育实效，必须高度重视法治文化建设，发挥法治文化的育人功能。法治文化是法治理念的坐标原点，在历史时间的纵向坐标中不能割裂法治文化历史而孤立进行；在社会空间的横向坐标中不能回避其他法治文化而孤芳自赏。社会主义法律体系为法治文化"提供了完备的法律制度基础"❹。法治文化建设要坚持兼收并蓄，吐故纳新。法治文化"是一种与人治

---

❶ 习近平. 习近平谈治国理政 [M]. 北京：外文出版社，2014：104.
❷ 童之伟. 社会主义法治理念内涵之微观解说问题 [J]. 山东社会科学，2011 (2)：5-11.
❸ 李龙. 西方法学名著提要 [M]. 南昌：江西人民出版社，2002：289.
❹ 段凡. 中国特色社会主义法治文化研究 [J]. 科学社会主义，2014 (4)：79-82.

文化相对立而存在的先进文化、进步文化形态"❶。法治文化能够成为一种更为优秀的文化就在于它的良好且清晰的价值取向。何为法治文化？有学者认为，法治文化是包含"民主、人权、平等、自由、正义、公平等价值"的文化类型。❷ 也有学者认为，法治文化包括法治理念、制度、组织、文本等方面。❸ 法治理念是法治文化的核心。法治理念教育要和法治文化建设有机结合，把法治文化作为法治理念教育的重要载体。习近平在党的十九大报告中强调，要大力"建设社会主义法治文化"❹。法治文化内含一个被称为良法的价值导向。法治文化包括"观念形态的法治文化""制度形态的法治文化""实践形态的法治文化"。❺

1. "社会主义法治文化"是一个政治概念，培育社会主义法治文化是政治教育的范畴。党的十八届四中全会提出了建设法治文化的政治任务，强调为了增强全社会厉行法治的主动性和积极性，必须大力建设法治文化。社会主义法治文化建设的根本旨趣就是培育法治意识。党的十九大报告进一步强调，坚持中国特色社会主义文化发展道路，建设社会主义文化强国。法治文化建设已经成为我们党治国理政的重要战略内容。因此，培育社会主义法治文化必须立足全面推进依法治国和实现中华民族伟大复兴的高度来认识。社会主义法治文化建设是我们党基于新的治国理政方略所做的政治承诺。法治文化作为一个政治概念意味着法治文化建设必须服务于社会主义民主政治建设，意味着全面推进依法治国要落脚于巩固和发展人民当家作主的主体地位。建设法治文化必须以法治理念为引领，树立法律面前人人平等的理念。法治理念一旦上升为法治文化就能成为支配公民法治行为的强大力量，从而奠定法治社会建设的文化基础。建设法治文化可以使法治渗透到人民群众的灵魂深处，在潜移默化中形成公民的法治信仰。

2. 坚持社会主义法治理念教育是保持法治文化建设正确方向的重要途径。依法治国重在依良法而治。良法的标准就是融通了社会主义法治理念、法治精神和法治信仰，实现了价值形态、形式标准和内容实质的统一。从价

---

❶ 陈仲. 法律文化与法治文化辨析 [J]. 社科纵横, 2009 (9): 80-82.
❷ 刘作翔. 法治文化的几个理论问题 [J]. 法学论坛, 2012 (1): 5-10.
❸ 刘斌. 中国当代法治文化的研究范畴 [J]. 中国政法大学学报, 2009 (6): 5-24.
❹ 习近平. 决胜全面建成小康社会　夺取新时代中国特色社会主义伟大胜利: 在中国共产党第十九次全国代表大会上的报告 [J]. 党建, 2017 (11): 15-34.
❺ 缪蒂生. 论中国特色社会主义法治文化 [J]. 中共中央党校学报, 2009 (4): 68-74.

值形态看,要把社会主义核心价值观融入法治理念教育;从形式标准看,要实现法律体系的完备和法律程序的正当;从内容实质看,要实现人民主权、权力制约等原则,完善法律制度。社会主义法治理念教育是提高全体公民尊法知法守法用法的基本前提和先决步骤。社会主义法治理念教育有助于形成全社会尊重法律、推崇法治的良好文化氛围。法治理念教育是新时代公民的必修课。法治理念教育是培育人民群众现代公民意识的主要途径,也是保护公民切身利益的必要手段。社会主义法治文化是一种先进文化,能够对广大人民群众的规则意识起到提升作用。建设社会主义法治文化是法治国家建设的必然选择。为此,要完善以宪法为核心的中国特色社会主义立法文化建设,确保依法治国之法都是"良法";要加强中国特色社会主义的执法文化建设,充分发挥依法执政、依法行政、依法办事的文化引领和示范效应;要加强中国特色社会主义司法文化建设,使司法机关成为保护人民群众权益的最后"卫士";要加强中国特色社会主义守法文化建设,妥善解决广大人民群众法律意识不强的问题,塑造良好的守法氛围。

二、坚持法治理念教育的系统性

社会主义法治理念教育要坚持系统性原则。系统性旨在发挥法治理念教育的自我建构和自我调节功能。法治理念教育的系统性就是要充分发挥法治理念的系统整合优势,即实现对利益关系的系统整合、对社会结构的系统整合、对法治观念的系统整合;就是要充分发挥法治理念的系统整体优势,坚持法治建设的"共同推进、一体建设"原则;就是要充分发挥法治理论的系统融合优势,实现传统与现代法治理念的融会贯通,传承中国古代法治建设积极成果,借鉴西方社会法治建设的有益经验。首先,坚持系统性原则重在实现法治理念教育的系统整合。法治理念教育有利于实现对社会利益关系的系统整合,有利于实现对社会结构的优化整合。其次,坚持系统性原则重在实现法治理念教育的整体推进。社会主义法治理念教育要落脚于"依法治国、依法执政、依法行政"共同推进,为法治建设奠定基础。社会主义法治理念教育要服务于"法治国家、法治政府、法治社会"一体建设。再次,坚持系统性原则重在实现法治理念教育的系统融通。充分发挥法治理念教育的系统融通优势主要包括实现传统法治理念与现代法治理念、西方社会法治理念与社会主义法治理念的系统融通。

第四章 社会主义法治理念教育的实施方略

(一) 坚持系统性原则重在实现法治理念教育的系统整合

法治理念的系统整合是指法治理念的自我建构、自我调节功能,是法治理念在外界环境和各种价值观念作用下,科学吸收积极因素,及时剔除消极因素,实现不断发展、自我超越和自我完善的过程。系统科学中的"整合"与"分化"相对应。法治规则遵守与法律的合法、权威之间的紧密关联在于法治理念。法治理念对法律观念的系统整合实质上是观念对于观念的作用。法治理念作为一种社会化、标准化的社会主义法治意识能够对人们的法律观念给予积极的引导,能够促进人们法律观念的相互吸收、融合、适应,进而形成基于社会主义法治理念的一致性。法治理念教育就是通过法治观念的整合进而实现对社会利益关系的系统整合和对社会结构的优化整合。

1. 法治理念教育有利于实现对社会利益关系的系统整合。在一定历史条件下,利益的稀缺和利益主体的多样决定了资源配置的差异性。利益分配数量和组合方式的不同造成社会结构的差序格局,这种差序格局恰恰是一定历史时代利益关系系统整合的结果。法治的根本目的在于实现社会的公平正义,而社会的公平正义表现为社会利益的均衡和社会矛盾的化解。法治理念教育是依法治国、建设社会主义法治国家的一项基础性工作,其根本目的是提高全民的法治素养、弘扬法治精神,引导公民牢固树立大局意识、国家意识和法治意识,做到识大体、顾大局,在正确认识我们基本国情和现阶段发展特征的基础上,处理好局部利益与整体利益、当前利益与长远利益的关系。也就是说,法治理念教育要落脚于引导全体公民正确认识和处理国家、集体和个人的关系,大力倡导个人利益服从国家和集体利益,坚决反对损公肥私、损人利己。法治理念教育要引导公民正确对待个人自由与法律约束、法律责任的关系,引导公民向享有自由、信仰法律的方向发展。法治理念对于人们的经济行为和利益关系的实质性影响源自法治理念的宣传教育。通过法治理念的反复灌输和宣传,可以引领公民形成行为的成本函数和收益函数,从而达到利益关系整合调节的目的。比如,如果人们普遍相信政治民主的价值,他们就会把投票作为一项公民义务来履行。

2. 法治理念教育有利于实现对社会结构的优化整合。法治理念对社会结构的系统整合就是法治理念对于社会体系的组成部分及诸要素关系、模式的调整作用。党的十八大以来,我们党提出了"法治国家、法治政府、法治社会"一体建设的重大命题,法治社会由此被提上日程。法治社会建设回应了社会生活领域对于法治建设的需要。社会秩序的和谐、社会结构的优化都需要通过加强社会主义法治建设来实现。对于社会生活的调节,主要是通过个体自律、社会调节、市场调节,以道德、习惯、惯例调节为主,出现矛盾冲突问题后法治系统才会介入。但是,由于中国社会处于快速转型时期,个体的自律缺乏有效性,社会的规范具有局限性,由此迫切需要法律的主动介入和干预。有学者认为,法治社会可以理解为制度层面构建多元规则体系、心理层面形成全社会对法治的认同和践行、秩序层面形成国家职能部门、社会各类组织和成员之间的统治与自治的分工协作。[1]

实际上,法治社会建设从根本上说就在于通过全面推进改革开放,不断优化社会结构和维护社会秩序。法治理念对于社会结构的系统整合本质上是社会意识对于社会存在的能动作用。在法治理念对社会结构系统的整合方面,主要是协调社会行为有机系统、人格系统、社会系统和文化系统,重点在于对社会结构的调控。马克思把社会结构确立为生产力——经济基础——上层建筑三层次格局,强调社会经济结构决定政治、法治观念。马克思揭露了财富和权力不平等的根源,把社会结构的合理化看成行动者资源分配的合理性和合法性。我们党提出"法治国家、法治政府、法治社会"一体建设的命题,这意味着不能离开法治国家、法治政府孤立地谈法治社会。法治社会的核心是"公权力运作系统之外的社会生活的法治化"。[2] 通过法治社会建设实现社会成员自我约束的法治化、社会成员之间关系的法治化、社会管理者和被管理者关系的法治化。法治理念教育就在于使全体公民充分认识到社会秩序、社会结构、社会关系调整的合理性和合法性,从而大力支持改革开放和社会主义法治建设。

(二) 坚持系统性原则重在实现法治理念教育的整体推进

法治理念教育的整体推进就是要坚持"共同推进、一体建设"的整体性原则。2012年,习近平第一次提出"共同推进、一体建设"原则,"共同推进、一体建设"是由中国特色社会主义法治建设的国情特点所决定的。"共同

---

[1] 江必新,王红霞. 法治社会建设论纲 [J]. 中国社会科学,2014 (1):140-157.
[2] 陈柏峰. 中国法治社会的结构及其运行机制 [J]. 中国社会科学,2019 (1):66-88.

推进"包括"依法治国、依法执政、依法行政",强调治国、理政、行政和社会之间的内在联系和本质统一。"共同推进"体现在"科学立法、严格执法、公正司法、全民守法"[1]等方面。在科学立法方面,要突出重点领域立法,实现立法的民主化和科学化,力求法律能够更好地反映经济社会发展,更好地协调社会利益关系。在严格执法方面,要不断加强执法活动的监督,预防地方保护主义和部门保护主义,努力排除对执法的非法干预,力求公正执法、文明执法、规范执法。在公正司法方面,通过加强法治建设,不断发挥法治化解矛盾、凝聚共识的作用。在全民守法方面,要加强法治理念教育,弘扬法治精神,引导公民遵规守纪,教育引导广大人民群众自觉遵守法律,营造不愿违法、不能违法、不敢违法的法治环境。"一体建设"包括"法治国家、法治政府、法治社会"三个方面,也就是说,法治国家建设不能单兵突进,必须和法治政府、法治社会、依法执政等协调配合、相互促进。

1."依法治国、依法执政、依法行政"共同推进开展法治理念教育,为法治建设奠定良好环境。其一,坚持依法治国才能建设法治国家,依法治国主要涉及人大、司法和政府等国家机关。依法治国首先要形成以宪法为统帅的中国特色社会主义法律体系,维护法治的统一、尊严和权威。依法治国就必须有法必依、执法必严、违法必究。其二,坚持依法执政才能建设法治政府,依法执政主要是指党的执政,因为中国共产党是执政党。依法执政要求各级党组织在宪法法律范围内活动,带头依法办事,带头遵守法律。依法执政是依法治国的关键。依法执政的重心是"依法"二字,"依法"要求各级党组织自觉在宪法法律范围内活动;维护宪法法律权威;带头依法办事,反对特权。为此要发挥好政策的优势,健全依法执政的工作机制。其三,坚持依法行政才能建设法治社会,依法行政主要是强调行政管理的执法服务行为,主要涉及行政机关。依法行政的目标是建设法治政府。依法行政的要求是合法行政、合理行政、程序正当、高效便民、诚实守信、权责统一。依法行政是对各级政府的要求,政府奉行法治就要依法行政,为此要求国家公职人员必须带头尊法学法守法用法。依法行政直接决定着法治社会建设的速度和成效,直接影响人民群众的法治信仰与行为选择。

---

[1] 杨小军,姚瑶. 习近平新时代中国特色社会主义法治思想的内涵与特征[J]. 新疆师范大学学报:哲学社会科学版,2019(2):16-25.

2. 围绕"法治国家、法治政府、法治社会"一体建设开展法治理念教育，为法治建设奠定思想基础。"法治国家、法治政府、法治社会"一体建设，开展社会主义法治理念教育，是全面推进依法治国的核心任务。"一体建设"中，"法治国家"是法治政府、法治社会的前提，因为它解决的是国家基本制度以及宪法法律的顶层设计等问题，是法治政府、法治社会的建设指南。法治国家建设旨在实现法制统一，确保宪法法律的尊严和权威。在此基础上，探索建立立法审查机制，全面审查我国现有法律法规，从而在制度层面实现法制统一。2015 年，中共中央、国务院印发的《法治政府建设实施纲要（2015—2020 年）》提出实现职能健身、权力瘦身。从我国法治建设发展的脉络看，一条脉络是"从规范、制度体系的文本创制到法治理念、精神的纵向提升"，另一条脉络是"从依法行政、法治政府的重点攻坚到社会各方面事业全面法治化的横向延展"。❶ 法治政府建设解决的是权从法出、依法行政、责权统一、权力监督、廉洁高效、执政为民等问题。"守法、有限、诚信、透明、责任、廉洁、高效"是法治政府的基本特点。❷ 法治社会是指社会组织或个人运用社会组织的权利和公民政治权利，实行社会自治。"法治国家、法治政府、法治社会"一体建设的着力点和突破口就是认真组织开展宪法法律学习宣传活动，培育社会主义法治理念，凝聚共识。

（三）坚持系统性原则重在实现法治理念教育的系统融通

培育公民的社会主义法治理念是一项系统工程，要提高法治理念教育的效果就必须在法治理念教育的渠道、方式以及针对性等方面下功夫。要改变普法宣传的理念，把守法教育转向法治教育，要拓宽教育渠道，抓住教育重点，尤其要高度重视吸取中国传统法治理念资源和西方法治建设的有益经验，实现传统法治理念与现代法治理念的系统融通，实现西方社会法治理念与中国特色社会主义法治理念的系统融通。融通就是融会贯通，充分发挥法治理念教育的系统融通优势主要包括两个方面：一方面，实现传统法治理念与现代法治理念的系统融通。为此，要深入挖掘中国传统社会的法治资源，实现创造性转化和创新性发展，促使社会主义法治更加具有中国风格和中国气派。

---

❶ 江必新，王红霞. 法治社会建设论纲 [J]. 中国社会科学，2014（1）：140-157.
❷ 李少婷. 构建国家治理现代化的坚固基石：法治国家、法治政府、法治社会一体化建设研究 [J]. 人民论坛·学术前沿，2017（16）：94-97.

另一方面，实现西方社会法治理念与社会主义法治理念的系统融通，吸取西方法治文明精华，实现洋为中用，但绝不能照抄照搬。

1. 实现传统法治理念与现代法治理念的系统融通。要实现传统法治理念的古为今用，传承中国古代法治建设理念的积极成果。虽然古代的法治理念与现代社会存在不相适应的地方，但也并非一无是处。如《慎子·君人篇》记载："君舍法，而以心裁轻重……怨之所由生也。是以分马者之用策，分田者之用钩……所以走私塞怨也。"中国是一个由传统走向现代的国家，忘记传统就等同于割断了自己文化的根脉。法治理念的创新是在继承传统基础上的创新，法治理念源于传统又超越传统。中国是一个历史悠久的文明古国，存在着诸多自生自发的规则秩序，这些规则秩序对中国人的日常生活仍然有着深厚的影响。对此，必须在分辨是非、良莠的基础上，实现创造性转化和创新性发展，并且纳入社会主义法治理念教育。从中国传统法治观念的特点来看，主要表现为：一是"强调礼法并重，崇尚礼治"；二是"强调平争止诉，以和为贵"；三是"强调个人修为，讲求自律"；四是"强调阶级属性，维护尊卑"。❶ 对待传统法治观念必须在马克思主义指导下实现现代转型，要改变传统法治观念的社会属性，用人民主权思想对传统法治观念给予价值定位，用法治模式改造传统法治观念中的人治模式。挖掘中国传统社会的法治资源，实现创造性转化和创新性发展，是社会主义法治理念教育的一项基础性工作，它直接影响着社会主义法治的中国风格和中国气派。

2. 实现西方社会法治理念与社会主义法治理念的系统融通。在我国开展法治理念教育一定要坚持社会主义法治的本质属性，要吸取西方法治文明精华，实现洋为中用，但绝不能照抄照搬。西方法治思想可追溯到古希腊时代。亚里士多德认为，法治的两重意义在于获得"普遍的服从"和基于"良好的法律"❷。也就是说，好的治国之道在于依靠理性统治令人们摆脱个人欲望的支配。西方法治思想源于斯多葛学派的自然法，后来经过经院哲学家和法学家的发展变成了一套关于理性和正义的形式化公理体系。除了自然法之外，文艺复兴时代思想家的自然思想和源于英国《大宪章》的个人自由思想，成为西方资产阶级法治思想的重要来源。在资产阶级启蒙时代，一批卓越的西

---

❶ 翟子夜. 中国传统法治观的流变及重构 [J]. 思想政治教育研究, 2019 (4)：44-47.
❷ 亚里士多德. 政治学 [M]. 吴寿彭, 译. 北京：商务印书馆, 1996：199.

方近现代法治思想家构建了先进的法治理念体系，如社会契约、司法审查、分权制衡等。我们对待西方法治思想一定要汲取其精华、抛弃其糟粕。例如，我们要立足我国政治治理的历史和现实，既吸收西方法治的权力制衡思想，又要坚决否定西方的三权分立，因为它不适用我国的国情社情。当然，西方资本主义社会是较早建设现代法治国家的，他们有一些法治理念的优秀成果在我们开展社会主义法治理念教育过程中是值得借鉴的，如"良法是善治之前提""法律至上是法治之灵魂""司法独立是法治之关键""公民法律意识是法治之基础"等。❶

三、坚持法治理念教育的实践性

建立健全干部教育培训制度是我们党加强干部队伍思想政治素质的重要方式、优良传统和政治优势。坚持社会主义法治理念教育的实践性原则，体现了知行统一、认识世界和改造世界统一的思想。社会主义法治理念教育是一个有目的的、自觉的教育实践活动，因此必须根据实践的变化补充教育的内容、优化教育的方式。理论是"一"，实践是"多"，理论与实践的结合就必须充分考虑法治理念教育的形式多样。法治理念教育的形式多样是由教育对象的差异性决定的。为此，要相信群众是真正的英雄，要善于从群众中吸纳智慧，尊重群众的首创性和自主性。推进法治理念教育要考虑人民群众的感性化需求，解决好教育形式多样性的呈现方式问题。社会主义法治理念教育必须坚持理论教育与实践活动相结合，必须坚持抓好"关键少数"和普及"绝大多数"相结合。要坚持把法治理念教育的实践成果作为评测法治理念教育成败得失的标准，坚持静态评估和动态预测相结合，坚持经验继承和改进创新相结合。

（一）坚持实践性原则重在实现让法治理念掌握人民群众

实践是马克思把握现实的人和现实世界的哲学方式。社会生活在本质上是实践的。实践活动是改造外部世界的最根本的活动。我们不仅要正确"解释世界"还要合理"改变世界"，解决社会主义法治建设中的实际问题关键在

---

❶ 李文兰. 西方法治理念对中国法治建设的价值研究 [J]. 法制与社会，2015（34）：1-2.

于"改变世界"❶的实践活动。"解释世界"重在处理共性的抽象的思想问题,"改变世界"重在处理具体的个别的现实事务。实践性是马克思主义最根本的特征,法治理念教育必须遵循实践指向性原则。实践是人的生命存在方式,人的存在和本质是一个在实践基础上的历史生成过程。社会主义法治理念教育必须以人们的实践活动为基础。长期以来,我国的教育教学过程往往重知识传播轻实践养成,把生机盎然的教育过程简约为原理、概念的解释过程,其结果就会造成教育认识和教育实践的脱节。从法治教育领域看,也存在着类似的问题。一方面,大量立法产品不断问世并且得到广泛的宣传;另一方面,普通公民参与立法、执法、司法实践活动不充分、不普及。其结果是,普通公民容易把法律看成是与自己无关或者关系不大的事情,把法律看成是压制、束缚自己的外在的东西。因此,便难以确立起法律的权威性,从而影响整个社会的法治进程。费孝通先生指出,法治秩序的建立"重要的还得看人民怎样去应用研究这些设备"❷。法律条文和法庭设备,如果百姓不会用、不懂得用,便难以建构起良好的法治秩序。

1. 社会主义法治理念教育必须坚持理论教育与实践活动相结合。社会主义法治理念教育坚持实践指向性原则,体现了知行统一、认识世界和改造世界的统一。法治更重要的是现实的操作问题,即建立中国现代法治秩序问题。法治建设根源于人民群众的需要和期盼,"理论一经掌握群众,也会变成物质力量。"❸ 社会主义法治理念掌握了群众,也会变成他们参与法治建设的物质力量。实践性是法治理念教育的突出特点,但是,以往的教育形式往往注重课堂讲授、专题报告、知识竞赛、宣传咨询等方式,缺少实践教育活动。法治理念教育与鲜活的法治生活相脱离,因而导致法治理念教育更多地起到知识普及的作用,难以实现对社会主义法治精神和法治信仰的培育。为此,要更多地采取实践教育的方式,充分发挥法治教育的基础作用,通过体验教学、现场观察、实践模拟等方式,培育公民的法治思维和法治信念。法治理念教育虽然需要人民群众了解法律条文,但最重要的是法治精神熔铸到群众的头脑中、体现到群众的实践中。社会主义法治理念教育要"渗透到群众的意识

---

❶ 马克思恩格斯文集:第1卷[M]. 北京:人民出版社,2009:502.
❷ 费孝通. 乡土中国[M]. 北京:北京大学出版社,1998:58.
❸ 马克思恩格斯文集:第1卷[M]. 北京:人民出版社,2009:11.

中去"❶，就必须坚持理论教育与实践活动相结合。公民的法治认识、法治情感、法治意志、法治行为，最终要落实于法治实践。社会主义法治理念教育是一个有目的的、自觉的教育实践活动，因此必须根据实践的变化补充教育的内容、创新教育的方式。社会主义法治理念的教育效果最终也必须通过法治实践来检验。

2. 社会主义法治理念教育必须坚持抓好"关键少数"和普及"绝大多数"相结合。"关键少数"是指事物最关键、最重要、最精华的部分。抓住"关键少数"是以习近平为核心的党中央治国理政的重要战略和工作方法。抓好"关键少数"就是抓好党员领导干部的社会主义法治理念教育。党员领导干部具有带头示范作用，他们如果能够做到尊法学法守法用法，善于运用法治方式处理问题，便能凝聚共识、规导行为、化解矛盾、保障和谐。普及"绝大多数"就是努力做好广大人民群众的社会主义法治理念教育。我国开展的普法教育是面向"绝大多数"开展社会主义法治理念教育形式，"目的是培养公民的法律意识"❷，提高全社会的法律素养。可见，普法教育面向"绝大多数"而且指向"关键少数"。当然，"关键少数"不仅是普法教育的对象，而且通常还是普法教育的责任主体，肩负着"谁执法、谁普法"的主体责任。要坚持普法主体和社会公众的良性互动，促进普法宣传的法治化、常态化、长效化。坚持抓好"关键少数"和普及"绝大多数"相结合的法治理念教育要重点解决好三个问题：一是"普给谁"，即切实知晓人民群众的法律需要；二是"谁来普"，即切实落实普法责任制；三是"如何普"，即结合实际不断创新法治宣传教育的形式。

（二）坚持实践性原则重在把法治理念教育内容融入多种教育形式

社会主义法治理念教育应当因时而变、随事而制，契合社会主义法治国家建设实践的需要，服务党和国家的发展规划和战略布局。社会主义法治理念教育要"为法治中国建设奠定基石"，要"为习近平法治思想的传播开辟道路"，要"为全民族法治素养提升赋能增效"。❸ 为此，在社会主义法治理念

---

❶ 列宁全集：第39卷 [M]. 北京：人民出版社，2017：100.
❷ 张福森. 努力开创普法依法治理的新局面 [N]. 人民日报，2001-11-07 (11).
❸ 程林，李安. 新时代法治教育人才培养的理论反思与体系构建 [J]. 法治研究，2022（1）：118-128.

教育过程中要坚持形式与内容相统一的辩证法,把法治理念教育的内容融入多样化的教育形式之中。内容和形式是不可分割的。内容再好,没有好的表现形式,也不会达到预期的效果。社会主义法治理念教育的内容必须借助多种多样的形式才能更好地实现教育传播。马克思指出,人们"通过活动来取得一定的外界物,从而满足自己的需要"❶。教育所面对的是差异性的个体存在,既有先天差异,又有后天差异。教育的目的不只是单向的传授知识,而是引导和发掘受教育者的内在需求。只有激发了受教育者的内在需要,才能使教育内容真正地入脑入心,才能产生持久的教育效果。

社会主义法治理念教育是知、情、意、行、信等多维度、多过程的统一,正是由于教育对象的差异性才使得教育形式的多样性显得更加重要。教育者和受教育者的法治知识结构、法治实践经验、法治文化素质等都会制约社会主义法治理念教育的效果。社会成员的个体差异相当复杂,抓住了差异,社会主义法治理念教育就会较少地受差异的影响。重视教育对象的差异性,提高教育的针对性,这是确保教育预期效果的重要条件。遵循形式多样性的原则,要求社会主义法治理念教育讲求共性策略,同时,要结合教育者、受教育者、教育环境、教育中介等探索特定的有效教育形式。在现代社会,人们的个体差异体现在很多方面,个性的、家庭的、职业的、地域的、民族的等,在实施教育过程中必须充分考虑这些因素的影响。不考虑教育对象差异的教育被喻为普罗哥拉斯蒂斯的"铁床"(比喻为人适应物,而不是物适应人),即统一的教育内容、教学进度、教育方式和评价体系只能培养无个性的人。

那么,社会主义法治理念教育如何才能做到形式多样呢?其一,要相信群众是真正的英雄,要善于从群众中吸纳智慧,尊重群众的首创性和自主性。这是把握形式多样性之来源的根本问题。从推动法治建设的主体看,法治模式有两种:社会演进型和政府推进型。前者是在社会生活中自然形成的,属于内源型;后者是由政府主动推动的。中国的法治化走的是一条在党的领导下,政府推进型的法治化道路,这是符合中国国情、社情、民情、党情的法治化建设道路。但是,法治化离不开人民群众的支持,离不开调动人民群众的力量和汲取人民群众的智慧。只有眼睛向下,从人民群众中汲取智慧,才

---

❶ 马克思恩格斯全集:第19卷 [M]. 北京:人民出版社,2006:405.

能获得丰富多样的教育形式。其二，推进社会主义法治理念教育应当充分考虑人民群众的感性化的需求，即解决好社会主义法治理念教育形式多样性的呈现方式问题。通常，人们更重视理性传播而在一定程度上忽视感性传播。理性传播体现着整齐划一的要求，感性传播体现着丰富多样的个性体验。感性体验的激发有利于调动受教育者的学习兴趣和热情。当社会主义法治理念教育面向全社会成员时，要注意公民的感性化需求，实现感性传播和理性传播的统一。理论的真理力量加上喜闻乐见的形式才能取得更好的教育效果。其三，推进社会主义法治理念教育应当主动吸纳人民群众参与法治国家和法治社会建设。要弘扬社会主义法治精神，实现全社会尊法知法守法用法，尤其是政法机关依法办事。为此，必须将执法权的行使置于人民群众的监督之下，让人民群众广泛参与案件审理过程，确保司法审判坚持以事实为根据、以法律为准绳。没有公民对于法治国家和法治社会建设的参与，依法治国便失去了群众基础。法治理念教育必须要深入广大社区和农村，通过各种渠道和多样形式，普及法律知识、宣传党的政策，促进人人学法守法用法。要强化问题导向，着眼人民群众的实际需要，以案说法，增强法治理念教育的针对性。

（三）坚持实践性原则重在用实践成果评测法治理念教育

评测是对社会主义法治理念教育的评估预测。教育是一种以符号为中介的文化传播。借助教育，人们发展自己的理性能力，在物质和精神领域实现对生命有限性的超越。但教育并不是万能的，它必须根据教育主体、对象、环境等变化作出及时、准确的调整。因此，坚持评估预测，可以动态调整教育的规划和策略，提高教育的针对性和实效性。对于社会主义法治理念教育也是如此。教育评估是按照一定价值尺度，通过一定技术手段和程序，对教育过程和教育效果进行量的估价和质的判断，它由评估主体、对象、标准、内容、程序等构成。从哲学视角看，教育评估是一种对以往教育实践的反思。从管理学视角看，教育评估是对教育系统的运行调控即反馈。评估方式可以分为定期评估和不定期评估，自我评估和他人评估，事先、中间和事后评估，定量和定性评估等。教育预测是指在过去和现在发展基础上，运用科学理论方法和技术手段，对于教育系统的未来状态和结果作出预先推断。教育预测需要分析研究教育系统的现有问题和矛盾，分析研究教育环境、结构、介体、主体、客体等对教育系统功能和结果的影响。在此基础上，运用科学理论和技术手段等揭示教育发展的规律和趋势，对未来的发展状态作出科学的预测。

那么，在社会主义法治理念教育过程中，如何进行教育的评估预测才能取得良好的教育效果呢？具体来说可以从两个方面入手。

1. 坚持静态评估和动态预测相结合，增强社会主义法治理念教育的实效性。静态评估就是依照一定的原则、标准，对一定时空和情境之下的社会主义法治理念教育活动的计划、条件、实施、效果等进行评估。评估重在进行问题诊断、原因分析、效果评价以及提出改进工作的意见和建议。静态评估的目标在于考察社会主义法治理念教育对象是否达到了教育的预期目的和相应水平，对教育对象的现状以及实际工作成效作出准确客观的评价。静态评估不是凭空臆想和主观猜测。静态评估的目标既是总结已往的工作，更是对今后工作的展望和期许。因此，要真正实现静态评估的目标，还必须把静态评估和动态预测结合起来。在现实生活中，教育对象和教育主体的需要和动机都是多层次全方位的，是动态的变化的。教育过程如果不能及时把握教育对象、教育主体和教育环境等因素的动态变化，便不能作出有针对性的应对。因此，社会主义法治理念教育应当把教育预测做在前头，增强主动性和预见性，避免随意性和盲目性。社会主义法治理念教育的效果既受个体因素影响，又受社会环境因素影响。动态预测就在于把握这些因素的变化情况，及时吸收反馈信息，并作出教育策略、方法的调整。

2. 把继承传统和改进创新相结合，提高社会主义法治理念教育的时代感。如果说评估预测解决的是实效性问题，那么继承创新则解决的是时代感问题。继承传统就是要把我国开展法治教育的好经验、好做法继承下来并发扬光大，这是由法治教育的连续性所决定的。继承传统是开展法治理念教育的基础性工作，继承传统就是要继承我们党开展思想政治教育工作的优良传统。思想政治教育工作是我们党的各项工作的生命线，我们党有着开展思想政治教育工作的丰富经验。比如，"惩前毖后，治病救人"的方针，"团结——批评——团结"的原则，疏导为主的方法，批判和自我批判的方法等，这些宝贵经验值得吸取与发扬。社会主义法治理念教育属于思想政治教育范畴，开展思想政治教育工作的普遍性的方针、原则、方式、方法等可以用于指导社会主义法治理念教育。改进创新是开展法治理念教育的开创性工作，改进创新必须做到兼收并蓄、吐故纳新。改进创新要把马克思主义法治建设理念与我们的全面推进依法治国的伟大实践相结合，探索中国特色社会主义法治道路。法治理念教育是前无古人的伟大事业，面临着新形势、新要求、新任务、新内容、新情况，因此，必须坚持与时俱进，探索创新。要积极探索社会主义法治理念教育的新形式、新方法、新途径，同时，把经验继承和改进创新结合起来，力求社会主义法治理念教育的最佳效果。

第三节 社会主义法治理念教育实施的路径

改革开放以来，社会主义法治建设迅猛发展，法治理念教育开始受到关注和重视。中央提出"树立社会主义法治理念"的重大命题之后，政法系统率先开展法治理念教育活动。加强法治理念教育必须坚持党的领导，制定教育规划，构建长效机制，坚持长抓不懈。加强社会主义法治理念教育必须探索多种行之有效的实施路径。本书结合我国社会主义法治理念教育实际，主要探讨了社会主义法治理念教育的三条路径：其一，融入干部教育培训制度。党员领导干部是弘扬法治精神的"关键少数"，是治国理政的骨干力量。在社会主义法治理念教育过程中，党员干部特别是领导干部发挥着至关重要的作用。党员干部带头践行社会主义法治理念，能够带动广大群众自觉树立和践行社会主义法治理念。因此必须加强党员干部尤其是政法系统党员干部的社会主义法治理念教育。其二，融入高等院校教育教学体系。"把法治教育纳入国民教育体系"的重大任务为高校法治理念教育指明了方向、明确了要求。在国民教育系统融入法治理念教育，能够发挥学校教育优势，推进社会主义法治理念教育"三进"工作，把大学生培养成为社会主义法治建设的骨干力量。其三，融入中国特色普法宣传教育。我国培育公民社会主义法治理念的一条成功经验就是广泛开展普法宣传教育。我们的党员干部、政府公务员、司法机关工作人员、高校大学生等是普法宣传的主体力量。法治理念的普及宣传能够夯实大众的理论知识基础，是培育公民法治精神的重要手段。

一、融入党员干部教育培训制度

党员领导干部是社会主义法治建设的领导者、组织者和参与者，是弘扬法治精神的"关键少数"，是治国理政的骨干力量。通常，人们往往把党员干部置于教育主体地位，容易忽视他们也是重点教育对象。中国共产党是社会主义法治建设的领导核心，思想政治路线确定之后，党员干部就成为决定性的因素。在社会主义法治理念教育过程中，党员干部特别是领导干部发挥着至关重要的作用，党员干部不能信仰和遵守法律，会对普通群众造成极坏的影响。党员干部带头践行社会主义法治理念，切实维护和保障人民群众的权利和利益，就能够带动广大群众自觉树立和践行社会主义法治理念。现实生活中，部分党员干部中存在着"拍脑袋""乱作为""徇私舞弊""以权压法"等问题，因此有必要加强党员干部尤其是政法系统的党员干部的社会主义法治理念教育。建立健全干部教育培训制度是我们党加强干部队伍思想政治素质的重要方式、优良传统和政治优势。坚持把政治建设放在首位，不断提高干部政治理论水平，是我国社会主义现代化事业健康发展的保障。新时代，如何实现党的领导和依法治国的统一是一个重大且紧迫的现实课题，把社会主义法治理念教育融入各级党政干部（包括法治工作队伍）培训制度是必然的选择。

（一）在党政干部教育培训中开好法治教育课程

社会主义法治理念是依法治国的灵魂和核心。社会主义法治理念的内涵丰富、内容专业，需要系统的专业化理论学习。各级党校、行政学院和干部学院（包括法官学院、检察官学院和律师学院等），是党政干部（法治工作队伍）教育培训的专门组织机构，把社会主义法治理念教育的内容融入各级党校、行政学院和干部学院的培训计划和课程体系，有助于社会主义法治理念教育落地落实。把社会主义法治理念列为各级党政领导干部培训的必修内容，有利于增强各级党委的执政意识和执政为民观念，从而，更好地把握党的领导、人民当家作主和依法治国的关系。

各级党校、行政学院和干部学院的学员群体可以分为两类，一类是新任领导干部群体；另一类是新入职人员群体。针对这两类群体的特点，应当有针对性地制订不同的教学计划和有针对性地开设法治理念教育课程。对新任领导干部群体，专题培训应考虑他们的法治理论素质的实际状况。总体上看，新任领导干部群体执政水平、理论素质等同其所担负的责任使命是能够适应的，但也应当看到一些党员干部法治意识、纪律观念淡薄。因此，对于新任领导干部的培训，可以有针对性地增加党性修养、法治理论、廉洁建设等内容。执法为民、依法治国是社会主义法治理念教育的重要方面，它旨在解决权从何来、为谁掌权和如何掌权的执政观念问题。社会主义法治理念教育重在筑牢群众观点和群众路线、法治意识和法治精神，尤其是要消除特权思想和官老爷作风。从新入职人员群体看，社会主义法治理念教育要结合他们地域、部门、行业等实际，制订周密培训计划，认真选配授课专家，挑选政治素质过硬、理论造诣深厚、实践经验丰富的专家为他们讲授课程。要结合十几年来我国社会主义法治建设的实践发展，把习近平法治思想作为重点内容，教育引导他们运用习近平法治思想分析研判意识形态领域的各种错误理论和思潮，真正从思想政治上弄清坚持什么、反对什么、提倡什么、防止什么。在教学方式方法上，要注重运用典型事例，开展"以案析理"的教学活动，实施讨论式教学法，使新入职人员能够自觉运用社会主义法治理念指导实际工作，提高工作的主动性和积极性。

各级领导干部是全面推进依法治国的"关键少数"，这是由他们担当的特殊政治社会角色决定的。各级领导干部是依法治国的执政主体和执政兴国的骨干力量。这个"关键少数"直接影响着我国依法治国的水平和法治社会建设的程度。运用培训课程方式增强各级领导干部的社会主义法治理念，要重点解决好四个方面的问题：一是着重解决好各级领导干部社会主义法治观念和法治思维问题。思想是行动的先导。要紧扣法治国家和法治社会建设总目标，通过法治教育引导各级领导干部树立法治观念和法治思维，培育法律至上、法律面前人人平等、权由法定、权依法行等法治观念。二是着重解决各级领导干部的法治工作能力问题。从推进国家治理现代化高度，增加依法治国理论和实践问题在教育培训中的比重，通过多样化的教学方式增强培训的针对性和实效性。三是着重解决好对权法关系的正确理解和把握。积极培育各级领导干部依法用权的意识。将廉政教育和从严约束等教学内容融入培训全过程、各领域，增加依法用权、从严治党方面的课程内容，善于运用正反两方面的典型案例，引导各级领导干部运用法律约束自身言行、提升人格魅力。四是着重解决好学法与用法相脱节的问题。社会主义法治理念的教育培训要着力解决好学法与用法的"两张皮"现象。喊破嗓子不如做出样子。学法的目的是守法用法。"守法的关键,是要严格把握好公与私的关系,用法的要义,是正确处理好权和法的关系。"❶

(二) 积极探索党政干部社会主义法治理念教育的方式方法

党政干部是社会生活的引领者,他们信法守法用法能够带动人民群众信法守法敬法,社会主义法治理念教育必须抓住抓好党政干部这个"关键少数"。为此,必须"加强法治培训,让法律知识成为干部教育的必修课","狠抓法治考核,让奉公守法成为干部评价的刻度尺","坚持法定标准,让依法行政成为干部干事的指南针"。❷ 在党员干部教育培训的过程中,要把社会主义法治理念教育作为重点,加强教育的针对性和实效性,不断创新法治理念教育的方式方法。一方面,要积极优化政治生态,"坚持制度生态、法治生态、权力生态、反腐生态并重",❸ 构建良好的社会主义法治建设环境,真正把"关键少数"培养成为依法行政、依法办事的典范。另一方面,要建立健全制度化体系,不断提高党政干部的社会主义法治能力。要加强党的程序性、具体性和保障性制度建设,从制度层面保障党政干部养成以法处理各种问题的习惯。

1. 积极营造党政干部社会主义法治理念教育的良好文化氛围。要使"科学立法、严格执法、公正司法和全民守法"的法治精神落地落实,必须抓住党政领导干部法治能力现代化建设,强化党政干部的社会主义法治观念,通过多方发力、齐抓共管,营造良好的社会主义法治教育氛围。其一,在学习培训过程中坚持学习形式与学习效果的统一,坚持反对形式主义。认真抓好党政干部认识法律、尊重法律和信仰法律等教育环节。要把党政干部培育成为努力学习法律知识的表率。"发扬领导干部带头学的老传统","创设领导干部容易学的新平台","创新领导干部愿意学的新形式"。❹ 在党政干部"学法"上用力,确保达到理想学习效果。其二,充分发挥党政干部"关键少数"

---

❶ 叶青. 新时期加强领导干部法治教育的几点建议 [J]. 理论视野, 2016 (8): 35-38.
❷ 吴东平. 法治建设要抓住领导干部这个"关键少数" [J]. 中国党政干部论坛, 2015 (2): 80.
❸ 何淼. 新时代党员领导干部法治能力提升问题探讨 [J]. 中州学刊, 2020 (1): 28-32.
❹ 孙昭. 思维·行为·氛围:领导干部法治能力现代化的生成路径 [J]. 党政研究, 2018 (1): 40-45.

的示范引领作用。党政干部的学法守法用法对于广大群众具有形象塑造和榜样激励的作用。党政干部作为社会主义法治建设的第一责任人，理应带头按照制度、规矩、程序办事，坚持以党风带政风，以政风带民风，从而营造良好的法治文化氛围。其三，在干部选拔任用方面，反对任人唯亲的人治作风，坚持任人唯贤的法治导向。要把党政干部依法办事的法治思维和法治能力作为考评激励的重要方面，认真克服偏重党政干部的经济社会发展指标而忽视法治能力及其运用指标的做法。要把运用法治思维解决问题的工作实绩作为党政干部考核和选拔的重要条件。对于党政干部的违法违纪要严格依法追究责任。

2. 建立健全提高党政干部社会主义法治能力的制度化培养机制。在全面推进依法治国的过程中，党政领导干部之中仍然存在着一些在法治价值观方面亟待解决的问题，如"忽视法治价值观的本质是人民利益至上""尚未重视工作细节中的法治要求""缺乏对持续法律知识学习重要性的认知""有待正确理解法治中所包含的人权价值"等。❶ 为妥善解决这些问题就必须加强党政干部的制度化培训。通过系统培训，持续提高党政干部对社会主义法治能力的认知，使法治知识转化为法治能力和法治素质。其一，要高度重视学习培训的制度化，建立健全规范性法治理念培训制度，把定期培训和临时培训结合起来、把集中培训和分散培训结合起来，使党政干部及时了解最新的法律动态，不断提高应对法律问题的能力。其二，要建立党政干部自主学习制度。制度化培训虽然能够对党政干部的法律知识给予系统的补充，但这些法治知识的巩固和运用却难以通过制度化的系统培训得以解决，这就需要党政领导干部在日常工作中加强法治知识理论的学习，养成学习社会主义法治知识的良好习惯。其三，高度重视党政干部对于社会主义法治知识掌握程度的检查与考核。检查与考核是推动党政干部持续学习社会主义法律知识的重要手段，不仅系统的制度化培训需要检查和考核，日常的自主学习也需要检查和考核。考查内容包括基本法律理论、重要法律规定和最新法律动态等。要把考核成绩纳入党政干部人事档案，并且作为干部任免的重要依据。

（三）认真组织好广大党员干部的政治理论学习活动

领导建设中国特色社会主义是一项前无古人的开创性事业，它离不开广

---

❶ 刘颖. 全面依法治国中党政领导干部法治价值观展开进路［J］. 西南民族大学学报：人文社会科学版，2021（4）：130-135.

大党员干部的理论反思和实践探索。在广大党员干部中开展社会主义法治理念教育是建设社会主义法治国家的内在要求，是新时代加强改进党的执政能力建设的必由之路。在加强政治学习中推进广大党员干部的社会主义法治理念教育，要处理好以下四个方面的关系。

1. 处理好干部和群众的关系，强化广大党员干部的群众观念。中国共产党是执政党，各级党委和政府及其领导干部是在全社会培育社会主义法治理念的"关键少数"。广大党员干部必须强化群众观念，认真贯彻落实全心全意为人民服务的宗旨，做自觉践行社会主义法治理念的表率，要正确处理局部利益与整体利益、眼前利益与长远利益的关系，切实保障人民群众的知情权、参与权、表达权和监督权，要实现好、维护好人民群众的切身利益，这样才有利于人民群众真正接受社会主义法治理念。社会主义法治理念教育归根结底是为了维护和保障人民的权利，服务人民群众。因此，处理好党员干部和群众的关系关键在于党员干部。党员干部要树立群众观念，践行群众路线，时刻牢记人民是社会发展的主体，是创造历史的真正英雄；时刻牢记情为民所系、权为民所用、利为民所谋。坚持人民当家作主和依法治国，是群众观点和群众路线在社会主义法治理念教育中的生动体现。

2. 处理好中央与地方的关系，强化广大党员干部的大局观念。就中央与地方的教育行政组织权力制约关系看，大体存在三种类型：中央集权制、地方分权制和中央地方合作制。"我国现行的教育行政管理体制就是中央统一领导下的分级管理体制，即在中央统一的方针政策指导下，对教育事业实行中央教育行政与地方各级教育行政分级管理、分工负责的管理体制。"❶ 服务大局是社会主义法治理念的重要内容之一，服务大局就是服务和服从于党和国家的工作大局。我国地域广阔、人口众多，没有统一的思想认识便很难把事情办好，但统一并不是整齐划一，而是和而不同。一些事情，从局部看是对的，但从全局看，却是不宜实行的。服务大局就是大局与局部出现冲突时，作为党员干部应当以大局为重、以大局为先。

3. 处理好理论与实际的关系，强化广大党员干部的实践观念。坚持理论与实际的统一是马克思主义的基本原则。对广大党员干部进行社会主义法治理念教育，必须坚持知行统一、学以致用，坚持实践第一，坚持向实践学习。

---

❶ 马雷军，刘晓巍. 教师法治教育［M］. 北京：中国民主法制出版社，2017：40.

实践出真知，向实践学习，才能把知识转化为能力，才能更好地指导实践。强化广大党员干部的实践观念，就是要真学、真懂、真信、真用。真学、真懂、真信是学习的过程，真用则是实践的过程。社会主义法治理念对于广大党员干部而言，是一种生命需要，是一种工作状态，是一种生活方式，更是一种精神追求。广大党员干部要强化问题意识，带着问题学，突出针对性。以重点解剖司法领域的突出问题为契机，推动社会主义法治理念教育。对于群众深恶痛绝的事要零容忍，对于群众急盼的事要零懈怠。党员干部要强化目的意识，带着目标学，增加动力性；要强化责任意识，带着责任学，增加紧迫感。坚持以自我革命的精神，深化行政审批制度改革，简政放权，明晰政府与市场的边界，贯彻依法行政、公正司法，培育社会主义法治理念。

4. 处理好自律和他律的关系，强化广大党员干部的道德观念。社会主义法治理念教育和道德观念教育紧密相关。社会主义法治理念强调的是法律权威至上，但并不否定道德的内在约束。社会主义法治理念教育不是简单的普及法律常识，其中包括深层次的世界观、人生观和价值观改造。社会主义法治理念教育的目标既包含法治理念修养，也包含道德品质的提升。法治理念教育要把法律的道德"他律"转化为广大党员干部"自律"的过程，它要求广大党员干部把他律和自律结合起来，不仅要努力成为法治建设的模范，还要努力成为道德建设的榜样。广大党员干部实现自律的关键就是提高自身的法治素养，实现他律的关键是扩大人民群众参与法治建设过程和加强依法治国的监督。

二、融入高等院校教育教学体系

党的十八届四中全会提出了"把法治教育纳入国民教育体系"的重大任务，从而为高校社会主义法治理念教育指明了方向、明确了要求。高校社会主义法治理念教育的目的在于把大学生培养"成为社会主义法治的忠实崇尚者、自觉遵守者、坚定捍卫者"。[1]加强社会主义法治理念教育，必须要在国民教育系统融入法治理念教育内容，发挥学校教育优势，"将法治教育工作贯

---

[1] 臧宏. 高校法治教育的目标体系探析 [J]. 东北师大学报：哲学社会科学版, 2016 (5): 193–196.

穿于公民从小学到大学的全程教育环节"❶。而在这个过程中，高等院校是由学生时代走向社会生活的最后关口，高校课堂理论讲授组织化程度高，计划性、系统性强，对大学生的影响全面，所以在高等院校开展社会主义法治理念教育对于培育社会主义现代化事业的建设者和接班人至关重要。融入高等院校教育教学体系是培育社会主义法治理念的重要路径，为此，需要根据高等院校人才培养的目标任务，遵循社会主义法治理念教育的规律，特别是依托高校思想政治理论课课程体系进行实施，实现高校思想政治教育与法治教育的协同发展。要大力推进社会主义法治理念教育的"三进"工作，拓展教学思路，融合教学资源，坚持理论教育和实践育人相结合，不断拓展高校社会主义法治理念教育的路径。

（一）大力推进社会主义法治理念教育的"三进"工作

2009年，中组部、中宣部、政法委、教育部联合发文，强调"要积极推进社会主义法治理念教育纳入各级各类高等学校的思想道德及法学教育的教材……真正使社会主义法治理念'进教材、进课堂、进学生头脑'"❷。2020年12月9日，教育部组织召开贯彻落实习近平法治思想工作会议，强调习近平法治思想"是马克思主义法治理论中国化最新成果，开辟了马克思主义法治理论的新境界，为全面依法治国提供了根本遵循和行动指南。要吃透基本精神、把握核心要义，转化为全面依法治教的生动实践，贯穿于各级各类学校办学治校的全过程和各方面。"❸高等院校是培养法治工作人才的摇篮，肩负着培养社会主义现代化事业合格建设者和可靠接班人的使命。高校推进法治理念教育"进教材、进课堂、进学生头脑"工作，是培育社会主义法治建设高级人才的必然举措。

1. 教育者先受教育，推动社会主义法治理念"三进"工作，高校教师必须先学一步，学懂弄通。高等院校社会主义法治理念的"三进"是一个系统工程，广大教师发挥着主导作用，因此，必须加强教师的学习与培训，激发广大教师教育教学的热情。这里的"教师"是广义的，其中，高校思想政治

---

❶ 胡建发.建设社会主义法治文化的关键环节：如何加强公民法治教育［J］.人民论坛，2018（5）：86-87.

❷ 中共中央政法委员会.社会主义法治理念读本［M］.北京：中国长安出版社，2009：3.

❸ 焦新.教育部召开贯彻落实习近平法治思想工作会议［N］.中国教育报，2020-12-11（1）.

理论课教师是社会主义法治理念教育的主力军；高校领导干部、政工干部、政治辅导员是社会主义法治理念教育的生力军，专业课教师也担负着通过课程思政建设培育法治理念的责任。法治理念"进头脑"必须先进教师头脑，然后通过教师的教育影响实现进学生头脑。教师对社会主义法治理念的认知认可和理论水平直接影响着社会主义法治理念"三进"的成效。为此，要通过培训班、讲习班、集体备课、教学观摩、参观调研等方式，加强教师的社会主义法治理念培训以及党的基本理论、基本路线、基本纲领的学习，弄清社会主义法治理念教育的难点、重点，做到对社会主义法治理念的真学、真懂、真信、真用，努力成为传播社会主义法治理念的模范。

2. 科学推进高校社会主义法治理念教育"进教材""进课堂""进头脑"。立德树人是高等院校的根本任务，为人民服务、为社会主义现代化建设服务是大学生担负的历史使命。推进社会主义法治理念"三进"工作，要根据大学生的思维方式和言语习惯等组织编写社会主义法治理念教育教材，精心设计社会主义法治理念教育课程。要把社会主义法治建设的成功经验和反面教训融入课堂教学。要组织全国优秀专家精心编写教材和辅导材料，全国各级各类高等院校以这些教材为基础开设好选修课程、专题课程，由此推进高校社会主义法治理念"进教材"和"进课堂"。"进教材"和"进课堂"的根本目的是"进头脑"，"进头脑"既是教育途径又是教育目标。"进头脑"是具有挑战性和创造性的教育目标，为此，在社会主义法治理念教育中要紧密联系大学生成长成才的实际需要，引领大学生投身社会主义法治建设，通过教育形式和教育载体的创新，使枯燥的社会主义法治理念教育转化为立体鲜活的社会写照。

3. 高校推进社会主义法治理念教育"三进"工作要讲究科学的方式方法。社会主义法治理念教育方式方法的科学性重点在于增强吸引力、感染力和针对性、实效性。推进高校社会主义法治理念教育"三进"工作要把教育的内容融入日常的思想政治教育工作和实践活动之中，探索多种多样的形式进行社会主义法治理念的宣传、普及、提高和推广。要重点抓好读原著、听报告、多调查、勤实践、做论文、写心得等环节，注重教育方式方法的创新。要把深邃的理论用质朴的语言表达出来，要把深刻的道理用形象的方式展现出来，坚持理论教育与实践育人的有机结合，教育引导大学生成为社会主义法治理念的践行者和捍卫者。

（二）把社会主义法治理念教育融入大学生日常思想政治教育

构建多渠道、多层次的法治理念教育格局是确保教育实效的必然选择。高校思想政治理论课是法治理念教育的主渠道，推进法治理念教育"三进"工作首要的是建设好主渠道，发挥好主渠道的育人功能。同时，还应当注重多渠道、多层次的探索，尤其是向第二课堂延伸、拓展，形成课堂教学与课外宣讲、社团活动与党建团建、网上与网下等有机结合的多渠道、多层次教育格局。

1. 明确高校社会主义法治理念教育的目标。其一，要增强大学生的社会主义法治观念。大学生是社会主义法治建设的主力军，夯实大学生的社会主义法治观念是建设法治社会和法治国家的基础和关键。为此要增强大学生坚持走中国特色社会主义法治道路的自信，明确党的领导是社会主义法治的根本保证、中国特色社会主义制度是全面依法治国的制度保障、习近平法治思想是社会主义法治建设和全面依法治国的行动指南。其二，要培育大学生的社会主义法治思维。即以法治精神为导向，运用社会主义法治原则和方法思考处理问题。要在培育法治思维的基础上，引导大学生把社会主义法治理念贯穿于法治实践之中，在遇到相关法律问题时能够保持理性并且正确运用法治思维解决问题。要消除遇事找人不找法的现象，抛弃非理性的人治思维。其三，要养成尊重法律权威的习惯。尊重法律权威是法治理念教育的核心要求，是社会主义法治国家建设的前提。尊重法律权威是大学生必备的素质和法定义务。为此，要培育大学生的宪法意识，弘扬宪法精神。要做到信仰、遵守、服务和维护法律，做新时代的护法使者。其四，要引导大学生厉行社会主义法治行为，逐步养成依法办事的习惯和依法参与公共生活的能力。培育大学生社会主义法治行为是高校社会主义法治理念教育的落脚点。培育依法办事习惯应当明确权利和义务，树立权利义务辩证统一的思想。

2. 以高校大学生党建工作为抓手，抓住抓好社会主义法治理念教育。以大学生党建为核心，以思想引领为重点，是全面加强大学生思想政治教育工作最为有效的途径。发展优秀大学生加入党组织是高校育人工作的重要内容。培养大学生入党的过程就是思想引领和政治教育的过程，是大学生思想进步和升华的过程。通过组织上党课、专题学习和讨论、召开民主生活会等，可以帮助大学生充分认识党的性质、宗旨，正确把握党的领导、人民当家作主和依法治国的关系。制度建设是高校党的建设的重要环节，全面从严治党的关键是制度治党。制度创新是高校党建工作的有效抓手，特别是在法治教育深入人心的时代，要保证党建工作按照法定程度运行，依法开展党建工作。要积极构建"培育——考核——惩戒"全覆盖的高质量大学生党建工作体系。

3. 以高校大学生理论社团为载体，抓住抓好社会主义法治理念教育。高校理论教育类社团是开展法治理念教育的重要组织平台。大学生理论教育类社团的特点是以自我教育和课外活动为主要方式，但自我教育绝不是放任自流。要为大学生理论教育类社团配备专家学者担任指导或辅导教师，组织开展学习讨论、问题答疑、演讲辩论等。专家教师的指导可以提高理论教育类社团的层次和水平，可以把控理论教育类社团的政治方向，可以充分调动大学生参与社会主义法治理念教育的积极性、主动性。要鼓励理论教育类社团参与社会实践活动。纸上得来终觉浅，绝知此事要躬行。要把实践育人纳入教育教学计划，设立一定的学时学分，给予必要的经费支持，实施教育的规范化、制度化。要鼓励理论教育类社团组织宣讲团到社区、企业、村镇开展社会主义法治理念教育宣讲活动。把学与用、知与行结合起来，在宣传普及社会主义法治理念的过程中不断加深对社会主义法治建设的深刻认识。

（三）构建高校"三全育人"的社会主义法治理念教育体系

高校是一个微缩的社会，大学生社会主义法治理念教育目标的实现离不开多部门、多机构的协调联动、有效配合。要实现真正的"依法治校"，服务"法治中国"建设，就必须坚持优势互补、能力配合、"三全育人"。社会主义法治理念教育应当纳入高等院校全员育人、全程育人和全方位育人的"三全育人"大思政格局之中，充分发挥高校领导、政工干部、专业课教师、普通工作人员的作用，做到群策群力，实现社会主义法治理念教育从宣传部门向教学部门拓展、从单一部门向多部门携手治理的发展，积极构建高等学校社会主义法治理念教育的网状式、辐射化的教育管理体系。高校的教学部门尤其是思想政治理论教育教学部门要发挥主导作用，同时，与宣传部门、学工部门、保卫部门和心理健康教育部门加强合作，构建高校"三全育人"的社会主义法治理念教育体系。

1. 与宣传部门通力合作，充分发挥好媒体和舆论的导向作用。大学生社会主义法治理念教育应当从宣传走向传播，从单纯的法治知识灌输转向俯下身来讲解法律知识、评析社会热点、传播法治理念、培育法治精神。随着新兴媒体的兴起，传统传媒也在积极与新兴媒体融合，在社会主义法治理念教育教学中，要善于运用新兴媒体展现教师的言传身教和人格魅力，善于发挥新兴媒体快捷、高效的传播优势。要积极创新宣传话语，实现从官方话语向大众话语的转化，积极调整教学方式方法，把课堂讲授与实践教学、案例教学、诊所教学等结合起来。在教育管理方式方面，实现从"行政—计划式"向"指导—服务式"的转化。宣传部门应当成为辅助和服务教育教学的部门，要充分发挥重要普法节日如"3·15"消费者权益保护日、"12·4"国家宪法日等的作用，营造浓郁的法治宣传氛围。

2. 与学工部门通力合作，实现高校思想政治理论教育与日常思想政治教育的互补互促。高校思想政治理论课是讲授社会主义法治理念知识的第一课堂，由学工部门牵头的日常思想政治教育是开展社会主义法治理念教育的第二课堂。第一课堂重在法治理念的"知"，第二课堂重在法治理念的"行"。第一课堂弱，大学生学法用法的知识储备和理论功底就会降低，法治教育实践就会流于无的放矢。第一课堂是法治理念教育主阵地，日常思想教育是法治理念教育主渠道。在第一课堂中，法律基础课教师讲解法律知识、剖析法律案例本身就是一种直接的社会主义法治理念教育。在第二课堂，辅导员对于学生违纪违法问题的处理本身就是一种间接的社会主义法治理念教育。第一课堂和第二课堂都有各自的优势和特点，它们相辅相成、不可替代。

3. 与保卫部门通力合作，积极构筑大学生犯罪预防和惩治的坚固堡垒。从高校保卫部门的工作性质和工作内容来看，保卫部门与社会主义法治理念教育有着非常密切的关系。保卫部门的主要职能是管理学生户籍、维护校园安全稳定、校园治安管理、学生违纪违法处理等。随着社会的快速发展，高校违纪违法案件呈现多种多样的态势，新型的高智能犯罪不断出现，当然，校园盗窃、伤害等是数量最多的案件。在处理案情简单、性质较轻的违纪违法案件时，保卫部门一般会寻求与学生工作部门的配合与帮助。通常，根据报案和对违纪违法性质的判断，情节较轻的，联系基层学生工作主管部门进行妥善处理，并且按照相关规定给予社会主义法治教育。当案情复杂、性质较为恶劣时，保卫部门则会联系当地公安机关给予处理。保卫部门处理学生违纪违法案件的过程本身就是社会主义法治理念教育的过程。

4. 与心理健康教育部门通力合作，延展社会主义法治理念教育的弹性空间。从大学生违纪违法的实际看，走上违纪违法道路的大学生中，很多都存在一定的心理问题。由于大学生心理问题没有得到及时治疗，因而在一定的诱因下导致出现丧失理智的犯罪行为，从而酿成无法挽回的人生悲剧。因此，如果能够建立健全大学生心理问题普测机制，及时发现、妥善解决、有效治疗，就能够减少和降低大学生恶性犯罪事件的发生。因此，社会主义法治理念教育主导部门应当与心理健康教育部门通力合作，构建失足大学生的救济渠道和补救平台。

三、融入中国特色普法宣传教育

全面推进依法治国不仅应当被确立为治国方略，而且应当累积深厚的社会主义法治理念基础。社会主义法治理念的获得必须依靠坚持不懈的公民普法宣传教育来实现和保障。法治理念教育需要公民普遍参与，公民是"法治建设最为广泛的参与者"❶。广泛开展普法宣传教育是我们培育公民社会主义法治理念的一条成功经验，普法宣传教育是法治国家建设的重要内容。经过多年的实践探索，中国特色社会主义普法宣传教育实现了三个转变，即"从公众缺失模式转型为公众在场模式""从普法专业教育模式转型为大普法模式""从媒体辅助模式转型为新媒体模式"❷。我们的党员干部、政府公务员、司法机关工作人员、高校大学生等成为普法宣传的主体力量。一般而言，法治理念教育要求受教育者具有一定的理论知识基础。法治理念的普及宣传能够夯实大众的理论知识基础，是培育公民法治精神的重要手段。随着我国社会主义法治体系的形成和完备，普法宣传教育的任务日趋艰巨。为此，习近平强调，"加大全民普法力度"❸，培育法律至上理念。全民普法教育作为法治理念教育的重要途径，它在传播理论知识的同时更加重视法治精神、法治信仰的培育。

（一）健全巡回宣讲制度推进社会主义法治理念教育

在社会广泛开展巡回宣讲是我们党长期思想政治教育工作的宝贵经验，

---

❶ 张辉. 中国特色社会主义法治理念的构建与培育 [J]. 人民论坛, 2015 (5): 134-136.
❷ 林凌. 法制宣传教育: 从普法模式到公众参与模式 [J]. 编辑学刊, 2015 (5): 44-48.
❸ 习近平. 决胜全面建成小康社会 夺取新时代中国特色社会主义伟大胜利: 在中国共产党第十九次全国代表大会上的报告 [J]. 党建, 2017 (11): 15-34.

是普法宣传教育的有效方式。建立健全社会主义法治理念教育巡回宣讲制度是新时代推动普法宣传教育工作的必然选择。

1. 巡回宣讲是我们党开展思想政治教育的成功经验。早在新民主主义革命时期，我们党就开展过多种形式的巡回宣讲教育活动，动员发动广大群众，汇聚了浩大的政治力量。中华人民共和国成立之后，巡回宣讲教育在动员、组织、引导群众完成各项工作任务方面同样发挥了巨大的政治动员作用。在我国开辟的普法宣传教育过程中，巡回宣讲表现出了旺盛的生命力和强大的教育功能。巡回宣讲教育具有鲜明的舆论导向功能，具体来说，在观念混杂、思想多元的现实生活中，巡回宣讲能够通过公开、正规的思想表达，理直气壮地弘扬社会主义意识形态，有效抵制各种错误和反动思潮，引领社会思想文化的正确方向。社会主义法治理念属于主导意识形态，社会主义法治理念教育理应理直气壮、强势发声。

在改革开放和社会主义市场经济深入发展的条件下，人们思想的独立性、选择性、多样性、差异性增强，而统一思想、凝聚共识必须加强法治理念教育。大力开展社会主义法治理念的巡回宣讲可以发挥我国思想政治教育的优良传统和组织优势，巩固社会主义主导意识形态的地位。开展社会主义法治理念巡回宣讲教育要积极引导社会舆论，尤其是要对各种错误思想观念形成强有力的抵制，确保社会主义意识形态不被各种"杂音"淹没，使社会主义核心价值观能够深入人心。巡回宣讲教育有强大的社会造势功能。通过巡回宣讲教育，营造声势浩大的社会氛围，可以激励广大干部群众为实现中华民族伟大复兴而积极奋斗。巡回宣讲教育可以充分利用广播、电视、报纸、网络等媒介传播社会主义法治理念，形成多方面、多层次、多种类的声势整合，从而激发广大人民群众参与社会主义法治建设的热情。巡回宣讲教育具有及时快速反应的功能。它能够及时把我们党的新政策、新主张、新要求传达到广大人民群众之中，使他们更好地知情、明理、践行。"巡回宣讲教育具有突出的快速反应功能，是其他教育形式所难以企及的。"❶

2. 把社会主义法治理念巡回宣讲教育制度化。在政法系统试点开展社会主义法治理念教育的过程中，中共中央政法委员会组织了"百名法学家百场

---

❶ 罗洪铁，董娅. 思想政治教育原理与方法：基础理论研究［M］. 北京：人民出版社，2005：413.

报告会"巡回宣讲教育活动,取得了良好的效果,积累了成功的经验,值得推广。需要强调的是,通过巡回宣讲教育普及社会主义法治理念应当更加完善化、规范化、制度化,构建社会主义法治理念巡回宣讲教育的长效机制和制度。要建立健全社会主义法治理念巡回宣讲教育的领导负责制。推动巡回宣讲教育在全社会普及开展,必须有组织有领导地进行。巡回宣讲教育受众对象广泛、教育场域分散,没有一个良好的领导机制和组织系统便无法取得满意的教育效果。因此,有效的领导机制和组织系统是推进社会主义法治理念教育的有力保障。2009年,中组部、中宣部、政法委、教育部联合发文,强调要选调有较深理论造诣和丰富实践经验的干部、骨干有组织、有计划地深入基层,开展面对面的普法宣传,破解干部群众关心的重大法治问题;要求各级法学会配合宣传部门健全法治宣传报告制度,以社会主义法治理念为主要内容,选好报告人和题目,宣传社会主义法治建设思想观点。要建立健全巡回宣讲教育的全员覆盖机制,把巡回宣讲报告融入国民教育和社会主义精神文明建设全过程。一方面,要在社会主义法治理念巡回宣讲教育内容的大众化、普及化上下功夫;另一方面,要在社会主义法治理念巡回宣讲教育方式的针对性、实效性上下功夫。此外,还要突出强调对重点人群的全员覆盖,要抓住抓紧重点人群、关键队伍,比如各级党政领导干部队伍、大学生群体等;要建立完善信息反馈制度,及时评估监测,适时调整教育策略和方案,确保社会主义法治理念巡回宣讲教育取得预期效果。

(二) 通过法律仪式示范推进社会主义法治理念教育

仪式是"举行典礼的程序、形式"❶,它随着人类文明的发展而发展。人类早期的仪式源自宗教信仰。与自然崇拜、图腾崇拜、权威崇拜紧密关联,它表现了人类对崇拜对象的尊崇、膜拜和顺从。宗教仪式是这种崇拜仪式的固定化、制度化。宗教仪式是一种客观化、对象化、外在化的表现,是宗教信仰的行为表现,这种宗教仪式对于培育教徒的宗教信仰发挥着重要作用。中国古代的儒家非常重视礼乐教化,其中的礼教就是一种仪式教育。

1. 仪式是一种重要的教育方式,它有利于养成公民的社会主义法治理念,这主要是由仪式的特殊教育功能决定的。一方面,仪式教育有助于维系

---

❶ 中国社会科学院语言研究所词典编辑室. 现代汉语词典 [M]. 北京:商务印书馆,2005:1605.

社会团体的权威性和正当性。仪式的目的归根结底是对人类的控制，"使自身秩序化"，"使人开始摆脱感性的混沌状态"。❶ 仪式是一定社会团体和社会组织感情和社会统一性的象征化。定期举办仪式可以巩固并强化社会团体和社会组织的感情和统一意志。仪式是人类社会走向秩序化的重要方式，是培育社会团体和社会组织权威性和正当性的有效途径。另一方面，仪式教育有助于培育个体对于社会团体和社会组织的归属感和同类感。仪式是对象性的存在且具有社会约束力。仪式巩固和强化着个体与社会团体和社会组织的关系，有利于培育社会团体和社会组织的共同意志和共同价值追求。仪式是集体效忠的感情再现和确证，通过一定的仪式，能够加强社会团体和社会组织的群体认同，能够凝聚社会团体和社会组织的集体意识，形成强大的内聚力和向心力。

2. 法律仪式具有重要的法治教育功能。法律仪式有利于人们形成对于法律最基本的信任。法律仪式的根本旨趣在于把法治理念从知识观念和道德义务提升为集体信仰。然而，法律信仰形成的基本前提是对法律的基本信任。如果公民根本不相信法律，那么便谈不上什么法治信仰和法治理想。法律仪式能够赋予公平正义的法治理念以生动的外部形象，使人们可以直观感受法律背后的东西。通过法律仪式的暗示强化作用可以增强人们对于法律的信任和信仰。法律仪式有助于人们更加深刻地体会法律的公平正义等内涵。法律的威严与神圣必须借助各种复杂的仪式来实现，法律仪式是公平正义的标志和体现，通过法律仪式教育可以使人们真切体会到法律的公平正义价值，尤其是有助于培育司法干部的职业操守。法律仪式教育有助于形成共同的心理认同，培育共同的法治信念，从而"推动法律文化的形成和发展"❷。基于此，必须大力加强中国特色的法律仪式建设，如建立各种法律宣誓仪式，建立健全法庭仪式，大力加强法官服饰文化教育，对于破坏法律仪式和扰乱法庭秩序的给予严厉制裁，等等。

3. 法律仪式教育是培养公民社会主义法治理念的重要方式。作为一种特殊的仪式，法律仪式对于公民感性认知社会主义法治理念具有积极的示范作用。法律仪式是法治理念传播的载体，是宣传普及法治理念的有效方式。法

---

❶ 朱狄. 原始文化研究：对审美发生问题的思考 [M]. 北京：生活·读书·新知三联书店，1988：497-498.

❷ 陈秋云，翟晶. 法科教育中法律仪式教育的意义及其实现 [J]. 行政与法，2012（12）：74-79.

律仪式是法律权威性的充分彰显，是普通民众体验法律权威的重要途径。法律仪式借助固定化、制度化的法律活动和运作的规范形式，促进法律、法庭、法官等获得法治权威和执法地位。法律仪式不是可有可无的装腔作势，而是法律权威和法律神圣的象征。执法、司法的神圣性与他们的职业角色联系在一起，起立、肃静等仪式可以"将神圣的审判过程展现出来"❶。法律仪式的表现形式是多种多样的，不仅表现为法庭审判的规则，甚至连法官服饰都具有仪式的意味。统一的法袍表现的"是一种更具抽象色彩的集体，是一种法律传统的代言人"❷。法律仪式体现着社会的价值追求和知识信念，在社会主义法治理念教育中，要加强法律仪式及其蕴藏的法治公平正义思想和法治精神的探究、利用和宣传，让更多的公民通过法律仪式体验、了解法律权威的神圣地位，进而营造良好的社会主义法治建设氛围。

(三) 利用大众媒介传播推进社会主义法治理念教育

社会舆论是在特定时空范围内，公民对于特定社会公共事务公开表达的基本一致的意见。社会舆论的功能就是公开表达并通过聚合大众意见直接或间接地干预社会生活。大众媒介是社会舆论得以形成并广泛传播的主要载体。大众媒介的特点是覆盖面广、公开性强、持续性长、影响力大。如果各种大众媒介同时公开发声就会迅速形成广为流传的舆论话题。在现代社会，大众媒介能够最直接、最经常、最普遍地反映大众意见，具有舆论表达、利益代言等功能。马克思曾说："报纸是作为社会舆论的纸币流通的。"❸ 现代的大众媒介主要有报刊、广播、电视、网络、自媒体等，它们是公民认识社会、了解世界的重要窗口。这个窗口的尺寸与形状，制约着我们看到什么；窗口位置和观察姿势决定着所看内容的差异。大众媒介借助信息传播可以促进社会共同体的形成与发展，增强社会共同体的凝聚力。在当代社会，大众媒介已经成为社会运行的重要条件和有机构成。在社会主义法治建设发展中，不少报刊、广播电视开设了法治栏目，对法治理念教育发挥了极为重要的作用。随着网络媒介的迅猛发展，传统媒介一统天下的局面被打破。与报纸、广播、电视等传统媒介相比，网络传播的信息量更大、传播速度更快、受众人数更

---

❶ 强世功. 司法的仪式与法官的尊严 [N]. 法制日报, 2000-04-23 (7).
❷ 胡旭晟. 湘江法律评论：第1卷 [M]. 长沙：湖南出版社, 1996：512.
❸ 马克思恩格斯文集：第2卷 [M]. 北京：人民出版社, 2009：179.

多，已经发展成为最主要的传播媒介。不少网民借助网络参与社会热点问题的讨论，推动了法律问题的解决，增进了全社会对社会主义法治理念的理解和认知。当代，报刊、广播、电视、网络等大众媒介各有自身的特点，它们共同发力，推进了依法治国和建设社会主义法治国家的历史进程，增强了公民的法治观念和保护合法权益的自觉意识。

人们对于大众传媒在普法宣传中的地位和作用的认识经历了一个过程。在普法宣传教育之初，人们就已经开始运用报纸、宣传栏、标语等方式作为普法宣传的辅助性手段。普法宣传是一种大众传播，比较适合运用大众传媒向不特定的群众普及法律知识，大众传媒普法的广泛性、扩散性是法制教育所难以企及的。"一五"到"三五"普法期间，课堂式、讲座式是普法的主要宣传教育形式。❶ "四五"普法以来，大众传媒的作用日益增强。21世纪以来，网络传播已经成为普法宣传最重要的形式，因此，要充分认识网络传媒在普法宣传教育中的优势，实现网络与普法的"链接"。要充分"发挥网络信息化优势，创建普法网站"，要充分"了解用户需求，明确服务定位"，"实现双向互动，提供个性化服务"。❷ 坚持把普法宣传与普法教学紧密结合，加强普法宣传的网络管控，建立一支业务素质强的网络管理队伍。坚持网上网下载体互动融合，形成全方位立体化的普法宣传模式。

大众媒介的知识信息和社会舆论对于当代青年的影响日益增加，甚至已经超过教师、父母和朋友的影响力。运用大众媒介推进法治理念教育已刻不容缓。但是，部分弱势群体对网络新媒体接触和运用不充分，因此运用网络传播社会主义法治理念的方式并不能完全做到全覆盖。这说明，"公民法治教育的方式方法有待丰富。"❸ 同时也应该看到，大众媒介是一把双刃剑，有积极的一面，也有消极的一面。比如，大众媒介过度强调危险能够导致社会恐慌；大众媒介具有麻醉作用，对其他事物漠不关心，沉迷于网络；大众媒介会消弱人的思维能力，导致思维的扁平化，等等。英国社会学家巴勒特认为，大众媒介是"离轨的放大器"❹，它具有夸大现实事件的明显特征。随着网络

---

❶ 林凌. 法制宣传教育：从普法模式到公众参与模式 [J]. 编辑学刊，2015（5）：44-48.
❷ 赵丽君. 探索网络普法新途径 增强普法实效性 [J]. 中国高教研究，2004（5）：78-79.
❸ 胡建发. 建设社会主义法治文化的关键环节：如何加强公民法治教育 [J]. 人民论坛，2018（5）：86-87.
❹ 戴维·巴勒特. 媒介社会学 [M]. 赵伯英，孟春，译. 北京：社会科学文献出版社，1989：34.

传播的普及发展，越来越多的人开始以匿名方式参与社会热点讨论，因而经常出现谩骂、侮辱等情绪的发泄以及非理性的网络暴力行为，严重影响了社会舆论的健康发展。在开展社会主义法治理念教育过程中，必须高度重视大众媒介的正面积极作用，充分发挥大众媒介了解社情民意、解惑释疑、化解热点等方面的功能，阐明真相、平衡观点、引导舆论，尽最大努力减少大众媒介传播的负面影响。

结 论

社会主义法治理念教育问题既是一个法律思想、法治建设问题，又是一个思想政治教育问题。全面推进依法治国、实现国家治理体系现代化、培育社会主义核心价值观和深入开展社会主义法治教育是我国提出并大力推进社会主义法治理念教育的时代背景。全面推进依法治国，建设社会主义法治国家，是以习近平同志为核心的党中央作出的重大战略决策。在社会主义法治建设的进程中，社会主义法治理念教育发挥着至关重要的基础性作用。当然，社会主义法治理念教育是一项系统工程，本书对社会主义法治理念教育的研究，仅仅是遵循习近平法治思想的要求，就新时代开展社会主义法治理念教育的重要价值、内容及其原则、路径进行了初步的研究，后续将重点围绕社会主义法治理念教育的路径措施进行更为系统深入的研究，以期为保障和增强社会主义法治理念教育的实效作出新的贡献。

社会主义法治理念教育以马克思主义和中国共产党的法治建设思想为理论依据。开展社会主义法治理念教育是全面依法治国的时代要求，是国家治理现代化的客观需要，是社会主义核心价值观教育的内在要求，是社会主义法治教育深入发展的必然要求。社会主义法治理念是新时代中国特色社会主义思想在法治领域的体现，是推动中华民族伟大复兴的精神支柱。研究社会主义法治理念教育必须弄清相关概念。对"理念"应当从本体论和价值论角度给予双重把握。"法治理念"是对法治的理性认识，是对法治的精神追求，是对法治的价值理想。社会主义法治理念有"层次结构论"和"要素结构论"之说。一般认为，它包括五大法治理念，即依法治国、执法为民、公平正义、服务大局、党的领导。习近平从新时代法治建设实际出发，从党法统一论、法治为民论、德法合治论等方面丰富发展了社会主义法治理念的内涵。社会主义法治理念具有全面性和针对性、整体性和层次性、阶段性和大局性等特点。社会主义法治理念教育是社会主义法治教育的核心，是社会主义意识形态建设的重要举措，是我们党思想政治教育的重要方面。

法治工作队伍是社会主义法治理念教育的重点，同时也要兼顾全民社会主义法治理念的普及。培育全社会的法治精神、法律素质、法律人格是社会主义法治理念教育的根本目的。法治理念教育的目标要求是提升公民社会主义法治素质、培育公民社会主义法律人格、造就社会主义法治理念的践行者。推进依法治国就要把法治理念、法治精神、法治信仰贯彻落实到立法、执法、司法和守法全过程、各方面，是社会主义法治国家建设的目标要求。社会主义法治理念教育是思想政治教育的重要方面，是新时代思想政治教育工作的重要出场方式。社会主义法治理念教育的目标是培育公民的法治精神、法律素质、法律人格。在新时代，加强社会主义法治理念教育应当围绕法治理想信念教育、习近平法治思想教育和法治职业道德教育等内容展开。为保障社会主义法治理念教育方向道路、内容目标和方式方法等问题的科学性和正确性，必须遵循政治性、系统性、实践性的社会主义法治理念教育原则，必须坚持党的领导，坚持长抓不懈并且探索多种行之有效的路径，把社会主义法治理念教育融入党政干部教育培训制度，融入高等院校教育教学体系，融入中国特色普法宣传教育。

本书的创新之处体现在研究思路创新、研究内容创新和研究方法创新等方面。从研究思路看，以社会主义法治理念教育为主题，围绕"社会主义法治理念是什么、为什么和怎么样"展开构思，从理论与实践结合视角，深入探索了社会主义法治理念教育的提出背景、理论依据、主要内容、原则和路径等。从研究内容看，以我们党社会主义法治建设道路为线索，把马克思主义法治思想中国化与法治理念形成过程结合起来，系统梳理和完整呈现了社会主义法治理念教育模式。结合国情民情，强调新时代开展社会主义法治理念教育应当重点围绕法治理想信念教育、习近平法治思想教育和社会主义法治职业道德教育等内容展开。从研究方法看，突破单一学科研究方法的局限，综合运用多学科研究方法，以及综合运用逻辑与历史、理论与实践相结合的研究方法。

加强社会主义法治理念教育是我党总结历史经验教训提出的重要命题，

是我国建设社会主义法治国家的客观需要，它的理论指南是马克思主义法学，根本目的是推动社会主义现代化的发展。依法治国是治国理政的基本方略，社会主义法治理念教育是推进依法治国的内容之一。党的十八届四中全会强调，依法治国是实现国家治理体系和治理能力现代化的必然要求。党的十九大又提出，要完善中国特色社会主义法治体系。在新时代，加强社会主义法治理念教育不仅能够使习近平法治思想得以广泛传播，而且能够积极引导全面依法治国的政治方向，因而具有重要的理论和现实意义。

参考文献

一、专著类

[1] 马克思恩格斯全集：第1卷[M]．北京：人民出版社，1995．

[2] 马克思恩格斯全集：第2卷[M]．北京：人民出版社，1972．

[3] 马克思恩格斯全集：第2卷[M]．北京：人民出版社，2005．

[4] 马克思恩格斯选集：第2卷[M]．北京：人民出版社，1972．

[5] 马克思恩格斯选集：第3卷[M]．北京：人民出版社，2012．

[6] 马克思恩格斯全集：第4卷[M]．北京：人民出版社，1995．

[7] 马克思恩格斯全集：第18卷[M]．北京：人民出版社，1964．

[8] 马克思恩格斯全集：第19卷[M]．北京：人民出版社，1963．

[9] 马克思恩格斯全集：第19卷[M]．北京：人民出版社，2006．

[10] 马克思恩格斯全集：第31卷[M]．北京：人民出版社，1998．

[11] 马克思恩格斯全集：第36卷[M]．北京：人民出版社，1974．

[12] 马克思恩格斯文集：第9卷[M]．北京：人民出版社，2009．

[13] 马克思恩格斯文集：第1卷[M]．北京：人民出版社，2009．

[14] 马克思恩格斯文集：第2卷[M]．北京：人民出版社，2009．

[15] 列宁全集：第12卷[M]．北京：人民出版社，2017．

[16] 列宁全集：第13卷[M]．北京：人民出版社，2017．

[17] 列宁全集：第22卷[M]．北京：人民出版社，1990．

[18] 列宁全集：第30卷[M]．北京：人民出版社，2017．

[19] 列宁全集：第35卷[M]．北京：人民出版社，2017．

[20] 列宁全集：第36卷[M]．北京：人民出版社，2017．

[21] 列宁全集：第39卷[M]．北京：人民出版社，2017．

[22] 列宁全集：第41卷[M]．北京：人民出版社，2017．

[23] 列宁全集：第42卷[M]．北京：人民出版社，2017．

[24] 毛泽东选集：第2卷[M]．北京：人民出版社，1991．

[25] 毛泽东选集：第3卷[M]．北京：人民出版社，1991．

[26] 毛泽东文集：第6卷[M]．北京：人民出版社，1999．

[27] 毛泽东文集：第 7 卷 [M]．北京：人民出版社，1999．

[28] 毛泽东早期文稿 [M]．长沙：湖南出版社，1990．

[29] 毛泽东著作选读：下册 [M]．北京：人民出版社，1986．

[30] 邓小平．邓小平文选：第 1 卷 [M]．北京：人民出版社，1994．

[31] 邓小平．邓小平文选：第 2 卷 [M]．北京：人民出版社，1994．

[32] 邓小平．邓小平文选：第 3 卷 [M]．北京：人民出版社，1993．

[33] 江泽民文选：第 1 卷 [M]．北京：人民出版社，2006．

[34] 江泽民文选：第 3 卷 [M]．北京：人民出版社，2006．

[35] 习近平．之江新语 [M]．杭州：浙江人民出版社，2013．

[36] 习近平．论坚持全面深化改革 [M]．北京：中央文献出版社，2018．

[37] 习近平．习近平谈治国理政 [M]．北京：外文出版社，2014．

[38] 习近平．习近平谈治国理政：第 2 卷 [M]．北京：外文出版社，2017．

[39] 习近平．习近平谈治国理政：第 3 卷 [M]．北京：外文出版社，2020．

[40] 习近平．在庆祝中国共产党成立 100 周年大会上的讲话 [M]．北京：人民出版社，2021．

[41] 习近平．论坚持全面依法治国 [M]．北京：中央文献出版社，2020．

[42] 习近平．决胜全面建成小康社会 夺取新时代中国特色社会主义伟大胜利：在中国共产党第十九次全国代表大会上的报告 [M]．北京：人民出版社，2017．

[43] 中共中央文献研究室．习近平关于全面依法治国论述摘编 [M]．北京：中央文献出版社，2015．

[44] 本书编写组．党的十九届四中全会《决定》学习辅导百问 [M]．北京：党建读物出版社、学习出版社，2019．

[45] 胡锦涛．高举中国特色社会主义伟大旗帜 为夺取全面建设小康社会新胜利而奋斗：在中国共产党第十七次全国代表大会上的报告 [M]．北京：人民出版社，2007．

[46] 中共中央政法委员会．社会主义法治理念读本 [M]．北京：中国长安出版社，2009．

[47] 中共中央文献研究室．十八大以来重要文献选编（中）[M]．北京：中央文献出版社，2016．

[48] 中共中央文献研究室．十八大以来重要文献选编（上）[M]．北京：中央文献出版社，2014．

[49] 中共中央文献研究室．十六大以来重要文献选编（下）[M]．北京：中央文献出版社，2008．

[50] 中共中央文献研究室. 十四大以来重要文献选编（上）[M]. 北京：人民出版社，1996.

[51] 中共中央文献研究室. 十三大以来重要文献选编（中）[M]. 北京：人民出版社，1991.

[52] 十五大以来重要文献选编（上）[M]. 北京：人民出版社，2000.

[53] 中共中央宣传部理论局. 法治热点面对面[M]. 北京：学习出版社，2015.

[54] 中共中央文献研究室. 习近平关于社会主义社会建设论述摘编[M]. 北京：中央文献出版社，2017.

[55] 关于加强社会主义协商民主建设的意见[M]. 北京：人民出版社，2015.

[56] 中国共产党第十一届中央委员会第三次全体会议公报[M]. 北京：人民出版社，1978.

[57] 中共中央关于坚持和完善中国特色社会主义制度 推进国家治理体系和治理能力现代化若干重大问题的决定[M]. 北京：人民出版社，2019.

[58] 中共中央宣传部. 习近平总书记系列重要讲话读本[M]. 北京：学习出版社，2016.

[59] 中共中央纪律检查委员会，中共中央文献研究室. 习近平关于党风廉政建设和反腐败斗争论述摘编[M]. 北京：中央文献出版社，2015.

[60] 中央政法委政法队伍建设指导室，中央政法委政法研究所. 社会主义法治理念教育辅导[M]. 北京：中国长安出版社，2006.

[61] 本书编写组. 社会主义法治理念问答[M]. 北京：新华出版社，2009.

[62] 《求是》杂志社政治编辑部. 社会主义法治理念教育学习问答[M]. 北京：红旗出版社，2006.

[63] 中共中央政策研究室，中共中央文献研究室. 江泽民论加强和改进执政党建设[M]. 北京：中央文献出版社，2004.

[64] 中国共产党第十八届中央委员会第四次全体会议文件汇编[M]. 北京：人民出版社，2014.

[65] 蔡德仿. 当代青年法治意识现状与研究[M]. 长春：吉林人民出版社，2018.

[66] 本书编写组. 社会主义法治理念教育干部读本[M]. 北京：中国方正出版社，2006.

[67] 本书编写组. 党内政治生活必须牢记的50条准则[M]. 北京：中国方正出版社，2017.

[68] 中国共产党第十八次全国代表大会文件汇编[M]. 北京：人民出版社，2012.

[69] 中共中央关于全面推进依法治国若干重大问题的决定[M]. 北京：人民出版

社，2014.

[70] 中共中央文献研究室. 科学发展观重要论述摘编 [M]. 北京：中央文献出版社，2008.

[71] 邢国忠. 社会主义法治理念教育研究 [M]. 北京：中国社会科学出版社，2011.

[72] 朱景文. 中国法律发展报告：数据库和指标体系 [M]. 北京：中国人民大学出版社，2007.

[73] 浙江省毛泽东思想研究中心，中共浙江省委党史研究室. 毛泽东与浙江 [M]. 北京：中共党史出版社，1993.

[74] 向朝阳，陈克福. 依法治川论 [M]. 成都：四川大学出版社，2005.

[75] 潘恩. 潘恩选集 [M]. 马清槐，等译. 北京：商务印书馆，1981.

[76] 本书编写组. 公务员法律知识学习读本 [M]. 北京：新华出版社，2016.

[77] 俞宣孟. 本体论研究 [M]. 上海：上海人民出版社，1999.

[78] 北京大学哲学系外国哲学史教研室. 西方哲学原著选读（上）[M]. 北京：商务印书馆，1981.

[79] 郭道晖. 法理学精义 [M]. 长沙：湖南人民出版社，2005.

[80] 高鸿钧，等. 法治：理念与制度 [M] 北京. 中国政法大学出版社，2002.

[81] 龚廷泰，陈章龙. 社会研究方法导论 [M]. 北京：中国商业出版社，1994.

[82] 辞海：中卷 [M]. 上海：上海辞书出版社，1979.

[83] 黄俊杰. 大学理念与校长遴选 [M]. 台北：通识教育学会，1997.

[84] 杨耕. 东方的崛起：关于中国式现代化的哲学反思 [M]. 北京：北京师范大学出版社、北京出版社，2015.

[85] 尹晋华. 法律的真谛 [M]. 北京：中国检察出版社，2006.

[86] 中共中央政法委员会. 社会主义法治理念教育读本 [M]. 北京：中国长安出版社，2006.

[87] 何勤华. 西方法律思想史 [M]. 上海：复旦大学出版社，2005.

[88] 费孝通. 乡土中国 [M]. 北京：北京大学出版社，1998.

[89] 郑自文. 社会主义法治理念与法治建设 [M]. 北京：中国广播影视出版社，2015.

[90] 公丕祥. 当代中国的法律革命 [M]. 北京：法律出版社，1999.

[91] 刘建军. 马克思主义信仰论 [M]. 北京：中国人民大学出版社，1998.

[92] 世界银行. 2006世界发展报告：公平与发展 [M]. 中国科学院—清华大学国情研究中心，译. 北京：清华大学出版社，2006.

[93] 牛立文. 协商民主理论与实践研究 [M]. 北京：中共党史出版社，2014.

[94] 胡建明. "五五"普法干部读本 [M]. 北京：长江出版社，2007.

[95] 李龙. 西方法学名著提要 [M]. 南昌：江西人民出版社，2005.

[96] 国家税务总局. 中华人民共和国税收基本法规 [M]. 北京：中国税务出版社，2019.

[97] 罗国杰，夏伟东. 思想道德修养与法律基础 [M]. 北京：高等教育出版社，2006.

[98] 刘思萱. 政策对我国司法裁判的影响 基于民商事审判的实证研究 [M]. 北京：中国政法大学出版社，2016.

[99]《法理学》编写组. 法理学 [M]. 北京：人民出版社，2010.

[100] 吕增奎. 执政的转型：海外学者论中国共产党的建设 [M]. 北京：中央编译出版社，2011.

[101] 黄宗智. 过去和现在：中国民事法律实践的探索 [M]. 北京：法律出版社，2009.

[102] 阮东彪，邓灿辉，王俊. 形势与政策 [M]. 北京：中国经济出版社，2014.

[103] 孙磊. 法治中国进行时 [M]. 太原：山西人民出版社，2016.

[104] 中华人民共和国法规汇编（1982年1月—12月）[M]. 北京：法律出版社，1987.

[105] 公丕祥. 社会主义核心价值观研究丛书 法治篇 [M]. 南京：江苏人民出版社，2015.

[106] 朱狄. 原始文化研究：对审美发生问题的思考 [M]. 北京：生活·读书·新知三联书店，1988.

[107] 胡旭晟. 湘江法律评论：第1卷 [M]. 长沙：湖南出版社，1996.

[108] 罗洪铁，铁董娅. 思想政治教育原理与方法：基础理论研究 [M]. 北京：人民出版社，2005.

[109] 中国社会科学院语言研究所词典编辑室. 现代汉语词典 [M]. 北京：商务印书馆，2012.

[110] 孙关宏. 中国政治文明的探索 [M]. 上海：复旦大学出版社，2019.

[111] 程燎原. 从法制到法治 [M]. 北京：法律出版社，1999.

[112] 吕明. 大众法律文化研究 [M]. 合肥：安徽大学出版社，2018.

[113] 李孝贤，王连旗，邱国英. 政治学 [M]. 延吉：延边大学出版社，2017.

[114] 耿超，徐目坤. 文化自信：中国自信的根本所在 [M]. 桂林：广西师范大学出版社，2019.

[115] 蒋传光. 马克思主义法学理论在当代中国的新发展 [M]. 南京：译林出版

社，2017.

[116] 林来梵. 从宪法规范到规范宪法：规范宪法学的一种前言［M］. 北京：法律出版社，2001.

[117] 马雷军，刘晓巍. 教师法治教育［M］. 北京：中国民主法制出版社，2017.

[118] 颜一. 流变、理念与实体：希腊本体论的三个方向［M］. 北京：中国人民大学出版社，1997.

[119] 罗竹风. 汉语大词典：第4卷［M］. 北京：汉语大词典出版社，1989.

[120] 王东. 新媒体生活环境下的法治教育研究［M］. 西安：陕西人民出版社，2019.

[121] 柏拉图. 柏拉图全集：第3卷［M］. 王晓朝，译. 北京：人民出版社，2003.

[122] 弗里德里希·奥古斯特·冯·哈耶克. 致命的自负［M］. 冯克利，等译. 北京：中国社会科学出版社，2000.

[123] 戴维·巴勒特. 媒介社会学［M］. 赵伯英，孟春，译. 北京：社会科学文献出版社，1989.

[124] 洛克. 政府论（下）［M］. 瞿菊农，叶启芳，译. 北京：商务印书馆，1964.

[125] 卢梭. 社会契约论［M］. 何兆武，译. 北京：商务印书馆，2003.

[126] 柏拉图. 理想国［M］. 郭斌和，张竹明，译. 北京：商务印书馆，1986.

[127] 亚里士多德. 政治学［M］. 吴寿彭，译. 北京：商务印书馆，1996.

[128] 茨威格特，克茨. 比较法总论［M］. 潘汉典，等译. 北京：法律出版社，2004.

[129] 黑格尔. 哲学史讲演录：第2卷［M］. 贺麟，王太庆，译. 北京：商务印书馆，1997.

[130] 黑格尔. 法哲学原理［M］. 范扬，张企泰，译. 北京：商务印书馆，2007.

[131] 塞缪尔·P. 亨廷顿. 变化社会中的政治秩序［M］. 王冠华，等译. 上海：上海人民出版社，2008.

[132] 伯尔曼. 法律与宗教［M］. 梁志平，译. 北京：生活·读书·新知三联书店，1991.

[133] 道格拉斯·C. 诺思. 制度、制度变迁与经济绩效［M］. 杭行，译. 上海：格致出版社、上海人民出版社，2016.

[134] 阿尔文·托夫勒. 第三次浪潮［M］. 黄明坚，译. 北京：中信出版社，2006.

[135] 孟德斯鸠. 论法的精神［M］. 孙立坚，等译. 西安：陕西人民出版社，2001.

二、期刊文章

[1] 习近平. 决胜全面建成小康社会 夺取新时代中国特色社会主义伟大胜利：在中国共产党第十九次全国代表大会上的报告 [J]. 党建, 2017 (11)：15-34.

[2] 习近平. 加快建设社会主义法治国家 [J]. 理论学习, 2015 (2)：4-8.

[3] 习近平. 加强党对全面依法治国的领导 [J]. 奋斗, 2019 (4)：1-8.

[4] 习近平. 在庆祝全国人民代表大会成立六十周年大会上的讲话 [J]. 求知, 2019 (10)：4-15.

[5] 习近平. 加快建设社会主义法治国家 [J]. 求是, 2015 (1)：5.

[6] 习近平. 切实把思想统一到党的十八届三中全会精神上来 [J]. 求是, 2014 (1)：3-6.

[7] 习近平. 推进全面依法治国 发挥法治在国家治理体系和治理能力现代化中的积极作用 [J]. 北京人大, 2020 (12)：4-5.

[8] 习近平在中央全面依法治国工作会议上强调 坚定不移走中国特色社会主义法治道路 为全面建设社会主义现代化国家提供有力法治保障 [J]. 旗帜, 2020 (12)：7.

[9] 江泽民. 高举邓小平理论伟大旗帜 把建设有中国特色社会主义事业全面推向二十一世纪 [J]. 理论与当代, 1997 (10)：4-23.

[10] 胡锦涛. 坚定不移沿着中国特色社会主义道路前进 为全面建成小康社会而奋斗：在中国共产党第十八次全国代表大会上的报告 [J]. 求是, 2012 (22)：3-25.

[11] 本报评论员. 大力弘扬社会主义法治精神 加快建设社会主义法治国家 [J]. 求是, 2015 (7)：6-7.

[12] 郭兴利, 季秀. 论民主法治理论在中国特色社会主义理论体系中的地位、价值和意义 [J]. 学习论坛, 2014 (1)：72-76.

[13] 陈洪玲, 柴佳伟. 习近平全面依法治国理念的生成逻辑 [J]. 思想教育研究, 2020 (5)：12-16.

[14] 蒋银华. 论社会主义法治理念的基本特征 [J]. 政治与法律, 2008 (1)：8-13.

[15] 陈永胜. 社会主义法治理念的理论渊源及时代价值 [J]. 甘肃理论学刊, 2007 (2)：87-89.

[16] 刘旺洪. 论社会主义法治理念 [J]. 唯实, 2008 (5)：47-51.

[17] 朱志峰. 中国特色社会主义法治理念发展论纲 [J]. 社会科学战线, 2012 (12)：197-199.

[18] 谢鹏程. 论社会主义法治理念 [J]. 中国社会科学, 2007 (1): 76-88.

[19] 封丽霞. 提升全民法治意识和法治素养的有效路径 [J]. 中国党政干部论坛, 2020 (10): 46-49.

[20] 赵雯. 践行社会主义法治观的路径分析 [J]. 人民论坛·学术前沿, 2020 (12): 120-123.

[21] 陈融. 论社会主义法治促进和保障公民道德建设的使命 [J]. 思想理论教育, 2020 (3): 16-20.

[22] 李婧. 高校加强社会主义法治理念教育的思考与建议 [J]. 思想理论教育导刊, 2011 (12): 47-50.

[23] 黄文艺. 论高校社会主义法治理念教育 [J]. 思想理论教育导刊, 2010 (5): 61-65.

[24] 魏彦珩. 论社会主义法治理念的养成 [J]. 发展, 2009 (11): 97-98.

[25] 吴忠海, 吴赫笛. 当代中国和谐法治建设的困境与出路: 兼论公民意识与法治理念的培养 [J]. 求实, 2008 (4): 80-83.

[26] 张冠梓. 美国学者眼中的中国法制化: 哈佛大学安守廉教授访谈 [J]. 国外社会科学, 2010 (3): 123-126.

[27] DonaldC. Clarke, 导言: 1995 年以来的中国法律制度: 稳步发展和惊人连续性 [J]. 中国季刊, 2007 (191).

[28] 孙志香. 全面依法治国助推国家治理现代化 [J]. 理论视野, 2019 (6): 65-70.

[29] 金亮贤. 改革开放以来法律文化变迁述评 [J]. 政治与法律, 2002 (5): 22-28.

[30] 岑峨, 于朋帅. 法治: 完善社会主义市场经济体制的重要基石 [J]. 河南师范大学学报: 哲学社会科学版, 2016 (3): 96-99.

[31] 方桂荣, 沈诚, 王栋辉. 社会治理创新视角下的市场经济法治进路 [J]. 北京理工大学学报: 社会科学版, 2016 (5): 145-150.

[32] 尹晓敏. 社会主义市场经济的法治思考 [J]. 浙江经济, 2003 (20): 48-49.

[33] 王松苗. 先进文化应流淌法治血液 [J]. 浙江人大, 2012 (2): 62-63.

[34] 李德周, 李建德. 先进文化建设要确立科学精神和人文精神的统一 [J]. 人文杂志, 2001 (4): 7-11.

[35] 韩慧, 臧秀玲. 党员领导干部法治能力的内涵、现状与提升对策 [J]. 东岳论丛, 2018 (12): 36-43.

[36] 谢来位. 党政领导干部民主法治意识现状及培养路径研究 [J]. 探索, 2013

(5)：59-64.

[37] 杨梅，罗永忠. 略论和谐教育与和谐社会的关系［J］. 教育探索，2012（3）：24-25.

[38] 毕红梅，梅萍. 论和谐社会法律秩序与伦理秩序的同构［J］. 天府新论，2010（6）：71-74.

[39] 孙佑海. 生态文明建设需要法治的推进［J］. 中国地质大学学报：社会科学版，2013（1）：11-14.

[40] 杜耀富. 马克思、恩格斯与社会主义法治［J］. 西南民族学院学报：哲学社会科学版，2001（1）：72-75.

[41] 张述周. 列宁对社会主义法治国家建设的构想［J］. 当代世界与社会主义，2007（6）：58-61.

[42] 王建国. 列宁的社会主义法治思想及其当代价值［J］. 北方法学，2019（2）：108-119.

[43] 吴越. 毛泽东的民主法制观与中国特色的法治秩序［J］. 江汉论坛，1994（4）：50-54.

[44] 薛剑符. 毛泽东法治思想的时代特征［J］. 毛泽东思想研究，2015（5）：24-30.

[45] 迟方旭. 毛泽东对新中国法治建设的创造性贡献［J］. 马克思主义研究，2013（11）：29-34.

[46] 程样国，等. 论邓小平的法治思想［J］. 南昌大学学报：人文社会科学版，1998（4）：18-24.

[47] 陆德生. 学习江泽民关于社会主义法治的重要论述［J］. 江淮论坛，1999（1）：11-18.

[48] 吴延溢. 胡锦涛同志法治发展观探析［J］. 毛泽东思想研究，2010（1）：69-72.

[49] 丁锐华. 胡锦涛同志民主法治与德治思想解析［J］. 毛泽东思想研究，2010（3）：82-86.

[50] 刘国利. 学习彭真"在法律面前人人平等"的法律思想［J］. 毛泽东思想研究，2012（1）：34-38.

[51] 冉杰. 法律权威的正当性基础［J］. 求索，2016（10）：69-74.

[52] 李铁映. 解放思想，转变观念，建立社会主义市场经济法律体系［J］. 法学研究，1997（2）：3.

[53] 孟建柱. 坚持以法治为引领 提高政法机关服务大局的能力和水平［J］. 求是，

2015（6）：3-8.

[54] 隋从容. 论习近平的"严格执法、公正司法"思想［J］. 东岳论丛，2016（2）：165-171.

[55] 周良书. 慎独慎微 提升党员干部遵纪守法的自觉性［J］. 重庆社会科学，2015（6）：100-104.

[56] 陈秋云，翟晶. 法科教育中法律仪式教育的意义及其实现［J］. 行政与法，2012（12）：74-79.

[57] 张文宽. 试论执法为民是社会主义法治理念的本质要求［J］. 当代法学，2008（S1）：42-47.

[58] 骆孟炎. 用系统论方法把握法治理念［J］. 当代法学，2000（2）：1-3.

[59] 张恒山. 略谈社会主义法治理念［J］. 法学家，2006（5）：24-28.

[60] 江必新. 法治精神的属性、内涵与弘扬［J］. 法学家，2013（4）：1-10.

[61] 夏勇. 法治是什么：渊源、规诫与价值［J］. 中国社会科学，1999（4）：3-5.

[62] 张文显. 社会主义法治理念导言［J］. 法学家，2006（5）：6-12.

[63] 毛杰. 论公民法治信仰的培育路径［J］. 中州学刊，2016（10）：59-62.

[64] 汪习根. 论依法治国的价值定位［J］. 武汉大学学报：社会科学版，2003（5）：575-579.

[65] 范沁芳. 社会主义法治理念的概念初探［J］. 苏州大学学报：哲学社会科学版，2007（2）：44-48.

[66] 张文显. 和谐精神的导入与中国法治的转型［J］. 吉林大学社会科学学报，2010（3）：5-14.

[67] 张辉. 中国特色社会主义法治理念的构建与培育［J］. 人民论坛，2015（5）：134-136.

[68] 吴一平. 高校应如何进行社会主义法治理念教育［J］. 国家教育行政学院学报，2011（9）：38-42.

[69] 王建宇. 习近平新时代中国特色社会主义法治理念的科学内涵［J］. 南京理工大学学报：社会科学版，2019（4）：38-43.

[70] 周叶中，韩轶. 论社会主义法治理念对公民的基本要求［J］. 江汉大学学报：社会科学版，2009（1）：43-49.

[71] 邢冰. 马克思主义法律思想中国化的新发展：社会主义法治理念的产生背景与内涵探究［J］. 中国市场，2009（5）：44-46.

[72] 罗干. 深入开展社会主义法治理念教育 切实加强政法队伍思想政治建设［J］. 求是，2006（12）：3-10.

[73] 童之伟. 关于社会主义法治理念之内容构成 [J]. 法学, 2011 (1): 15-22.

[74] 查庆九. 牢固树立依法治国的理念 [J]. 中国司法, 2007 (4): 17-22.

[75] 杨小军, 姚瑶. 习近平新时代中国特色社会主义法治思想的内涵与特征 [J]. 新疆师范大学学报: 哲学社会科学版, 2019 (3): 16-25.

[76] 刘劭君. 论习近平新时代中国特色社会主义法治思想 [J]. 湖南社会科学, 2018 (5): 10-14.

[77] 危玉妹. 法律面前人人平等是社会公平的根本诉求 [J]. 福建论坛: 人文社会科学版, 2006 (12): 149-152.

[78] 喻中. 服务大局的司法: 一个基于功能理论的解释 [J]. 法学论坛, 2012 (5): 5-11.

[79] 章忠民. 加强习近平治国理政思想的整体性研究 [J]. 马克思主义研究, 2016 (10): 5-17.

[80] 卜晓颖. 试论社会主义法治理念的历史地位 [J]. 理论导刊, 2011 (7): 47-50.

[81] 童之伟. 社会主义法治理念内涵之微观解说问题 [J]. 山东社会科学, 2011 (2): 5-11.

[82] 段凡. 中国特色社会主义法治文化研究 [J]. 科学社会主义, 2014 (4): 79-82.

[83] 陈仲. 法律文化与法治文化辨析 [J]. 社科纵横, 2009 (9): 80-82.

[84] 刘作翔. 法治文化的几个理论问题 [J]. 法学论坛, 2012 (1): 5-10.

[85] 刘斌. 中国当代法治文化的研究范畴 [J]. 中国政法大学学报, 2009 (6): 5-24.

[86] 缪蒂生. 论中国特色社会主义法治文化 [J]. 中共中央党校学报, 2009 (4): 68-74.

[87] 胡道才. 牢牢树立社会主义法治理念 忠实履行服务大局的司法使命 [J]. 人民司法, 2006 (10): 33-35.

[88] 封丽霞. 法治与转变党的执政方式: 理解中国特色社会主义法治的一条主线 [J]. 法制与社会发展, 2015 (5): 27.

[89] 胡建发. 建设社会主义法治文化的关键环节: 如何加强公民法治教育 [J]. 人民论坛, 2018 (5): 86-87.

[90] 于元祝, 徐冉. 及时高效是正当行政程序的应有之义 [J]. 人民司法·案例, 2016 (8): 100-102.

[91] 李芳, 陈慧. 以人民为中心: 新时代中国特色社会主义法治建设的理论之核与实

践之维 [J]. 理论探讨, 2019 (2): 38-43.

[92] 何延军. 公平正义的社会主义法治理念价值解读 [J]. 法学杂志, 2007 (4): 130-132.

[93] 司马俊莲. 公平正义: 和谐社会的基本法治理念 [J]. 行政与法, 2007 (8): 23-25.

[94] 张会峰. 坚持走中国特色社会主义法治道路 [J]. 教学与研究, 2020 (6): 92-102.

[95] 孙章季. 论社会主义法治理念与"司法为民" [J]. 江西社会科学, 2006 (10): 215-219.

[96] 江必新. 论行政程序的正当性及其监督 [J]. 法治研究, 2011 (1): 4-14.

[97] 来立群. 牢固树立执法为民理念 确保检察工作永葆正确的政治方向 [J]. 当代法学, 2008 (S1): 95-98.

[98] 刘练军. 比较法视野下的司法能动 [J]. 法商研究, 2011 (3): 19-27.

[99] 周祖成, 万方亮. 党的政策与国家法律70年关系的发展历程 [J]. 现代法学, 2019 (6): 28-39.

[100] 董茂云. 从废止齐案"批复"看司法改革的方向 [J]. 法学, 2009 (3): 36-39.

[101] 应松年. 加快法治建设 促进国家治理体系和治理能力现代化 [J]. 中国法学, 2014 (6): 40-56.

[102] 张文显. 法治的文化内涵: 法治中国的文化建构 [J]. 吉林大学社会科学学报, 2015 (5): 5-24.

[103] 刘卓红, 张堃. 以社会主义核心价值观引领新时代中国特色社会主义法治文化建设 [J]. 马克思主义理论学科研究, 2020 (4): 89-97.

[104] 吕忠梅. 习近平新时代中国特色社会主义生态法治思想研究 [J]. 江汉论坛, 2018 (1): 18-23.

[105] 沈志先. 马克思主义法律思想中国化的新成果: 江泽民法治思想初探 [J]. 毛泽东邓小平理论研究, 2011 (7): 60-66.

[106] 王爱军. 法治理念与形式正义 [J]. 齐鲁学刊, 2011 (2): 94-97.

[107] 杨莉. 关于公民法律意识教育 [J]. 理论探索, 2008 (5): 151-152.

[108] 欧阳庆芳. 党的十八大对法制教育目标要求的新发展 [J]. 湖北民族学院学报: 哲学社会科学版, 2013 (4): 85-88.

[109] 杨燕. 依法治国方略背景下法律意识的功能论析 [J]. 学校党建与思想教育, 2017 (9): 91-94.

[110] 安娜, 林建成. 新时代开展法治宣传教育的新思考 [J]. 思想理论教育导刊, 2019 (8): 50-54.

[111] 臧嘉玮, 张俊峰. 依法治国弘扬社会主义法治理念 [J]. 当代法学, 2008 (5): 147-152.

[112] 公丕祥. 习近平法治思想述要 [J]. 法律科学: 西北政法大学学报, 2015 (5): 3-16.

[113] 傅小青. 略论党的领导与依法治国的内在关联性 [J]. 理论导刊, 2017 (6): 92-94.

[114] 龙宗智. 转型期的法治与司法政策 [J]. 法商研究, 2007 (2): 58-62.

[115] 章天彧. 党领导依法治国的实现方式 [J]. 邓小平研究, 2016 (3): 107-115.

[116] 王松苗. 彰显中国特色社会主义法治理念 [J]. 求是, 2015 (10): 42-44.

[117] 喻中. 新中国论: 社会主义法治理念对"新中国"的诠释 [J]. 政法论丛, 2014 (2): 3-12.

[118] 陈雅丽. 社会主义法治理念与资本主义法治理念的两点本质区别 [J]. 武汉大学学报: 哲学社会科学版, 2008 (2): 154-156.

[119] 范进学, 张玉洁. 社会主义法治理念内在逻辑的梳理 [J]. 烟台大学学报: 哲学社会科学版, 2012 (4): 6-10.

[120] 童之伟. 关于社会主义法治理念之内容构成 [J]. 法学, 2011 (1): 15-22.

[121] 陈阳. 论社会主义法治理念的开放性 [J]. 求索, 2012 (2): 156-158.

[122] 丁慧. 社会主义法治理念的科学性 [J]. 辽宁大学学报: 哲学社会科学版, 2011 (2): 122-129.

[123] 徐卫东. 初论社会主义法治理念的根本性与时代性 [J]. 当代法学, 2008 (5): 3-5.

[124] 李光宇, 牛保忠. 论我国社会主义法治理念发展的时代特征 [J]. 社会科学研究, 2011 (4): 59-62.

[125] 王会军, 李婧. 社会主义法治理念的理论溯源: 对马克思主义经典作家法治思想的认识与思考 [J]. 思想理论教育, 2013 (21): 39-43.

[126] 蒋传光. 论社会主义法治理念的文化基础 [J]. 山东社会科学, 2011 (3): 15-19.

[127] 夏立安. 整体历史观下的社会主义法治理念的解读 [J]. 山东社会科学, 2011 (3): 5-8.

[128] 廖奕. 论社会主义法治理念的功能 [J]. 北京交通大学学报: 社会科学版, 2010 (1): 99-104.

[129] 刘高林. 社会主义法治理念对社会主义法治实践作用初探 [J]. 岭南学刊, 2009 (1): 44-47.

[130] 尹蕾, 王让新. 推动社会主义核心价值观融入法治建设的价值意蕴 [J]. 学校党建与思想教育, 2020 (13): 89-93.

[131] 陈大文. 论大学生社会主义法治理念教育的目标定位 [J]. 思想理论教育导刊, 2010 (4): 26-31.

[132] 孟文理, 曾见. 20 世纪的中国法制建设和发展 [J]. 中德法学论坛, 2003 (1): 32-50.

[133] 米雷耶·戴尔马·马蒂. 全球化背景下的中国法治建设（上）[J]. 国外理论动态, 2007 (10): 53-56.

[134] 托马斯·海贝勒. 关于中国模式若干问题的研究 [J]. 当代世界与社会主义, 2005 (5): 9-11.

[135] 王贵东. 试论党的十八大以来习近平关于法治的新论断 [J]. 学校党建与思想教育, 2017 (16): 86-87.

[136] 安中业, 李雷. 干扰与坚持: 社会主义法治理念的回归 [J]. 安徽农业大学学报: 社会科学版, 2007 (4): 51-54.

[137] 钱秋月. 国家治理视域下中国特色社会主义法治信仰的培养 [J]. 宁夏社会科学, 2015 (3): 33.

[138] 兰婷婷. "法理学"课程思政教学改革模式初探 [J]. 公安学刊: 浙江警察学院学报, 2019 (2): 107-112.

[139] 陈柏峰. 中国法治社会的结构及其运行机制 [J]. 中国社会科学, 2019 (1): 66-88.

[140] 公丕祥. 坚持依法治国与制度治党、依规治党统筹推进、一体建设 [J]. 群众, 2017 (9): 26-27.

[141] 范玉吉. 用法治传播塑造公民法治信仰 [J]. 青年记者, 2020 (22): 77-78.

[142] 刘宇辉. 用法治推动共治善治 [J]. 国家教育行政学院学报, 2019 (1): 19-21.

[143] 尹蕾, 王让新. 推动社会主义核心价值观融入法治建设的价值意蕴 [J]. 学校党建与思想教育, 2020 (13): 89-93.

[144] 顾肖荣. 论社会主义法治理念的普遍意义 [J]. 社会科学, 2007 (2): 12-15.

[145] 臧宏. 高校法治教育的目标体系探析 [J]. 东北师大学报: 哲学社会科学版, 2016 (5): 193-196.

[146] 叶青. 新时期加强领导干部法治教育的几点建议 [J]. 理论视野, 2016 (8):

35-38.

[147] 林凌. 法制宣传教育：从普法模式到公众参与模式［J］. 编辑学刊，2015（5）：44-48.

[148] 吴东平. 法治建设要抓住领导干部这个"关键少数"［J］. 中国党政干部论坛，2015（2）：80.

[149] 孙昭. 思维·行为·氛围：领导干部法治能力现代化的生成路径［J］. 党政研究，2018（1）：40-45.

[150] 刘颖. 全面依法治国中党政领导干部法治价值观展开进路［J］. 西南民族大学学报：人文社会科学版，2021（4）：130-135.

[151] 何淼. 新时代党员领导干部法治能力提升问题探讨［J］. 中州学刊，2020（1）：28-32.

[152] 田宏伟. 论公民法律意识的培养与法制现代化建设［J］. 前沿，2009（12）：58-60.

[153] 宋惠昌. 法治精神：现代社会的政治信仰［J］. 理论视野，2017（5）：61-79.

[154] 李昌祖，赵玉林. 公民法治素养概念、评估指标体系及特点分析［J］. 浙江工业大学学报：社会科学版，2015（3）：297-302.

[155] 宋玲. 持续提升公民法治素养［J］. 红旗文稿，2021（20）：22-24.

[156] 刘燕. 社会主义法治国家建设与思想政治教育［J］. 东北大学学报：哲学社会科学版，2011（S2）：5-7.

[157] 马兆明，王常柱. 法治精神：党的执政能力建设的内在尺度［J］. 东岳论丛，2016（8）：170-176.

[158] 钟君. 增强对社会主义意识形态的六大认同［J］. 红旗文稿，2015（15）：9-12.

[159] 韩延明. 理念、教育理念及大学理念探析［J］. 教育研究，2003（9）：50-56.

[160] 眭依凡. 简论教育理念［J］. 江西教育科研，2000（8）：6-9.

[161] 周永坤. 法治概念的历史性诠释与整体性建构［J］. 甘肃社会科学，2020（6）：94-102.

[162] 卢博. 中国法治概念的流变：1949—2019［J］. 河南财经政法大学学报，2019（6）：48-59.

[163] 赵宏. 从社会主要矛盾变化的视角探析新时代推进实现国家治理体系现代化的使命与挑战［J］. 科学社会主义，2019（3）：55-60.

[164] 陈永胜. 十八大以来中国特色社会主义法治建设理论的新进展［J］. 科学社会主义，2014（4）：16-18.

[165] 孙关宏. 关于全面推进我国社会主义法治建设的若干思考[J]. 探索, 2015 (6): 80-86.

[166] 温晓莉. 法治价值与西方文明因子[J]. 西南民族大学学报, 2003 (2): 164-167.

[167] 陈金钊. 对法治作为社会主义核心价值观的诠释[J]. 法律科学: 西北政法大学学报, 2015 (2): 3-17.

[168] 施一满. 论依法治国与社会主义核心价值观辩证统一[J]. 社会科学家, 2015 (9): 48-52.

[169] 秦前红. 宪法至上: 全面依法治国的基石[J]. 清华法学, 2021 (2): 5-20.

[170] 张文显. 习近平法治思想的理论体系[J]. 法制与社会发展, 2021 (1): 5-54.

[171] 汤乐, 陈云去. 中国共产党理想信念教育的百年探索与时代启示[J]. 学术探索, 2012 (10): 143-149.

[172] 蒋清华. 坚持党的领导: 习近平法治思想的开篇之论[J]. 法治社会, 2021 (1): 1-14.

[173] 江必新, 王红霞. 法治社会建设论纲[J]. 中国社会科学, 2014 (1): 140-157.

[174] 胡伟. 人民当家作主是社会主义民主政治的本质: 习近平论社会主义民主政治发展道路[J]. 毛泽东邓小平理论研究, 2018 (10): 39-43.

[175] 李少婷. 构建国家治理现代化的坚固基石: 法治国家、法治政府、法治社会一体化建设研究[J]. 人民论坛·学术前沿, 2017 (16): 94-97.

[176] 翟子夜. 中国传统法治观的流变及重构[J]. 思想政治教育研究, 2019 (4): 44-47.

[177] 李文兰. 西方法治理念对中国法治建设的价值研究[J]. 法制与社会, 2015 (34): 1-2.

[178] 程林, 李安. 新时代法治教育人才培养的理论反思与体系构建[J]. 法治研究, 2022 (1): 118-128.

[179] 马长山. "法治中国" 建设的问题与出路[J]. 法制与社会发展, 2014 (3): 7-20.

[180] 魏长领, 宋随军. 学习党的十八届六中全会精神: 学习党的十八届六中全会精神[J]. 郑州大学学报: 哲学社会科学版, 2017 (1): 33-37.

[181] 肖周录, 高博. 社会主义核心价值观与法治文化的耦合关系研究[J]. 陕西师范大学学报: 哲学社会科学版, 2021 (3): 155-164.

[182] 外国专家热议"法治中国"[J]. 新华月报，2014（11）：110-111.

三、学位论文

[1] 王会军. 中国特色社会主义法治理念研究[D]. 长春：东北师范大学，2014.

[2] 梁宝宏. 新农村社会主义法治理念教育的困境与对策研究[D]. 曲阜：曲阜师范大学，2009.

[3] 全蕾. 我国农村的社会主义法治理念教育：以河南农村为例[D]. 重庆：西南政法大学，2011.

[4] 刘文林. 论社会主义法治理念的培育[D]. 湘潭：湖南科技大学，2012.

四、报纸文章

[1] 习近平. 在庆祝全国人民代表大会成立六十周年大会上的讲话[N]. 人民日报，2014-09-06.

[2] 习近平. 关于中共中央全面推进依法治国若干重大问题的决定的说明[N]. 人民日报，2014-10-29.

[3] 习近平在中央政治局第六次集体学习时的讲话[N]. 人民日报，2013-05-25.

[4] 习近平在中国政法大学考察时的讲话[N]. 人民日报，2017-05-04.

[5] 习近平. 在马克思诞辰200周年大会上的讲话[N]. 人民日报，2018-05-05.

[6] 习近平. 在首都各界纪念现行宪法公布施行30周年大会上的讲话[N]. 人民日报，2012-12-05.

[7] 习近平. 加强对改革重大问题调查研究 提高全面深化改革决策科学性[N]. 人民日报，2013-07-25.

[8] 习近平. 坚持依法治国和以德治国相结合 推进国家治理体系和治理能力现代化[N]. 人民日报，2016-12-11.

[9] 习近平. 坚持依法治国与制度治党、依规治党统筹推进、一体建设[N]. 人民日报，2016-12-26.

[10] 习近平. 领导干部要做尊法学法守法用法的模范 带动全党全国共同全面推进依法治国[N]. 人民日报，2015-02-03.

[11] 习近平在党的十八届一中全会上的讲话[N]. 人民日报，2012-11-15.

[12] 习近平在庆祝中国共产党成立95周年大会上的讲话[N]. 人民日报，2016-07-02.

[13] 习近平在参加河南省兰考县委常委班子专题民主生活会时的讲话[N]. 人民日报，2014-05-09.

[14] 习近平在调研指导兰考县党的群众路线教育实践活动时的讲话 [N]. 人民日报, 2014-03-19.

[15] 习近平. 青年要自觉践行社会主义核心价值观：在北京大学师生座谈会上的讲话 [N]. 人民日报, 2014-05-05.

[16] 习近平. 在中央全面深化改革领导小组第二次会议讲话 [N]. 人民日报, 2014-02-28.

[17] 习近平. 在纪念红军长征胜利80周年大会上的讲话 [N]. 人民日报, 2016-10-22.

[18] 习近平. 致首届"南南人权论坛"的贺信 [N]. 人民日报, 2017-12-08.

[19] 胡锦涛. 在省部级主要领导干部提高构建社会主义和谐社会能力专题研讨班上的讲话 [N]. 人民日报, 2005-06-27.

[20] 胡锦涛会见出席第22届世界法律大会代表 [N]. 人民日报, 2005-09-06.

[21] 胡锦涛. 在首都各界纪念中华人民共和国宪法公布20周年大会上的讲话 [N]. 人民日报, 2002-12-05.

[22] 中共十八届五中全会在京举行 [N]. 人民日报, 2015-10-30.

[23] 中共中央印发《关于新形势下加强政法队伍建设的意见》[N]. 人民日报, 2017-01-19.

[24] 王岐山. 坚持高标准 守住底线 推进全面从严治党制度创新 [N]. 人民日报, 2015-10-23.

[25] 完善和发展中国特色社会主义制度 推进国家治理体系和治理能力现代化 [N]. 人民日报, 2014-02-18（1）.

[26] 中华人民共和国国务院新闻办公室. 中国的民主 [N]. 人民日报, 2021-12-05.

[27] 深入学习习近平总书记关于全过程人民民主的重要论述 发挥好人民代表大会保证人民当家作主的制度保障作用 [N]. 人民日报, 2021-08-21.

[28] 构建人类命运共同体是世界人权事业的中国方案 [N]. 光明日报, 2017-06-15.

[29] 张福森. 努力开创普法依法治理的新局面 [N]. 人民日报, 2001-11-07.

[30] 新时代要有新气象 更要有新作为 中国人民生活一定会一年更比一年好 [N]. 人民日报, 2017-10-26.

[31] 冯颜利. 公正是法治的生命线 [N]. 人民日报, 2014-12-30.

[32] 老外如何理解习近平的"四个全面" [N]. 人民日报, 2015-04-10.

[33] 中国将开启依法治国新时代：国际社会瞩目中共十八届四中全会 [N]. 人民日报, 2014-10-21.

[34] 朱苏力. 执政党对中国法治的三个核心关注 [N]. 人民日报, 2008-07-23.

[35] 在高质量发展中促进共同富裕 统筹做好重大金融风险防范化解工作 [N]. 人民日报, 2021-08-18.

[36] 中共十八届四中全会在京举行 [N]. 人民日报, 2014-10-24.

[37] 刘小妹. 外国专家学者眼中的四中全会 [N]. 光明日报, 2014-11-10.

[38] 曹文泽. 构建法学教育话语体系对法治人才培养至关重要 [N]. 光明日报, 2018-05-03.

[39] 孙志军. 努力推进法治宣传教育开创新局面迈上新台阶 [N] 光明日报, 2018-12-04.

[40] 姜志勇. 中国法治主义理想的现实困境 [N]. 大公报, 2014-10-21.

[41] 胡云腾. 构建人民法院服务大局观 [N]. 法制日报, 2008-08-17.

[42] 强世功. 司法的仪式与法官的尊严 [N]. 法制日报, 2000-04-23.

[43] 郑永年. 中国重返法治国家建设 [N]. 联合早报, 2014-08-19.

[44] 中国法治建设的新蓝图 [N]. 联合早报, 2014-10-25.

[45] 郑永年. 如何改善中国的法治与人权 [N]. 联合早报, 2013-04-30.

[46] 依法治国不是去中共化, 西方很失望 [N]. 环球时报, 2014-10-30.

[47] 王胜俊. 始终坚持"三个至上" 实现人民法院工作指导思想的与时俱进 [N]. 人民法院报, 2008-09-10.

[48] 焦新. 教育部召开贯彻落实习近平法治思想工作会议 [N]. 中国教育报, 2020-12-11.

五、外文文献

[1] Peter Drysdale, "*The Rule of Law and China's One-party State*", in East Asia Forum, May 11, 2015.

[2] JackBeermann, "*Beermann Aids Administrative Law Reform in China*", October 6, 2014, see from http://www.bu.edu/law/2014/10/06/beermann-aids-administrative-law-reform-in-china/.

[3] DavidShambaugh, "*China at the Crossroads: Ten Major Reform Challenges*", October 1, 2014, see from http://www.brookings.edu/~/media/research/files/papers/2014/10/01-china-crossroads-reform-challenges-shambaugh-b.pdf.

[4] Zachary Kec, 4thPlenum: *Rule of Law with Chinese Characteristics*, International Business Times, 2014-10-20.

[5] Micaela Tucker, "guanxi!"—"Gesundheit!": An Alternative View on the Rule of Law Panacea in China. Vermont Law Review, 2010-2011.